prometeo
libros

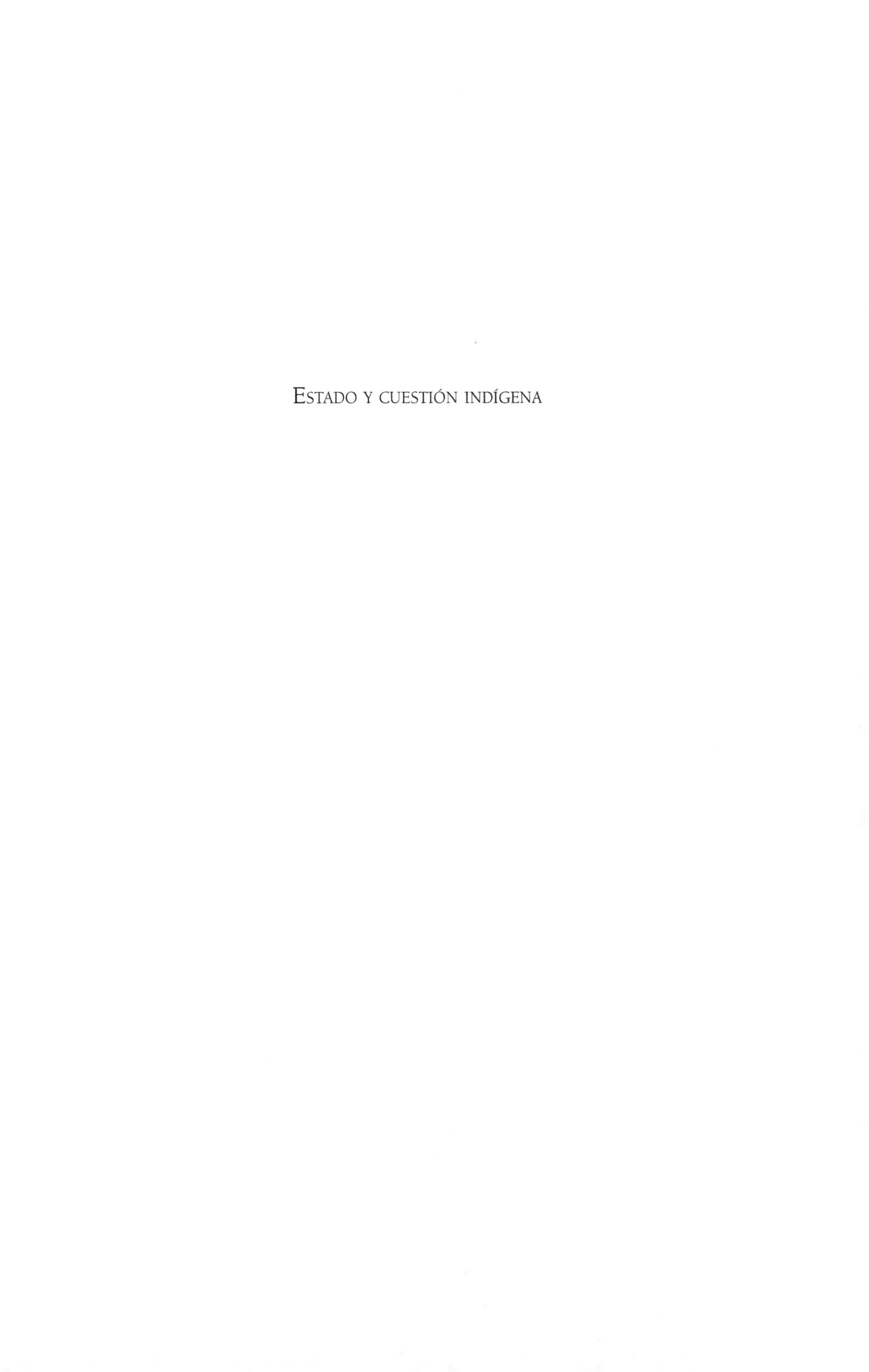

Estado y cuestión indígena

Enrique Hugo Mases

Estado y cuestión indígena

El destino final de los indios
sometidos en el sur del territorio
(1878-1930)

prometeo
libros

Colección de Estudios Patagónicos

Cuando la editorial Prometeo Libros nos propuso, a mediados del año 2005, coordinar una Colección de Estudios Patagónicos, la idea nos entusiasmó de inmediato. Para nosotros, provenientes de distintas ramas de la disciplina histórica, pero comprometidos todos con la historia de la Patagonia, significó un desafío especial. También, una excelente oportunidad para dar a conocer una cantidad importante de producciones, generalmente derivadas de la elaboración de tesis de posgrado, realizadas desde o sobre el espacio que nos ocupa y dirigirlas a un público más amplio que el académico. Convocamos así a un número importante de autores que con un considerable esfuerzo transformaron sus trabajos en libros amenos y accesibles, despojados de la abundancia de referencias teórico-conceptuales y aparatos eruditos que abundan en las tesis. La colección comenzó a circular a mediados de 2008 y, desde entonces, viene generado una serie de textos representativos de los múltiples problemas y dimensiones que aborda, tal como el volumen que en esta oportunidad presentamos. Agradecemos a Prometeo Libros y a los autores la confianza depositada.

Susana Bandieri, Enrique Mases y Leticia Prislei

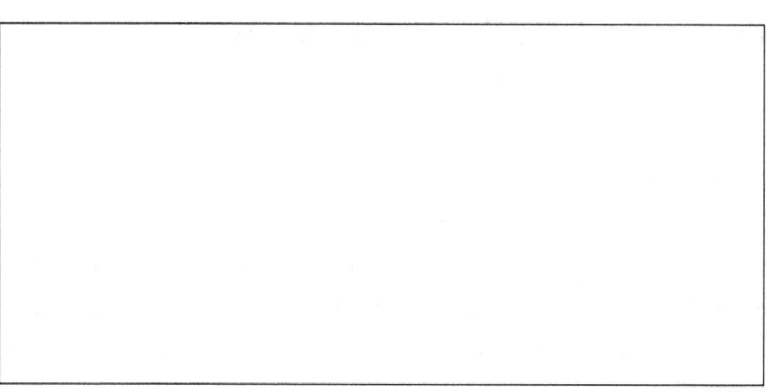

©De esta edición, Prometeo Libros, 2010
Pringles 521 (C11183AEJ), Ciudad Autónoma
de Buenos Aires, Argentina
Tel.: (54-11) 4862-6794 / Fax: (54-11) 4864-3297
info@prometeolibros.com
www.prometeoeditorial.com

Cuidado del texto, diseño, diagramación y edición técnica:
Taller de Edición/Espinosa
tallerdeedicion@speedy.com.ar
blancoynegro@interbourg.com.ar
(54 11) 15 3557 1492

Índice

Introducción

En los procesos de formación de los Estados nacionales en América del Sur, principalmente en las últimas décadas del siglo XIX, una de las operaciones simbólicas centrales fue la elaboración del "gran relato" de la nación. Una versión de la historia que, junto con los símbolos patrios, monumentos y panteones de héroes nacionales, pudiera servir como eje central de identificación y referencia de la identidad nacional.[1]

Argentina no fue la excepción, y así la construcción política de la nación se asienta desde la memoria histórica en una serie de acontecimientos —verdaderos hitos— que, como antecedentes o como fundacionales, van explicitando el derrotero de esa construcción. Las Invasiones Inglesas, la Revolución de Mayo y la Independencia, las luchas civiles y la organización nacional son algunos de esos puntos relevantes que entrelazados en un relato unívoco ayudan a comprender la emergencia y consolidación de una nación blanca y una cultura europea.

Ahora bien, todos estos episodios mencionados tienen un doble denominador común. Por ser parte de los puntos principales en los que se apoya este relato "oficial" de la historia están claramente presentes en la memoria colectiva y forman parte del aprendizaje de la historia de nuestro país en todos los niveles de escolarización, pero, al mismo tiempo, la participación indígena en todos estos episodios ha sido absolutamente borrada, sistemáticamente silenciada. Cuenta entonces su invisibilidad.

Invisibilidad que forma parte de un proceso que, a nuestro juicio, paradójicamente tiene comienzos con la resolución por parte del Estado de la cuestión indígena, o la cuestión de indios tal como se la

---

[1] Jelin, Elizabeth, *Los trabajos de la memoria*, Buenos Aires, Siglo XXI, 2002. p. 40.

denominaba, contemporáneamente a la relación del Estado con los indígenas y el problema de las fronteras interiores.

En efecto, la ocupación militar del espacio pampeano-patagónico dejó como saldo una cantidad significativa de población indígena prisionera[2], ya sea como producto de los enfrentamientos o bien por su presentación voluntaria ante las autoridades militares. Esto significó, en un primer momento, un serio problema para las autoridades nacionales que debían decidir con premura cual sería el destino final de estos indígenas.

Precisamente las diferentes políticas aplicadas a lo largo del período estudiado para resolver esta interrogación principal de cómo integrar a los sobrevivientes de las comunidades indígenas, las controversias que en la sociedad generaron estas iniciativas y las repercusiones que tuvieron en términos materiales y culturales nos plantearon una serie de interrogantes, que aluden a cuestiones y problemas que hemos intentado analizar a lo largo de esta investigación.

A partir de las consideraciones precedentes entendemos que el presente trabajo viene a cubrir un vacío historiográfico importante, y que a la vez marca un punto de inflexión respecto de la temática abordada, en tanto que hemos podido aproximarnos al conocimiento del destino final de los indígenas sometidos en el sur del territorio y no sólo conocer como fueron las políticas implementadas por el Estado en todo el período, sino también de sus resultados y de las consecuencias que ellas tuvieron para los propios indígenas.

En la exposición de los resultados –que se apoyan en largos años de investigación empírica– hemos intentado producir una combinación de las propuestas historiográficas, entre lo micro y lo macrohistórico,

---

[2] Si bien no existen datos precisos acerca de la cantidad exacta, podemos señalar que sobre una población indígena aproximada de entre veinte y veinticinco mil individuos, excluyendo aquellos que poblaban la Tierra del Fuego, no menos de quince o diecisiete mil corrieron esa suerte en el lapso comprendido por las campañas militares.

conjugando el sentir de los indígenas como individuos sometidos a una nueva realidad (rechazados violentamente de sus tierras e impedidos de mantener sus condiciones de producción económica y social y su bagaje cultural), con la visión más general que el Estado tiene, en diferentes momentos, acerca del proceso de integración de esta particular minoría étnica y que involucra casi impersonalmente al pensamiento de la elite gobernante. En este sentido es que queremos con este trabajo producir una ruptura deliberada con la historiografía argentina tradicional, que reduce la problemática indígena y fronteriza al tema de la guerra de fronteras, una guerra en la que subyacía o que se justificaba en la oposición entre la civilización blanca y la barbarie indígena. Historiografía que produjo en general relatos acerca de la cuestión indígena con un tono impersonal y épico, alejado del sentir y obrar de los propios actores, argumentando desde una perspectiva bélica no sólo los métodos empleados sino también el destino final dado a los aborígenes reducidos.

Intentamos desde lo macrohistórico ir caracterizando las distintas políticas implementadas por los gobiernos de turno como resultado de los cambiantes escenarios sociopolíticos que se fueron constituyendo, y de las diferentes miradas que sobre el problema indígena y sobre los aborígenes mismos se fueron sucediendo a lo largo del período estudiado.

Pero también, y al mismo tiempo, nos interesó indagar acerca de cómo reaccionaron los principales destinatarios –los aborígenes–, ante estas políticas y estas miradas: ¿cuáles fueron sus formas de resistencia y cuáles sus niveles de integración?, ¿por qué tuvieron reacciones tan disímiles ante una misma realidad?, y por qué, mientras algunos una vez sometidos rápidamente adoptaron rasgos, pautas de conducta y niveles de vida propios de la sociedad a la cual se iban incorporando, otros, en cambio, mantenían tozudamente pautas culturales absolutamente propias, de notable resistencia al cambio y a la asimilación.

Y este interés por conocer las diferentes reacciones no sólo abarcó lo acontecido con los principales o más renombrados caciques sino que, también, se extendió a tratar de conocer la experiencia vivida por quienes pudieron sobrevivir de aquellas tribus que conformaban las distintas comunidades indígenas. Cómo soportaron cada uno de ellos la pérdida de su libertad, el traslado y el confinamiento posterior. Cómo reaccionaron ante el desmembramiento familiar y la separación compulsiva de padres, hermanos e hijos, y ante el nuevo modo de vida que imponían las autoridades de turno. Porque de la misma manera que Edward Thompson, en *La formación de la clase obrera en Inglaterra*, plantea su interés por rescatar del olvido el destino que le cupo "a la calcetera pobre, al campesino ludita, al tejedor 'anticuado' que trabaja con su telar manual, al artesano 'utópico' y hasta a los seguidores burlados de Joanna Southcort del aire de enorme condescendencia con que los contempla la posteridad"[3], nosotros también, salvando las distancias, buscamos rescatar del pasado el destino final de estos indígenas sometidos reconstruyendo sus experiencias de individuos comunes, pero con historia, con una historia que, entendemos, merece ser contada, intentando para ello comprender a esa gente en un pasado y en una realidad que sólo ellos vivieron y sintieron. En definitiva, buscamos explorar las experiencias históricas de un conjunto de personas de cuya existencia la historiografía tradicional apenas hace mención, y en muchos casos la da por supuesta o directamente la ignora, volviéndola invisible en el devenir histórico.

Al mismo tiempo, esta eventualidad de un enfoque diverso nos permitió la posibilidad de una síntesis más rica, de intentar una fusión entre la historia general de un proceso por demás significativo y cambiante con la experiencia cotidiana de sus principales actores.

Por las mismas razones que expusimos anteriormente, tampoco en la abundante bibliografía sobre la temática de la cuestión indígena y el problema de las fronteras interiores aparece un claro interés, o al menos un intento explícito, de ligar, por lo menos dentro del

---

[3] Thompson, Edward, *La formación de la clase obrera en Inglaterra*, Barcelona, Crítica, 1989. pp.12 y 13

campo historiográfico, la cuestión indígena con la cuestión social como sí pretendemos hacer nosotros; es decir, integrar el problema indígena a un marco más amplio que tiene que ver con el proceso de construcción y afianzamiento del Estado nacional.

Si entendemos la cuestión social moderna como vinculada al proceso de construcción y consolidación de una sociedad capitalista, en el caso argentino su aplicación es anterior al período más neto de estructuración capitalista que ocurre desde los años ochenta del siglo XIX en adelante, y por consiguiente excede el tema puramente obrero y se extiende a otros problemas y otros sujetos sociales. En consecuencia no es extraño detectar algunos síntomas claros de la presencia de la cuestión social, por lo menos desde los años 1870. En este sentido los problemas relativos al artesanado, a la cuestión migratoria y a la cuestión indígena en algunas regiones, entre otros, son testimonios elocuentes de esta precoz presencia.

En el caso que nos ocupa –el problema indígena– por lo menos ya en la segunda mitad de aquella década y en los primeros años ochenta, sin lugar a dudas formó parte de la moderna cuestión social pues no fue sólo una preocupación del propio Estado sino de una parte significativa de la sociedad.

Y este problema movilizó en su momento a un intenso debate ideológico político acerca de la sociedad, el Estado y los propios indígenas, y generó a la vez diversas respuestas –heterogéneas y muchas veces contradictorias– tanto de las elites gobernantes como desde los propios actores involucrados.

Así, de parte del Estado a través de sus burócratas de turno, cómo también de la Iglesia católica, de la prensa en general y de algunos intelectuales se fueron modelando políticas o acciones que desde la propia mirada intentaban dar una solución a la problemática indígena.

En este sentido entendemos que este trabajo aporta evidencias empíricas y una interpretación acerca de cómo la cuestión indígena no sólo forma parte de la cuestión social sino que, además, aparece como tal en el marco de la construcción de una sociedad capitalista, y que su aporte y la interpretación los hace analizando principalmente las producciones discursivas que fundamentan las distintas posiciones que representantes de la elite gobernante, de la Iglesia, de la prensa y de otros sectores de la sociedad tienen sobre este particular problema. Posiciones que generan una serie de controversias acerca de qué entendía cada uno por incorporación, acerca de cómo tendría que ser y, fundamentalmente, acerca de quién debía civilizar a los indígenas y cuáles eran los métodos adecuados para cumplir con esta finalidad.

De tal manera, después de ocupar el espacio originalmente indígena la inicial decisión del gobierno nacional fue optar por el sistema de distribución –privilegiando este método por sobre otras alternativas como el sistema de reservaciones impuesto en Estados Unidos o los proyectos de colonización indígena sostenido por algunos dirigentes gubernamentales y la Iglesia católica– obedeció a razones no sólo ideológicas sino también económicas y principalmente de carácter militar, todas ellas en el marco del proceso de construcción del Estado nación que procuraba cumplir con el objetivo primero de lograr la plena homogeneidad territorial y cultural. Sin embargo, la puesta en práctica de este sistema no sólo no resolvió la cuestión de la integración indígena sino que, por el contrario, la serie de irregularidades y abusos cometidos con su aplicación sólo condujeron a agravar el problema.

Por lo tanto, el cambio de forma de integración de los indios sometidos que realiza el Gobierno a partir de la finalización de la contienda militar –reemplazando el inicial sistema de distribución por el de formación de colonias– tiene que ver con el fracaso de la experiencia anterior, pero también con el fin de las campañas militares y por ende con la desaparición del peligro indígena, y es coincidente a la vez con un nuevo momento en la construcción del Estado nación.

Así, la cuestión indígena no es un fenómeno aislado sino que, en el marco de esta construcción, aparece ligada con otras cuestiones que hacen a las mutaciones que se producen en la propia sociedad argentina y que se relacionan entre otros con el fenómeno de la inmigración y con las consecuencias que trae aparejada su masividad en la propia integración nacional y aún en la pervivencia del propio orden social, lo que presupone razones por demás significativas para modificar la visión que hasta ahí tenía buena parte de la elite gobernante respecto de la cuestión indígena y la apelación a ella como ciudadano y argentino, en inevitable comparación con los inmigrantes.

Pero tal apelación se va diluyendo en la medida que va desapareciendo el peligro de disgregación nacional, y, por otra parte, también la crisis de 1890 marca el fin de la *utopía agraria* dejando paso, en los años siguientes y hasta el final del período, a una nueva mirada que percibe al indígena no ya como un salvaje y bárbaro producto del desierto sino como un habitante más de la campaña que se integra a ella a través de su actividad en las parcelas fiscales a las que se hace acreedor, o bien empleándose como fuerza de trabajo en los establecimientos rurales o en los núcleos urbanos que se van instalando en los nuevos territorios productivos. A partir de esta nueva realidad el problema indígena pasa a ser un tema menor, y sólo se ve alterado si algunos de ellos se resisten al destino que le han fijado tanto el Estado como los otros actores sociales. Si esto sucede, nuevamente la mirada sobre el indígena se trastrueca y vira rápidamente hacia una imagen que señala nítidamente los rasgos delictivos de su conducta. Entonces el indígena es visto si no como un salvaje si como un vago y un ladrón, y por lo tanto es la justicia la que asume el rol represivo para disciplinar como antes lo había hecho el ejército.

En este contexto el proceso de "incorporación" de los pueblos indígenas en el sur del territorio está dado dentro de un marco mayor que tiene que ver con el propio devenir de la sociedad y el Estado en la Argentina. En este sentido resulta evidente que la resolución de la cuestión indígena se produce en el marco del proceso de construcción de una sociedad capitalista y de consolidación del Estado nacional, principalmente en cuanto a su autoridad y soberanía.

Finalmente es necesario señalar que con este trabajo se busca dar una serie de pasos decisivos para superar viejas barreras que habían separado a historiadores y antropólogos, fragmentando arbitrariamente el campo de conocimiento respecto de esta temática a partir de la herencia dejada por el positivismo decimonónico que adjudicaba el tema de las fronteras interiores a los historiadores en tanto la sociedad indígena era objeto de estudio reservado a los arqueólogos y etnógrafos. Lejos de pretender una aproximación epistemológica unívoca, o bien intentar sentar las bases para una confluencia teórica sobre la cuestión, nos propusimos desde un comienzo objetivos más modestos, aunque no menos importantes. Es decir, intentamos invalidar ciertas reglas de juego autónomas desarrolladas por las distintas ciencias, según las cuales tan sólo se consideraban dignas de respuestas aquellas preguntas que surgían dentro de la propia especialidad.

Tratamos, en definitiva, de incorporar al análisis histórico el bagaje de conocimientos provenientes de la antropología en la certeza de que sin ellos nos resultaba sumamente difícil avanzar en la investigación, es decir, sin tener en cuenta la totalidad de los problemas implicados y no utilizando convenientemente los aportes efectuados desde cada disciplina.

En la práctica esto significó una redefinición de la disciplina, la incorporación y uso de conceptos, categorías y modelos tomados de la antropología, la búsqueda de nuevas fuentes de conocimiento y una revalorización de la documentación ya conocida que debió ser leída e interrogada nuevamente a la luz de esta nueva concepción.

En cuanto a los aspectos metodológicos advertimos que las severas limitaciones dadas por un verdadero vacío de información nos impidieron cumplir en un todo con algunos de los objetivos propuestos al inicio, como, por ejemplo, conocer el número exacto de individuos reducidos, o cuál fue el destino final de cada uno de ellos, y que si bien a lo largo de la investigación recurrimos a fuentes alternativas que fueron de suma utilidad igualmente no alcanzaron para salvar en su totalidad estas dificultades.

Precisamente en cuanto al plano metodológico debemos decir que en el estudio de las clases subalternas en general, y para el caso que toma este trabajo en particular, su concreción presenta ciertos problemas que merecen ser expuestos.

En efecto, es por todos conocida la dificultad que presenta nuestro objeto de estudio en cuanto a disponibilidad de fuentes para abordarlo. Esto responde, principalmente, al hecho de que en su gran mayoría la documentación proviene de sectores ajenos a los actores indígenas, e inclusive muchas veces hostiles a su presencia y a sus culturas, lo que impide un acceso más directo a sus propias experiencias.

Precisamente en este último aspecto debemos señalar que la falta de datos precisos en los archivos oficiales nos impuso la necesidad de ampliar el espectro de fuentes tradicionalmente consultadas, exigiendo imaginación y creatividad para detectar en documentos de diversa índole los posibles testimonios de la experiencia pasada que se pretendía reconstruir, así como para extraer de ellos toda su potencialidad informativa.

De tal manera que a las tradicionales fuentes de información cuantitativas y cualitativas existentes en repositorios oficiales y privados debimos agregar testimonios que hacían alusión a nuestro objeto de estudio o provenían de éste, tomados de artículos periodísticos, correspondencia particular, obras literarias, etc., habiendo sido de real significado el cotejo con los libros de bautismos de distintas parroquias de Buenos Aires que facilitó conocer la identidad y destino final de quienes deliberadamente habían sido omitidos en la información oficial.

Esta última información fue completada con testimonios orales de algunos descendientes de aquellos protagonistas que, si bien escasos en número, nos fueron de suma utilidad para conocer el azaroso camino en búsqueda de la libertad perdida recorrido por algunos de nuestros personajes.

Para finalizar, creemos que el contenido de este libro, aun con las dificultades señaladas precedentemente, cumple con los objetivos propuestos: llenar un vacío historiográfico importante a partir de una mirada renovadora acerca de la temática en cuestión y, a la vez, como sostiene Jim Sharpe haciendo referencia al significado de la historia *desde abajo*: "Ofrecer también el medio de restituir a ciertos grupos sociales una historia que podría haberse dado por perdida o de cuya existencia no eran conscientes"[4].

En otras palabras, con este trabajo no sólo quisimos satisfacer nuestro legítimo interés de historiadores por conocer el pasado sino, también, recuperar a través de la memoria histórica las vicisitudes de aquellos a quienes, tozudamente, durante mucho tiempo, la historiografía oficial se empeñó en olvidar.

Completando esta introducción debemos señalar que la presente edición es una versión corregida y aumentada de la que con el mismo título vio la luz en el año 2002. Para ésta hemos ampliado en términos cronológicos el tema a investigar llegando hasta los años 1930, e incorporado al análisis otros instrumentos de integración que adquirieron relevancia en esos últimos años: la escuela tanto pública como confesional y, particularmente, los inspectores de tierras.

Así, este nuevo volumen esta compuesto por seis capítulos incluyendo las conclusiones. En el primero se describen las relaciones entre el Estado y los pueblos indígenas desde sus inicios y hasta la desaparición de la frontera interior a partir de la ofensiva final en la primavera de 1878. Se analizan el cambiante y complejo espacio fronterizo así como las transformaciones producidas en el mundo indígena, en la sociedad blanca que puebla la campaña y en las distintas políticas estatales destinadas a resolver las cuestiones fronterizas e indígenas.

En el capítulo segundo se pasa revista a las distintas alternativas planteadas con respecto al destino final de los indígenas a partir de la

---

[4] Sharpe, Jim, "Historia desde abajo", en Burke, Peter (ed.), *Formas de hacer historia*, Madrid, Alianza, 1994. p. 40.

ocupación militar del "desierto", hábitat natural de ellos. Se examinan entonces tanto las opciones formuladas por algunos funcionarios jerárquicos nacionales como las presentadas por la Iglesia católica a través de las iniciativas de los misioneros salesianos, la viabilidad de las mismas y el porqué de sus rechazos. También se analizan el "sistema de distribución" –que inicialmente se adopta en esta etapa–, las razones que fundamentaron su elección y las controversias que la imposición del mismo desató en el seno de la sociedad.

En el tercero se describe la aplicación del "sistema de distribución", es decir, de traslado, desmembramiento y posterior reparto de las familias indígenas en diferentes actividades, en distintos destinos, lejos de la frontera. Se examinan la metodología empleada, las irregularidades cometidas y los resultados de estas experiencias –disímiles y contradictorias– así como las formas de resistencia y las consecuencias que produjeron en los propios indígenas.

El capítulo siguiente, el cuarto, está dedicado a los debates parlamentarios que se sucedieron a partir de la finalización de la campaña militar ante las iniciativas oficiales que plantearon dejar de lado el inicial sistema de distribución e integrar la población indígena a través de un sistema de colonias, lo que implicaba una nueva visión sobre el problema. Se analizan no sólo las distintas posturas ideológicas presentes en los debates sino también cuestiones implícitas que aparecen en el marco de las nuevas propuestas oficiales, ligadas en algunos casos al destino productivo de los territorios ocupados y al papel civilizador de la agricultura y, en otros, al problema de la inmigración masiva y a la cuestión de la ciudadanía-nacionalidad de los indígenas.

El capítulo quinto presenta un análisis de los nuevos agentes de integración y de las nuevas miradas que desde finales de la década de 1880 y hasta el final del período estudiado tienen el Estado y buena parte de la sociedad respecto de la cuestión indígena. Imágenes distintas a las anteriores y a la vez contrapuestas entre sí, pero que van marcando el camino de la definitiva integración.

En las conclusiones finales ensayamos una serie de reflexiones acerca de la falta de una política unívoca y globalizadora de parte del Estado respecto de la cuestión y del destino final de los indígenas sometidos, y de cómo las soluciones coyunturales sustentadas en el clima de ideas predominantes en cada etapa trajeron aparejadas serias consecuencias para el devenir de los propios indígenas, ya que silenciadas e invisibilizadas sus formas culturales la propia existencia de ellos termina definitivamente por hundirse en los repliegues de la memoria.

CAPÍTULO I
Antecedentes

"En el Sud de la República no existen ya dentro de su territorio fronteras humillantes impuestas a la civilización por la chuzas del salvaje.

Ha concluido para siempre en esta parte, la guerra secular que contra el indio tuvo su principio en las inmediaciones de esa Capital el año de 1535 [...]"

General Lorenzo Vintter (1885)[5]

Con esta breve comunicación del general Vintter al entonces Presidente de la Nación, el también general Julio Argentino Roca, se daba por concluido un secular enfrentamiento entre "indios" y "blancos" en el centro y sur del país.

La derrota indígena y la ocupación definitiva de su territorio determinaron, al decir de Halperin Donghi, que "esa presencia que había acompañado la entera historia española e independiente de las comarcas platenses se desvanecía por fin"[6], y así se produciría la desaparición de aquella frontera en el sur del territorio.

En efecto, en el marco de un cambiante y complejo espacio de interacción en el que las modificaciones —tanto en el mundo indígena como en el de la sociedad poscolonial— se van sucediendo sin solución de continuidad, se van a insertar desde muy temprano las distintas

---

[5] Telegrama del general Lorenzo Vintter al presidente Julio A. Roca del 20 de febrero de 1885. En *Memoria del Departamento de Guerra y Marina*. Año 1885, p. 55, Archivo General de la Nación Argentina.

[6] Halperin Donghi, Tulio, *Proyecto y construcción de una nación (1846-1880)*, Biblioteca del Pensamiento Argentino, Buenos Aires, Ariel, 1995, p. 100.

políticas estatales destinadas a resolver la *cuestión de la frontera* y el problema del indio, que fluctuaban entre el uso de la fuerza, de las alianzas y hasta de la seducción, y en algunas ocasiones el uso de todas ellas combinadas.

La aplicación de tales políticas significó, a lo largo del tiempo, avances, retrocesos, y éxitos y fracasos hasta desembocar, a mediados de los años 1880, en la última y definitiva derrota indígena señalada en el telegrama de Vintter que transcribimos al comienzo.

El mundo fronterizo y sus actores.
Los indígenas

Durante mucho tiempo, casi dos siglos, el "desierto", tal como se denominaba al espacio que visto desde la "civilización" se extendía más allá de aquella frontera, comenzaba a muy poca distancia del sur de la Ciudad de Buenos Aires. En él se desarrollaba un mundo indígena integrado por diferentes parcialidades, algunas de las cuales se aposentaban desde antaño y otras se habían trasladado más recientemente desde sus antiguos asentamientos en el sur trasandino.

Precisamente el contacto con la sociedad europea y criolla había significado que estos indígenas, cazadores y recolectores en sus orígenes, cambiaran algunos hábitos e incorporaran otros a su vida cotidiana: por ejemplo el uso del caballo y otros elementos culturales vinculados a éste. Junto al caballo el indígena también incorpora otros animales introducidos por los europeos, como vacunos y ovinos, los cuales, con el correr del tiempo, llegan a tener una decisiva importancia económica dentro del mundo indígena.[7]

En este sentido, fruto de la importancia de la actividad pastoril, del rol que jugaba la ganadería dentro de la economía indígena y del

---

[7] Como sostienen Mandrini y Ortelli, "el caballo —más tarde vacas y ovejas— tuvo una amplia aceptación por parte de los indígenas que, muy pronto, lograron su completo dominio y lo utilizaron con gran habilidad y destreza", en Mandrini, R. y S. Ortelli, *Volver al país de los araucanos*, Buenos Aires, Sudamericana, 1992. pp. 32 y 35.

intenso intercambio comercial entre sí y con la sociedad no indígena, ya desde el siglo XVIII, los aborígenes que poblaban estos territorios manejaban una vasta red de caminos y comercio que abarcaba un ancho corredor interregional entre el Río de la Plata y Chile, por el cual circulaban los ganados y bienes diversos del mercado colonial. Esta realidad se mantuvo a lo largo de la etapa independiente en la que los distintos grupos indígenas oficiaron de excelentes intermediarios entre la producción ganadera de las pampas argentinas y la demanda de la sociedad mercantil del valle central chileno.[8]

Pero esta situación, a partir el siglo XVII, fue generando cambios profundos en la organización social de los indígenas, pues la nueva riqueza representada por la posesión del ganado fue determinado que, poco a poco, los jefes tribales comenzaran a acumular prestigio y poder controlando vastos territorios y, por consiguiente, las rutas comerciales.

Durante el siglo XIX este proceso se mantiene con ciertas peculiaridades y segmentación, lo que va a ir dando lugar a la formación de los grandes cacicatos característicos de la centuria. Estos tenían funciones de eminente carácter militar, correspondiéndoles dirigir a los guerreros en algunos malones contra "los blancos" o para dirimir conflictos entre parcialidades indígenas. Con el tiempo fue creciendo la autoridad y la importancia de los caciques más poderosos y sus figuras pasaron a ocupar un lugar significativo en el desenvolvimiento de las comunidades indígenas en lo que hacía a sus relaciones con las autoridades gubernamentales de Buenos Aires y las provincias. Precisamente esta relación les permitía atesorar y manejar un cúmulo de información que les servía para consolidar su poder.

El funcionamiento político-administrativo de los cacicatos pasaba por una compleja y bien ordenada jerarquía de caciques, desde los que

---

[8] Bandieri, Susana, "Entre lo micro y lo macro: la historia regional. Síntesis de una experiencia", en revista *Entrepasados*, Buenos Aires, fines de 1996. Año VI, N° 11, p. 84.

sólo tenían autoridad sobre una toldería hasta los grandes caciques generales. Estos últimos, aunque carecían de estructuras formales de poder, igualmente poseían una autoridad muy grande por la influencia que ejercían en las decisiones fundamentales.

Por otra parte, los grandes caciques desempeñaban una serie de funciones que iban desde la organización, planificación y dirección de los grandes malones y empresas guerreras, hasta el control de la circulación por sus territorios soliendo exigir un pago por derecho de paso de aquellos que lo transitaban.

Finalmente digamos que para alcanzar el grado de gran cacique no sólo jugaba el tema de la herencia familiar sino que, además, aquél que aspiraba al cargo debía poseer una serie de condiciones especiales que, según Mandrini y Ortelli, eran ser un hombre de reconocido valor, un experto jinete, hábil en el manejo de las armas y dotado de condiciones naturales para mandar y organizar a sus huestes durante los malones. A estas primeras cualidades debía sumar experiencia en las tareas rurales y fundamentalmente ser un excelente orador, ya que era una condición determinante para dirigir y controlar parlamentos y asambleas.[9]

Completaba esta serie de condiciones la necesaria posesión, por parte del aspirante, de una cuota importante de recursos, los cuales podía obtener a través de los malones o bien de los regalos y raciones que, tanto el gobierno nacional como los distintos gobiernos provinciales, entregaban a cambio de mantener pacificadas las fronteras y neutralizar cualquier posible ataque.

A las modificaciones en la estructura social en el mundo indígena debemos sumar aquellas que se producen en lo que respeta a la localización espacial, cuando, también en las primeras décadas del siglo XIX, importantes contingentes que habitaban suelo chileno se establecen en las pampas acompañados de sus respectivos guerreros y familias, empujados por la Guerra de la Independencia que ya a fi-

---

[9] Mandrini, R. y S. Ortelli, op. cit., pp. 165-166.

nes de la primera década y en el marco del conflicto entre realistas y patriotas traslada el escenario bélico al sur de Chile. En efecto, desde 1819 y hasta 1825 se desarrolló la llamada "guerra a muerte", en la cual se enfrentaron grandes contingentes de aborígenes adhiriendo unos al bando realista y otros al bando patriota, determinando este conflicto la emigración hacia los territorios al este de la cordillera de numerosos contingentes indígenas dirigidos por distintos caciques, algunos tan prestigiosos como Levenopan y Toriano.

Naturalmente, esta nueva realidad alteró la situación fronteriza y a la propia población aborigen de las pampas inaugurando un nuevo escenario caracterizado por una serie de conflictos intraétnicos e interétnicos que tuvieron que ver con la ya señalada lucha independentista, pero también con el particular proceso de construcción del Estado nacional.

Así, durante el transcurso de esta denominada guerra a muerte, buena parte de los indios vorogas que habían apoyado a los realistas en el sur de Chile se desplazaron a la pampa argentina, instalándose sobre el arroyo Guaminí, el llano de Masallé y el lago Carhué; constituyéndose a partir de entonces en el mayor poder indígena de la zona.

Sin embargo, aún en su nuevo asentamiento fueron perseguidos por el ejército republicano chileno y por agrupaciones indígenas enroladas en el bando patriota, entre ellas las conducidas por Toriano, el cacique mayor de los indios pehuenches, y por los caciques Cumio, Cheuqueta, Namuncurá y Calfucurá, aunque este último según Meinardo Hux "se hizo perseguidor de ellos, no tanto por encargo del gobierno chileno, sino invitado por el Gobernador de Buenos Aires, como diré, y por propias venganzas demoradas [...] Calfucurá confesará más tarde que vino conchabado con 200 indios suyos para perseguir a los indios alzados".[10]

---

[10] Hux, Meinrado, Pbro., *Caciques huiliches y salineros*, Buenos Aires, Marymar, 1991, p. 151.

Estos conflictos intraétnicos se vieron impulsados y favorecidos en los años siguientes por la propia actitud del gobernador de Buenos Aires Juan Manuel de Rosas, quien aplicando una hábil política disociadora intentó y logró, mediante dádivas y amenazas, dividir y enfrentar entre sí a las tribus indígenas para que se debilitaran y eliminaran mutuamente.

Fruto de esta estrategia fue la destrucción y desintegración de la parcialidad vorogana, no sólo por los asesinatos de sus caciques Rondeau y Melin a manos de los guerreros de Calfucurá, Namuncurá, Tranamilla y Cheuqueta, y del jefe Cuñiquir por las autoridades militares de Bahía Blanca, sino también por las propias divisiones internas entre quienes estaban a favor o en contra de servir a Rosas persiguiendo y enfrentado a viejos aliados y parientes de los ranqueles como lo eran los voroganos.

Así, la participación de las parcialidades indígenas en la política criolla cobra cada vez mayor importancia en el desarrollo de los conflictos internos que genera el proceso de construcción del Estado nacional. Como acertadamente sostiene Marta Bechis: "El guerrero indígena, pastor de su propio ganado en tierras comunales pero semiáridas, productor para el consumo interno y el intercambio y recolector de bienes en zonas de la campaña criolla llegó a incidir en la prosperidad económica y política de individuos, grupos y pueblos criollos que usaban su capacidad combativa con la modalidad de guerra de recursos, en beneficio propio. La violencia institucionalizada aborigen se convirtió en una mercancía en el mercado criollo de la violencia."[11]

La misma autora plantea una serie de características acerca de la presencia indígena en la política criolla entre las que sobresalen aquellas referidas a quiénes participaban y cómo se efectivizaba esa

---

[11] Bechis, Marta, "Fuerzas indígenas en la política criolla del siglo XIX", en Goldman, N. y R. Salvatore, (Comp.), *Caudillos rioplatenses. Nuevas miradas a un viejo problema*, Buenos Aires, Eudeba, 1998. p. 316.

participación. En el primer caso, Bechis señala que, según las circunstancias, participaban tanto varias tribus de una confederación étnica como sólo una, solamente parte de una tribu o, en ocasiones, nada más que un reducido grupo de guerreros. Respecto de cómo se materializaba la participación, también de acuerdo a las circunstancias y a las motivaciones de la propia sociedad indígena, ésta podía darse en un abanico amplio de procederes que iban desde ataques masivos —con su terrible secuela de destrucción y muerte— hasta simples pero efectivas demostraciones de fuerza, o súbitas sublevaciones de contingentes de indígenas que formaban parte de los diferentes ejércitos criollos en pugna.[12]

Esta participación adquiere un protagonismo importante ya en las primeras luchas entre unitarios y federales, y se continúa después de Caseros y durante buena parte del período de organización nacional. Precisamente Juan Calfucurá será quien pueda, una vez instalado en cercanías de las Salinas Grandes y a través de una serie de pactos y alianzas familiares, reunir un número importante de tribus dispersas conformando a mediados de la década de 1830 una poderosa Confederación Indígena que mantuvo durante largos años en constante zozobra la línea de fronteras. Explotando primero las diferencias entre Buenos Aires y la Confederación, y después el desencadenamiento de la guerra con el Paraguay, Calfucurá mantuvo la hegemonía indígena sobre la línea de fronteras durante largos años neutralizando los intentos que se sucedieron durante los gobiernos de Mitre y de Sarmiento de acabar con ella.

Esta situación se mantuvo hasta los primeros años setenta cuando comienzan a plantearse serias divisiones en el seno de la Confederación Indígena, en la medida en que algunos caciques y parcialidades volvían a unirse mediante tratados de paz con el gobierno porteño,[13] lo que

---

[12] Becáis, Marta, op. cit., p. 294.

[13] Las distintas comisiones enviadas por el general Mitre y por el comandante Ignacio Rivas de Azul con el fin de negociar la paz y un acercamiento a las autoridades porteñas logran su cometido. El primero de estos caciques en pactar

finalmente, en 1872, es aprovechado en la batalla de San Carlos por el coronel Ignacio Rivas cuando derrota a los lanceros de Calfucurá con la ayuda determinante de los escuadrones de *indios amigos* pertenecientes a las comunidades de los caciques Catriel y Coliqueo. A esta derrota militar se le suma, un año después, la muerte de Calfucurá, lo que inicia el decisivo repliegue y decadencia de la Confederación experimentado en los sucesivos y continuados reveses que sufre Manuel Namuncurá, su hijo y sucesor en el mando.

La campaña y sus pobladores

Frente a este mundo indígena se alineaban en un principio, detrás de la línea de frontera, que se extendía desde la cordillera de los Andes al Atlántico describiendo una amplia curva a través de las actuales provincias de Buenos Aires, Santa Fe, Córdoba, San Luis y Mendoza, pequeños pueblos que coexistían con grandes estancias de propietarios absentistas dedicadas a la cría extensiva de ganado, y un número importante de parcelas ocupadas por familias locales o migrantes de las regiones norteñas las que cultivaban algunos cereales o criaban algo de ganado sobre la base del trabajo familiar, y habían levantado un modesto rancho donde mantenían a su prole. Todos ellos resguardados por miserables fortines con escasez de medios y de hombres que trataban de garantizar la seguridad de los mismos.

Este escenario poblacional se mantiene prácticamente inalterable, lo mismo que la línea de frontera, durante todo el período colonial y recién se modifica este panorama radicalmente luego de 1810, cuando las guerras y la ruptura del espacio virreinal, controlado hasta ese momento por los comerciantes porteños y la apertura de los mercados externos para los productos pecuarios rioplatenses, vuelcan

---

es Catriel, luego le siguen Llanquetruz en el sur y Coliqueo con sus boronas, lo que determina un debilitamiento de la Confederación Indígena. Hux, Meinardo, Pbro., op. cit., p. 115.

los intereses principalmente de ciertos grupos dominantes de Buenos Aires hacia el *hinterland* rural.[14]

Este interés se materializa a través de un renovado impulso para poblar la frontera, ya que la continua expansión de la producción ganadera —saladeros en complementación con la producción de cueros, grasas y sebo— implica la necesidad de incorporar nuevas tierras para la producción y, fundamentalmente, una expansión de la frontera bonaerense.[15]

El poblamiento de este espacio fronterizo se va a dar a partir de la instalación de migrantes, en buena parte campesinos pobres provenientes principalmente de las provincias del norte y del litoral, los cuales se fueron instalando junto a sus familias alrededor de los fortines, lo que dará lugar a la formación de nuevos núcleos poblacionales.

Por otro lado, este avance va a significar la ocupación de todas las tierras disponibles forzando a muchos productores a traspasar la frontera en busca de nuevas sin contar con la protección adecuada y, por lo tanto, verse sometidos al asedio de los indígenas. Incluso algunos se internan y ocupan territorios ubicados hasta 75 leguas al sur del río Salado, fundando chacras y estancias sin que existan en esos lugares ningún tipo de autoridad civil o militar que los proteja y, por el contrario, "arrostrándose a los peligros de ser sacrificados por los infieles".[16]

De esta manera el escenario que nos presenta la zona fronteriza a mediados del siglo XIX está caracterizado por el crecimiento

---

[14] Gelman, Jorge, *Un funcionario en busca del Estado. Pedro Andrés García y la cuestión agraria bonaerense, 1810-1822*, Bernal, Universidad Nacional de Quilmes, 1997. p. 16.

[15] Halperin Donghi, Tulio, "La expansión ganadera en la campaña de Buenos Aires", en Di Tella, T. y T. Halperin Donghi, *Los argentinos, los fragmentos del poder*, Buenos Aires, Jorge Alvarez, 1969. pp. 49-57.

[16] Informe de Pedro Andrés García. Año 1811 incompleto. En Gelman, Jorge., op. cit., p. 26.

de algunas enormes estancias ganaderas, las que conviven con un número importante de medianas y pequeñas explotaciones de tipo familiar dedicadas principalmente a la actividad agrícola.[17]Junto a estos coexistían importantes núcleos urbanos, especialmente en la Provincia de Buenos Aires, tales como Dolores, Azul y Bahía Blanca, entre otros. Ellos son el centro de un activo intercambio comercial con la campaña circundante y con los propios indígenas que llegan desde sus asentamientos, allende la frontera, a comercializar no sólo lo producido por la caza y sus artesanías textiles sino también hacienda robada y provisiones entregadas por el gobierno nacional, contando con la aquiescencia de comerciantes y funcionarios venales, tal cual lo denuncia Álvaro Barros en el caso del pueblo de Azul.

Este panorama se mantiene en los años siguientes y así llegamos a la década de 1870 cuando, en vísperas de iniciarse la ocupación definitiva del espacio indígena, el escenario fronterizo vive una doble realidad expresada primeramente, como ya se ha señalado, por relaciones pacíficas plasmadas en activos y fluidos intercambios comerciales, pero, a la vez, trastocada violentamente por las periódicas y devastadoras incursiones indígenas sobre pueblos y establecimientos fronterizos y también, aunque menos frecuentes pero igualmente destructivas, las expediciones militares sobre los asentamientos indígenas.

Tal vez quien mejor percibió esta compleja situación haya sido el coronel Álvaro Barros, tal cual lo expresa en algunos de sus escritos sobre la cuestión fronteriza en el sur del territorio. En ellos retrata fielmente la vida y vicisitudes de la frontera y la campaña bonaerense, cuando, a través de un vívido relato, van desfilando por ese peculiar escenario todos los personajes que en él actúan: desde los deshonestos

---

[17] Gelman, Jorge, *Un funcionario en busca del Estado. Pedro Andrés García y la cuestión agraria bonaerense, 1810-1822*, op. cit.; y Mateo, José, "Migrar y volver a migrar. Los campesinos agricultores de la frontera bonaerense a principios del siglo XIX", en Garavaglia, Juan C. y José L. Moreno (Comps.), *Población, sociedad, familia y migraciones en el espacio rioplatense. Siglos XVIII y XIX*. Buenos Aires, Cántaro, 1993. pp. 123-148.

comerciantes que lucran con los dineros del Estado hasta los pobres milicos, pasando por los sacrificados trabajadores criollos y sus pares inmigrantes, los indios amigos y enemigos hasta rematar en las autoridades –civiles y militares– diferenciadas en su condición pero ambas corrompidas.[18]

En realidad, el escenario descrito por Barros nos muestra también otro aspecto no menos importante que hace a la vida de frontera y que tiene que ver con la inseguridad que subsiste en la campaña: la propia indefensión del Estado respecto de los intereses de aquellos que pueblan la misma, y las arbitrariedades a que están sometidos algunos de sus pobladores. Esta visión de dicho protagonista y autor es compartida por José Hernández[19] y por José Manuel Estrada[20] quienes, aunque sin poner el acento en la cuestión de la frontera, coinciden igualmente en advertir y criticar el accionar estatal describiendo una serie de males que soporta el conjunto de la población de la campaña, tales como el reclutamiento arbitrario que padecen las clases bajas o las continuas exacciones a través del robo y de los malones que sufren las terratenientes.

En definitiva, hacia mediados de la década de 1870 la población de la campaña vive una realidad por demás compleja, tanto en lo que tiene que ver con su particular relación con el otro poblador allende la frontera, el indígena, como con el propio Estado que a través de sus autoridades se muestra repetidamente arbitrario y venal.

La cuestión de la frontera y las políticas estatales

El mantenimiento por más de dos siglos de una misma y estrecha frontera que en el caso de Buenos Aires no superaba el río Salado,

[18] Barros, Álvaro, prólogo de Pedro D. Weinberg *Indios, fronteras y seguridad interior*, Buenos Aires, Solar/Hachette, 1975.

[19] Hernández, José, "La Gran Dictadura", en el periódico *El Río de la Plata*. Buenos Aires, 4.9.1869.

[20] Estrada, José M., "Una palabra suprimida", "La campaña", en *Obras Completas*, Buenos Aires, Librería del Colegio, 1904. Tomo X.

y que aparecía como una suerte de barrera infranqueable para la expansión del mundo agrario, no sólo muestra la falta de interés del Estado colonial por el desarrollo de la actividad agropecuaria en general, sino también que la cuestión de la frontera aparece como un tema no prioritario en la agenda de los distintos gobiernos virreinales.

Salvo algunas pequeñas y puntuales acciones desarrolladas durante las administraciones del gobernador Ceballos y de los virreyes Vértiz y Loreto, consistentes en sendas expediciones militares al interior del territorio indígena y la inclusión de la Guardia de Chascomús en 1779 como nuevo punto de fortificación, el tema fronterizo aparece como subordinado a otros temas internacionales en el resto de la etapa colonial y se asiste en el último tramo de este período, incluso, a una relativa paz que se mantiene desde aproximadamente 1790 hasta 1814.

Sin embargo, esta situación se va a modificar, como ya se ha señalado, a partir de los sucesos independentistas cuando los conflictos empiezan a tener una mayor envergadura y volumen por la propia Guerra de la Independencia y el corrimiento de la frontera alrededor del año 1815, lo que significando para los indígenas la pérdida de ricas praderas para cría y pastoreo los obliga a intensificar sus ataques en la frontera a fin de proveerse mediante los malones —y para seguir satisfaciendo la demanda siempre creciente del mercado chileno— del ganado que producían las estancias.

Entonces, para las autoridades nacionales, la cuestión de la frontera y la relación con los indígenas en el sur del territorio dejó de ser un tema más en la agenda de gobierno y pasó a ser un problema acuciante, cuya resolución se volvía perentoria. Si bien la búsqueda de una rápida solución era una necesidad sentida por todas las provincias por las cuales pasaba la línea de frontera y, por ende, estaban presentes los conflictos fronterizos, lo era mucho más para Buenos Aires, donde la presencia siempre amenazante de la frontera indígena tocaba muy cerca de las zonas rurales bonaerenses especialmente dinamizadas por la expansión de la economía exportadora.[21]

En rigor de verdad la cuestión indígena está presente desde antes de la emancipación colonial, fue para los diferentes gobiernos un problema a resolver y, para ello, se ensayaron diferentes estrategias tratando de encontrar una solución sino definitiva por lo menos duradera.

Algunas veces se escogió el camino agresivo, apelando al envío de expediciones punitivas al corazón del territorio indio como forma de asegurar las fronteras interiores. En cambio, en otras ocasiones se optó por tomar una actitud contemporizadora, tratando, por medio de subvenciones, de mantener la paz y de contener los malones sobre las poblaciones fronterizas.

Finalmente, no faltó tampoco la ocasión en que se combinaron ambas estrategias: es decir, junto a la excursión militar se formalizaron alianzas y se entregaron tributos como modo de mantener a raya a los indígenas.

Sin embargo, la aplicación alternativa de estos métodos no arrojó, en la práctica, resultados positivos, ya que si bien remediaba momentáneamente el problema no lo solucionaba definitivamente. Ejemplo de ello son las expediciones realizadas por el coronel Pedro A. García en los años 1810 y 1823, por el gobernador de Buenos Aires Martín Rodríguez en 1820, 1823 y 1824 y por el coronel Federico Rauch en 1826 y 1827.

Un párrafo aparte merece la actividad llevada a cabo por el coronel García, ya que tal vez sea uno de los pocos que tiene una idea acabada sobre el tema fronteras y la cuestión indígena y, además, un plan para terminar con ese problema. En efecto, García, un profundo conocedor de la campaña y de la situación y fragilidad de la frontera, a través de una serie de informes que remite a los gobiernos que se suceden a partir de 1810 realiza un pormenorizado análisis acerca de

---

[21] Halperin Donghi, Tulio, *Proyecto y construcción de una nación (1846-1880)*, op. cit., p. 68.

esta problemática, y critica los métodos seguidos hasta ese momento para terminar con el espinoso problema. Entiende que teniendo en cuenta las particulares características de los indígenas, las que pasan por su escasa unidad, su nomadismo, sus jefaturas precarias y la propensión que tienen al robo, no resultan efectivas ni la estrategia de la guerra ofensiva ni la contraria de amistad y alianza.[22]

Plantea, por lo tanto, que para resolver el problema indígena y el de la seguridad de la frontera es necesario implementar una estrategia dual consistente en una equilibrada combinación de acciones, que incluyan "la amenaza de aplicarles la fuerza, pero también la atracción por la civilización".[23]

Mucho de los aspectos contenidos en los planes pergeñados por García van a ser retomados, tiempo después, por Juan Manuel de Rosas cuando, durante sus gobiernos, intente resolver el problema indígena aplicando una estrategia que combinaba tanto intervenciones pacíficas

---

[22] "Errado fue, y muy dañoso a la humanidad, el deseo de conquistar a los indios salvajes a la bayoneta, y de hacerlos entrar en las privaciones de la sociedad, sin haberles formado necesidades, ni inspirado el gusto de nuestras comodidades. Este plano, repito, sostenido con tesón, imposibilitaría quizás la civilización de aquellos hombres, pero no expondría al estado a tantos males, como un sistema contrario, adoptado a medias y mal conducido. Así el inveterado concierto hostil, sostenido por nuestros mayores contra las tribus de los Pampas, hacía imposible su reducción, pero al menos establecía una barrera entre ellos y nuestros campestres que los tenía siempre en alarma, y a los indios, cuidadosos por el estado de guerra que estábamos sin cesar. Desde el año [18]89 se cambiaron felizmente las ideas, y proyectó el Gobierno atraer por el comercio y buen trato a estos hombres feroces; pero, no habiéndose establecido un plan tan vasto como el objeto, ha sucedido que las fronteras se hallan desarmadas; que muchos de nuestros campestres, cuyas costumbres como hemos dicho, no distan muchos grados de la de los salvajes, se han familiarizado con ellos y atraídos por el deseo de vivir a sus anchas, o bien temerosos del castigo de sus delitos, se domicilian gustosamente entre los indios [...]", informe de Pedro Andrés García del 26 de noviembre de 1811. En Gelman, Jorge. *Un funcionario en busca del Estado. Pedro Andrés García y la cuestión agraria bonaerense. 1810-1822*, op. cit., p. 89.
[23] Ídem.

y como belicosas. En este sentido la política indígena del Gobernador bonaerense se componía de varias líneas de acción que implementaba de acuerdo a las características de las distintas comunidades indígenas. Un aspecto significativo de esa política es la que se conoció en la época con el nombre de "negocio pacífico con los indios" y que, según Silvia Ratto, "incluyó dos modalidades de relación con las parcialidades que aceptaron pactar con el Gobierno. Mientras unas tribus, a las que denominamos aliadas, permanecieron en sus asentamientos en las pampas, otras, las amigas, se asentaron dentro de la línea de frontera gozando de la protección y vigilancia de los puestos fronterizos. En ambos casos, las tribus percibían auxilios económicos a través de la entrega de raciones mensuales de ganado yeguarizo y 'vicios'".[24]

En cambio, para los considerados indios enemigos la estrategia consistía en perseguirlos mediante campañas punitivas cuya mayor expresión fue la expedición llevada a cabo entre 1833 y 1834, pero no la única, ya que otras similares, aunque de menor envergadura, se desarrollaron a lo largo de casi todo su gobierno.

Finalmente, esta estrategia se completaba con diversas maniobras y presiones ejercidas por el propio Rosas a fin de desarticular las alianzas intertribales para erosionar de esta forma al poder indígena.

Como se ha expresado, la expedición emprendida por Juan Manuel de Rosas en los años 1833 y 1834 fue por varias razones la más significativa, no sólo del propio período rosista sino de toda la etapa independiente. Caracterizada por el apoyo que concitó en amplios sectores de la sociedad, especialmente entre los ganaderos, y por la idoneidad de quien la comandaba, asentada en el conocimiento que el propio Rosas tenía del terreno y en el trato con los indígenas, dio como resultado, a pesar de que no se cumplieron todos los objetivos

---

[24] Ratto, Silvia, "La estructura de poder en las tribus amigas de la Provincia de Buenos Aires (1830-1850)", en *Quinto Sol. Revista de Historia Regional*, Instituto de Historia Regional, Facultad de Ciencias Humanas, Universidad Nacional de La Pampa, 1997. Año 1, N° 1 p. 77.

propuestos en el plan de campaña, el avance de la frontera interior, el rescate de numerosos cautivos y el sometimiento de importantes comunidades indígenas. De esta manera, al final de la campaña se había logrado un efectivo control de las fronteras hasta Bahía Blanca y Carmen de Patagones.

El éxito de esta campaña fue reconocido y saludado aún por los propios adversarios de Rosas, tal el caso de Domingo Faustino Sarmiento quien al referirse a la misma, tiempo después expresaba:

> Estancieros del sur de Buenos Aires me han aseverado que la expedición de Rosas aseguró las fronteras, alejando a los bárbaros indómitos y sometiendo a muchas tribus, que han formado una barrera que pone a cubierto las estancias de las incursiones de aquéllos y que, a merced de esas ventajas obtenidas, la población han podido extenderse hacia el sur [...][25]

Sin embargo, el final de la campaña no significó la instauración en los años siguientes de una paz duradera, ya que ésta fue frecuentemente interrumpida por acontecimientos tales como los propios conflictos intertribales entre las parcialidades indígenas –como ya se ha señalado–, por la sublevación de algunas tribus amigas que junto a contingentes de guerreros que arribaban permanentemente procedentes del otro lado de la cordillera mantenían en tensión la frontera sur y, por último, las nuevas embestidas del ejército provincial a las tolderías indígenas que derivó en un pedido de paz por parte de varias parcialidades indias, entre ellas la del cacique trasandino Juan Calfucurá, quien finalmente se instalará en las Salinas Grandes de acuerdo a lo acordado con el Gobierno de Buenos Aires.

La caída de Rosas marca el inicio de un período caracterizado por los enfrentamientos internos y externos a que se vio sometido el Estado argentino y que llevaron al desguarnecimiento de las fronteras, situación que fue aprovechada por las diferentes comunidades indígenas agrupadas bajo la conducción de Calfucurá para asolar la campaña y poblaciones fronterizas.

---

[25] Sarmiento, Domingo F., *Facundo*, Buenos Aires, Eudeba, 1961, p. 229.

En efecto, los pactos firmados por el general Urquiza llevaron alivio momentáneo a las provincias que formaban parte de la Confederación, pero multiplicaron los malones sobre la campaña bonaerense y pronto estos ataques se generalizaron nuevamente a lo largo de toda la línea de frontera, aprovechando primero su desguarnecimiento por los enfrentamientos entre Buenos Aires y la Confederación y, posteriormente, por la participación de Argentina en la Guerra del Paraguay. Esa participación motivó el abandono de la seguridad fronteriza por parte las fuerzas nacionales que fueron trasladadas al teatro de operaciones en el norte de la mesopotamia y el litoral, y su reemplazo por guardias nacionales que por su escasa experiencia militar y carencia de armamento y de medios de transporte adecuados poco podían hacer para detener las incursiones indígenas.

Al respecto, dice Estanislao Zeballos:

> La paz con los indios dura lo que dura la paz de la República, pues apenas la guerra externa o interna reclama la acción del ejército de línea en otros teatros, los indios, nuestros aliados y amigos, ensartan el trabajo en sus chuzas y se lanzan de nuevo al pillaje y a las carnicerías [...][26]

Inútiles fueron las expediciones militares llevadas a cabo en este período por los generales Mitre y Manuel Hornos y por el coronel Nicolás Granadas. Todas terminaron en un estruendoso fracaso ante la astucia y habilidad de Calfucurá para elegir los momentos y lugares de los enfrentamientos, logrando de ese modo desbaratar una a una todas estas intentonas y, a la vez, continuar con los malones sobre las indefensas poblaciones de la campaña[27] sembrando el terror y obligando al despoblamiento de los establecimientos fronterizos.

---

[26] Zeballos, Estanislao, *La conquista de 15.000 leguas*, Buenos Aires, La Prensa, 1878, p. 338.

[27] "No pasa una hora sin que se reciban noticias, partes, alarmas sobre entradas de indios. Estas pobres gentes están viendo en cada paja del campo a un indio grandote [...]", véase Hernández, Isabel, Los indios de Argentina, Quito, Ediciones Abya-Yala, 1995.

Al final de la presidencia de Bartolomé Mitre y durante el mandato de su sucesor, Domingo F. Sarmiento, se produjeron nuevas tensiones y conflictos, esta vez a raíz de la promulgación de la Ley 215[28] que ordenaba el corrimiento al sur de la línea de frontera interior hasta la riberas septentrionales de los ríos Neuquén y Negro, desde el nacimiento del primero en los Andes y hasta la llegada del segundo en el océano Atlántico, militarizándose éstas y las propias vías fluviales una vez que el ejército nacional regresara de la guerra al Paraguay. Cuando en 1869 se inició un avance según el proyecto del ingeniero coronel Juan Czetz a lo largo de las fortificaciones, y las tropas nacionales ocuparon la isla Choele Choel, la respuesta de Calfucurá no se hizo esperar y grandes malones se desataron sobre algunas poblaciones, tales los casos de Tres Arroyos y Bahía Blanca, decidiendo el presidente Sarmiento celebrar nuevos tratados de paz con el cacique salinero.

Tampoco fue solución la política de subvenciones adoptada como alternativa. Onerosa para el tesoro nacional, tenía como objetivo

---

[28] La Ley N° 215 fue promulgada el 13 de agosto de 1867 y ordenaba entre otros aspectos que se ocupasen las fronteras por fuerzas del ejército hasta la ribera del río Neuquén, desde su nacimiento en los Andes hasta la confluencia con el río Negro en el océano Atlántico, estableciendo la línea fronteriza en la margen septentrional del expresado río de cordillera a mar.

"A las tribus existentes en el territorio nacional comprendido en la actual línea de frontera y fijada por esta ley, se les concederá todo lo que sea necesario para su existencia fija y pacífica.

"La extensión y límite de los territorios que se otorguen en virtud del artículo anterior serán fijados por convenios entre las tribus que se sometan voluntariamente y el Ejecutivo de la Nación. Será fijado exclusivamente por el Gobierno nacional en el caso de indios sometidos por la fuerza. En ambos casos se requerirá autorización del Congreso.

"En el caso de tribus que se resistan al sometimiento pacífico de la autoridad, se organizará contra ellas una expedición general hasta someterlas y arrojarlas al sur del río Negro y Neuquén. En Congreso de la Nación. Cámara de Senadores." Diario de Sesiones. Tomo V, p. 347.

inmediato inmovilizar a los indígenas en sus toldos a cambio de la entrega a ellos de raciones, dinero, hacienda, etc. Sin embargo, y más allá de las normas legales sancionadas para garantizar la transparencia de los procedimientos y asegurar el efectivo cumplimiento de lo convenido,[29] en la práctica gran parte de estas subvenciones en vez de ser recibidas por los indígenas iban a parar a manos de jefes militares, funcionarios y proveedores venales quienes, en definitiva, eran los principales favorecidos con esta política tal cual lo denuncia en su momento Álvaro Barros. El siguiente relato del fundador de Olavaria es por demás esclarecedor respecto de los artilugios de los que se valían estos proveedores, militares y funcionarios para apropiarse de

---

[29] Ante las irregularidades y los abusos cometidos hasta ese momento, en 1876 el Gobierno nacional sanciona un decreto que tiene como objetivo el control del racionamiento que se entregaba a las comunidades de indios amigos. En el decreto se especificaba cual debería ser el procedimiento y quienes deberían intervenir: "Las Municipalidades adyacentes a los lugares donde se hallen las tribus asociadas al jefe de la frontera, intervendrán en el racionamiento destinado a las mismas para controlar si las especies que se entregan están en las condiciones establecidas por los convenios realizados con los indígenas, en relación con su peso, número y calidad.

"Se pondrá en conocimiento del Departamento de Guerra y Marina cualquier falta en que incurran los proveedores contratistas, pudiendo tomar por cuenta de éstos los artículos que hubiesen dejado de entregar o que hubiesen entregado en las condiciones estipuladas. En ningún caso será permitido a los contratistas la sustitución de un artículo por otro, ni de dinero en lugar de especies. Si se infringiera lo prescrito anteriormente, el Gobierno no estará obligado al abono del suministro.

"La Contaduría General remitirá a los presidentes de las municipalidades, copias autorizadas de los contratos realizados con los proveedores y de los convenios celebrados con los indios, a fin de que ajusten a ellos sus procedimientos.

"Los proveedores deberán avisar anticipadamente a los presidentes de las municipalidades y jefes de la frontera, el envío de racionamiento a fin de que puedan trasladarse los objetos a que se refiere el decreto, al lugar de entrega […]" Decreto del 9/02/1876, en el Registro Nacional, año 1876, p. 95

aquello que les correspondía a los indígenas, así como los niveles de corrupción que alcanzaba este sistema:

> El racionamiento de indios se saca a remate en el Ministerio de la Guerra, como todo lo que es de proveeduría.
>
> Cuando el proveedor avisa al Jefe de Frontera que está pronto a entregar, éste avisa a los indios para que concurran a recibir lo que le corresponde, personalmente, y cada indio de su tribu, según su categoría y número de familia, recibe por separado lo que con acuerdo del cacique le está asignado [...]
>
> Esta repartición, que puede decirse al menudeo, la hace el proveedor, bajo la inspección de un empleado a sueldo, que si es honrado, arruina al proveedor; si no lo es, hace fortuna sacrificando a los indios. El proveedor trata siempre de comprar a los indios sus raciones, y tiene varios medios de obligarles a vender, es decir, a recibir un valor convencional en lugar de animales: yerba, azúcar, tabaco, bebidas, etc.
>
> Esto lo consigue demorando la entrega que debe ser trimestral. El indio, que tiene necesidad y no recibe, entra en arreglos. El proveedor le hace un anticipo en dinero, encareciéndoselo como un servicio especial.
>
> Si el anticipo es de un veinte por ciento y hecho en distintas fechas, en el arreglo de cuentas resulta de un setenta por ciento y el treinta restante, en la cuenta o en la balanza, se reduce a un diez.
>
> Si el indio se sostiene y no recibe adelantado, ni entra en arreglos, el día de la entrega cuenta diez veces hasta que el proveedor ha conseguido marearlo y, desesperado, recibe lo que le quiere entregar.
>
> Los indios salen así de las proveedurías saboreando el aguardiente con que se les obsequia de llegada y profiriendo injurias y amenazas contra los cristianos, responsables al fin de la indigna explotación que los indios sufren [...][30]

---

[30] Barros, Álvaro, *Frontera y territorios federales de las pampas del sur*, Buenos Aires, Hachette, 1975. p. 131-132.

Para Barros, los males que aquejan a la campaña y a los pueblos de la frontera no sólo tienen que ver con los ataques indígenas sino, fundamentalmente, con la corrupción existente que hace que la defensa contra el indio este organizada con una ineficacia calculada para aumentar los beneficios de aquellos que controlan la frontera y que poca intención tienen de que se modifique la situación.

Sin embargo, a pesar de las denuncias de Barros, esta ineficaz política siguió llevándose a cabo en los años siguientes, lo que determinó que la cuestión indígena y el tema de la fronteras interiores se convirtiera en un problema que adquiría cada vez mayor centralidad, no sólo para funcionarios, políticos y los propios damnificados sino también para buena parte de la sociedad.

El gobierno de Avellaneda y la cuestión indígena

Cuando Nicolás Avellaneda asume la Presidencia en 1874, tanto el Gobierno como la oposición son conscientes de que el problema indio y de la frontera interior en el sur del territorio no puede dejarse pasar para ser resuelto en el futuro. Razones de tipo económico, pero también ligadas a la soberanía sobre los territorios australes y a las imágenes del indio y del desierto que tenían no sólo el Gobierno sino la clase dirigente en general, influyeron en forma decisiva en la necesidad perentoria de dar un tratamiento diferente a la cuestión indígena. Se trataba de un anacronismo que debía ser eliminado rápidamente.

En este contexto, el planteo que va a sostener junto a Adolfo Alsina, su ministro de Guerra y Marina, va a significar un cambio cualitativo importante en el tratamiento de la cuestión, a la vez que diferenciado nítidamente de las líneas de acción seguidas por los gobiernos que le antecedieron.

Sumida Argentina en una profunda crisis económica derivada, entre otros factores según el propio Avellaneda, de los límites productivos a los que había llegado el país especialmente en los asuntos agropecuarios –que lo llevaban al desequilibrio entre producción y consumo–, el gobierno nacional le confiere a la cuestión de la frontera un lugar preferencial: "la cuestión fronteras es la primera cuestión para todos y hablamos incesantemente de ella aunque no la nombremos".[31] Y para resolverla propugna no ya la guerra ofensiva a través de expediciones punitorias contra las tolderías sino, lisa y llanamente, la ocupación del territorio indio.

Este planteo es un hecho novedoso, no sólo por la decisión de ocupar efectivamente las tierras existentes entre la "vieja" línea de frontera y la "nueva" en las márgenes norte de los ríos Neuquén y Negro, sino también porque en esta concepción el indio deja de ser el enemigo principal y su lugar es ocupado por el propio desierto.[32] En palabras de Alsina, la guerra era "contra el desierto para poblarlo y no contra el indio para exterminarlo".[33]

En esta afirmación está resumido el pensamiento del Presidente de la Nación y de su ministro de Guerra con respecto al problema del indio y de las fronteras interiores en el sur de nuestro país. La ocupación progresiva del espacio indígena no preveía necesariamente una política de aniquilamiento como lo habían planteado otros gobiernos,

---

[31] En Barros, Álvaro, *Indios, fronteras y seguridad interior*, Buenos Aires, Solar-Hachette, 1975

[32] En efecto, como señala acertadamente Vanni Blengino en el pensamiento de Alsina y del propio Avellaneda: "El desierto en cuanto categoría negativa de la naturaleza ya no constituye un todo con el indio, de modo que la transformación del desierto, su desaparición, no significa necesariamente la destrucción del indio. El indio puede transformarse en un ser productivo, de nómade puede volverse sedentario. El indio es desnaturalizado, es separado del desierto, su esencia no está ya ligada a la *wilderness*, es humanizado y en cuanto humano puede transformarse […]", en Blengino, Vianni, "La zanja de la pampa y la Gran Muralla china", en Vangelista, Chiara, *Fronteras, etnias, culturas. América Latina siglos XVI-XX*. Quito, Ediciones Abya-Yala, 1996. p. 144.

[33] Congreso de la Nación, Cámara de Senadores, Diario de Sesiones año 1875, p. 817.

por ejemplo el de Bartolomé Mitre.[34] Por el contrario, el plan contemplaba como uno de los principales objetivos la asimilación de los aborígenes y la convivencia con ellos. En este sentido, Alsina estaba convencido de que en la medida en se cumpliera con lo estipulado en los tratados de paz firmados con las tribus que en ese momento se mantenían belicosas y totalmente refractarias a la autoridad del gobierno y, además, éstas tuvieran la posibilidad de experimentar los beneficios materiales que les podía brindar la civilización, el sometimiento sería inevitable y su incorporación a la vida civilizada sólo cuestión de tiempo.[35]

---

[34] En 1863 el presidente Mitre, en un mensaje al Congreso de la Nación a propósito de la política de exterminio llevada adelante contra los indígenas, decía: "Lanzados allá, a las vastas soledades de la Pampa, donde no se conocía la huella del cristiano [ni] fuertes divisiones, que buscando a los salvajes en su misma guarida le han hecho sentir el poder de nuestras armas, diezmándolos y llevando el terror y la muerte donde más seguro se creían". Y más adelante hace mención al éxito obtenido en las expediciones contra los indios del Chaco y los ranqueles, y expresa que "venciendo obstáculos y privaciones de todo género, batieron a los indios, causándoles gran mortandad y arrojándolos de sus guaridas". En Congreso de la Nación, Cámara de Senadores, Diario de Sesiones, año 1863, p. 9.

[35] "Si se consigue que las tribus hoy alzadas se rocen con la civilización que va a buscarlas; si se les cumple con lo tratado; en una palabra, si ellos, que sólo aspirar a la satisfacción de las necesidades físicas, palpan las mejora en su modo de vivir puramente material, puede asegurarse que el sometimiento es inevitable. El Poder Ejecutivo, aleccionado por una larga experiencia, nada espera de las expediciones a las tolderías de los salvajes para quemarlas y arrebatarles sus familias, como ellos queman las poblaciones cristianas y cautivan a sus moradores.

"Estas expediciones destructoras, para regresar a la frontera de donde partieron con botines que rechaza hasta el espíritu de la civilización moderna, solo conduce a irritar a los salvajes, a hacer más crueles sus instintos, y a levantar la barrera que separa al indio de los cristianos [...]". En Congreso de la Nación, Cámara de Senadores, Diario de Sesiones, año 1875, p. 817.

La estrategia era clara, la resolución del problema de la frontera interior en el sur del territorio nacional se haría de manera pacífica y sin buscar la destrucción indígena. Así como se proponía la ocupación progresiva del desierto también la incorporación de los indígenas debería ser gradual, y para ello se planteaba que no debían cortarse las relaciones entre indios y blancos sino, contrariamente, intensificar esa interacción: promover el tránsito mutuo y el intercambio entre los habitantes de un lado y del otro de la frontera de manera tal que en un futuro mediato se lograra la efectiva transformación del indígena y su definitiva integración.[36]

En cuanto a la ocupación del espacio, Avellaneda y su ministro Alsina imaginaban que la estrategia elegida permitiría, en el corto plazo, el avance de la línea de frontera. Esto supondría conquistar por lo menos dos mil leguas de tierras vírgenes las que, entregadas a la explotación privada, permitiría un rápido aumento de la producción ganadera y con ello se superaría el estado de estancamiento en que se hallaba ese sector. Según las autoridades, este freno en la actividad no obedecía a la falta de mercado ni a la insuficiencia de ganado sino, precisamente, a la carencia de tierras para pastoreo ya que las existentes delante de las líneas de frontera estaban sobreexplotadas y no podían soportar una carga mayor. Por lo tanto, la solución pasaba por incorporar nuevas tierras que a la vez que permitieran aumentar la cantidad de ganado no significaran un alto costo de inversión.

---

[36] Incluso la propia Ley N° 817, de inmigración y colonización, preveía en su articulado la cesión de tierras para la creación de misiones donde se ubicarían a las familias indígenas reducidas otorgándoseles a cada uno un lote. En el artículo N° 100 se señalaba: "El Poder Ejecutivo procurará por todos los medios posibles el establecimiento, en las secciones, de las tribus indígenas, creando misiones para traerlos gradualmente a la vida civilizada, auxiliándolas en la forma que crea más conveniente y estableciéndolas por familias en lotes de 100 hectáreas […]", en Congreso de la Nación, Cámara de Senadores, Diario de Sesiones, año 1876, p. 1343.

Pero, como se dijo al principio, también esta decisión de llevar adelante la ocupación del territorio hasta las márgenes septentrionales de los ríos Neuquén y Negro estaba sustentada en otras cuestiones que tenían que ver con el tema del efectivo ejercicio de la soberanía nacional sobre el territorio indígena exacerbado por el latente conflicto limítrofe con Chile y hasta con la propia visión acerca del indio y del desierto que tenían los sectores dirigentes y los integrantes del gobierno, incluyendo al propio Avellaneda.

En el primer caso, desde la primera época independiente, se venían sucediendo las posiciones encontradas entre los gobiernos de Chile y de Argentina acerca de la soberanía de los territorios australes. Precisamente durante la presidencia de Avellaneda los problemas limítrofes volvieron a aflorar, pero esta vez con mayor intensidad, a tal punto que las relaciones entre ambos países se volvieron ríspidas a raíz de una serie de acciones que llevó adelante el gobierno chileno y que pusieron en tela de juicio la potestad argentina sobre el espacio patagónico.

Aunque la inminencia de la segunda Guerra del Pacífico (1879-1883) atemperó las pretensiones de aquel gobierno respecto de los territorios australes, muchos hombres del gobierno argentino y también de la oposición a éste entendían que eso era momentáneo y que, una vez terminado el conflicto bélico con Bolivia y Perú, las aspiraciones chilenas sobre la Patagonia volverían a estar presentes con más fuerza.

Para muchos políticos y funcionarios gubernamentales el traslado de la frontera al río Negro, y la posibilidad de someter definitivamente a los indígenas ocupando militarmente su territorio, sería el más efectivo freno a los deseos expansionistas del vecino trasandino y un reaseguro para la defensa de la soberanía propia en el sur. Así lo plantean cuando, como dijo el diputado nacional José Cortés Funes:

> Estamos viendo en este momento, por la cuestión que Chile nos ha suscitado, cuántos son los avances de esa nación, cuánto es el poco respecto que nos tienen, pues a cada paso pretende avanzar a la

ocupación de nuestro territorio. Por esta razón consideraba indispensable el avance de la frontera interior para ejercer plenamente y cuanto antes la soberanía sobre estos territorios [...][37]

Sin embargo, estas aseveraciones del diputado cordobés Cortés Funes sólo expresa una arista del problema que representa para la soberanía nacional la existencia de esa frontera interior y, en cambio, remite a una cuestión mayor que tiene que ver con la propia organización territorial del Estado argentino entonces en construcción.

En efecto, casi contemporáneamente a estos planteos respecto de las intencionalidades expansionistas del Gobierno de Chile, se desarrolla un importante intercambio epistolar entre Julio A. Roca y el general Saavedra Rodríguez, ministro de Guerra de aquel país, en el que acuerdan llevar a cabo medidas conjuntas para desalojar definitivamente a las comunidades indígenas del territorio austral dejando las cuestiones limítrofes en un segundo plano.[38]

---

[37] En Arce, José, op. cit., tomo I, pp. 73-76

[38] En la década de 1870 en los ambientes políticos chilenos se entendía que la única solución para terminar con el problema araucano y ocupar finalmente la Araucanía estaba en la acción conjunta con la Argentina. Al respecto, el entonces coronel Saavedra Rodríguez indicaba en un libro sobre la frontera de Chile las posibilidades y ventajas de una operación combinada, que rectificando las líneas quebradas de la frontera argentino-chilena las reduciría a una sola del océano Pacífico al Atlántico, desde la boca del Tolten a la desembocadura del río Negro. Estas aseveraciones de Saavedra Rodríguez fueron retomadas en nuestro país debido principalmente a la difusión que hizo de las mismas el coronel Olascoaga, quien había participado en 1871 y 1872 como enlace con el ejército chileno de la Araucanía, transformándose en un importante negociador de criterios entre ambos mandos. Este criterio común entre los dos ejércitos es casi total a juzgar por la correspondencia intercambiada entre Saavedra Rodríguez, Julio Roca y Manuel Olascoaga. "Querido Olascoaga: He recibido su carta del 23 fechada en Lujan y la que me adjunta del general Saavedra, que es sin duda una de las figuras más simpáticas del ejército de Chile.
He leído con gusto los conceptos de su amigo respecto a la conveniencia de aunar nuestros esfuerzos para hacer guerra a la barbarie y de darnos la mano

Esta última actitud, aunque en principio aparece como contradictoria con lo analizado anteriormente, en realidad nos está indicando que más que las aspiraciones chilenas es la presencia de esta frontera interior la que pone en duda la soberanía nacional, ya que la inexistencia de límites geográficos y políticos consolidados en combinación con la existencia de un espacio que escapa al control estatal hace que el problema de la frontera con el indio comprometa no sólo la organización nacional sino la propia definición de nación civil.

Si las razones económicas y geopolíticas sustentaban fuertemente la actitud a seguir por el Gobierno en cuanto a la cuestión indígena, la visión que tenían las autoridades y buena parte de la sociedad argentina respecto del indio y de su hábitat natural –el denominado "desierto"– resultaba determinante para llevar a cabo los planes de ocupación y de sometimiento de los pueblos indígenas y justificaba el uso de la fuerza para tal fin. En efecto, la idea de ocupar las tierras más allá de la frontera se apoyaba también en la convicción de que los indígenas constituían una horda salvaje, con costumbres atávicas producto del medio en el que vivían, incapaces de civilizarse y sobre los cuales era lícito ejercer la fuerza.

---

de amigos en la ciudad de Los Andes en vez de estarnos recíprocamente revolviendo la bilis con enojosas cuestiones de límites que más son de amor propio que de tales. Ya conoce usted mis opiniones y sabe que siempre he pensado que Chile y la República Argentina en vez de ser enemigos o malos vecinos recelosos uno del otro, debían estrechar sus vínculos y relaciones de amistad no solo para combatir juntos y bajo un mismo plan las tribus salvajes, sino para influir decisivamente y juntos, los grandes fines de progreso en la América del Sud. Julio A. Roca [...]". Carta del general Roca al coronel Olascoaga en 1881. Citado por Bengoa, José, *Historia del pueblo mapuche (siglo XIX y XX)*, Santiago de Chile, Edición Sur, 1987, p. 261.

En definitiva, el plan de ocupación del territorio indígena y la expulsión de sus primitivos moradores se preveía a ambos lados de la cordillera como una realización conjunta, a tal punto que se dejaban de lado antiguas rivalidades entre los dos ejércitos frente al enemigo común tal cual era considerados los pueblos indígenas.

El Gobierno consideraba que si las naciones más civilizadas eran aquellas que contaban con su territorio ocupado y explotado productivamente, sin espacios incultos o despoblados, contrariamente el desierto era la irracionalidad y el indígena –por ser un producto de aquél– un ser incivilizado al que no se quería exterminar aunque si se deseaba que desapareciera como tal, ya que se lo consideraba como una expresión de barbarie incrustada en la civilización.

En esta línea de pensamiento, entonces, el desierto aparece como el principal enemigo del desarrollo y de la marcha hacia el progreso general del país y, por lo tanto, es necesaria su ocupación que se vuelve una prioridad impostergable y una condición básica para el definitivo sometimiento indígena. Así lo expresa el propio Avellaneda:

> No suprimiremos el indio sino suprimiendo el desierto que lo engendra. No se extirpa el fruto sino extirpando de raíz el árbol que lo produce. De lo contrario se emprende una obra que necesita recomenzarse en cada estación.
>
> Las fronteras habrán desaparecido cuando dejemos de ser dueños del suelo por herencia del rey de España, y lo seamos por la población que lo fecunda y por el trabajo que lo apropia [...]
>
> Somos pocos y necesitamos ser muchos, sufrimos el mal del desierto y debemos aprender a sojuzgarlo.[39]

Esta misma mirada sobre el indio y el desierto aparece reflejada en la literatura de la época, en la que tal vez sea *El gaucho Martín Fierro* uno de los testimonios más acabados. Sin dejar de señalar que esta imagen que nos muestra al indígena y su hábitat impregnado de salvajismo y barbarie ya aparece en las obras que precedieron al poema de José Hernández –como *La Cautiva* de Esteban Echeverría o *Santos Vega* de Estanislao del Campo–, sin lugar a duda éste, por la contemporaneidad, trascendencia y difusión resulta el ejemplo más apropiado.

Particularmente en *La vuelta de Martín Fierro*, a través de su protagonista Hernández nos presenta al indígena como un ser bárbaro,

---

[39] En Barros, Álvaro, op. cit., p. 144.

haragán, violento e incapaz de reprimir sus instintos más primitivos. Su descripción acerca de la vida en la toldería, un infierno superior al de la vida en la frontera cristiana debido al tipo de relaciones y costumbres que allí imperan, es una muestra del grado de barbarie en que está sumida esta raza. Su natural holgazanería e inclinación hacia el robo y la depredación, más su incapacidad para advertir que el trabajo honrado es el único camino hacia el progreso, califica su incivilidad:

> …
>
> Todo el peso del trabajo
> Lo dejan a las mujeres
> El indio es indio y no quiere
> Apiar de su condición;
> Ha nacido ladrón
> Y como indio ladrón muere.
>
> Y son, ¡por Cristo bendito!
> Los más desasiaos del mundo:
> Esos indios vagabundos,
> Con repugnancia me acuerdo,
> Viven lo mesmo que el cerdo
> En esos toldos inmundos.
> Naides puede imaginar
> Una miseria mayor
> Su pobreza causa horror;
> No sabe aquel indio bruto
> Que la tierra no da fruto
> Si no la riega sudor.[40]
>
> …

---

[40] Hernández. José, *El gaucho Martín Fierro y La vuelta de Martín Fierro*, Buenos Aires, Editorial Sopena, 1953, p. 79.

En el relato de Hernández la violencia y la crueldad sin límites que acompañan los actos cotidianos en la comunidad, ejemplificados en las actitudes que los varones indios tienen para con las mujeres —las que aparecen como sus esclavas—, son una muestra de los rasgos más significativos de su barbarie. El relato alcanza paroxismo en la escena de la cautiva cuando "aquél salvaje tan cruel" descarga su odio irracional degollando al hijo de ésta.

> ...
> Es piadosa y diligente
> Y sufrida en los trabajos;
> Tal vez su valor rebajo
> Aunque la estimo bastante;
> Mas los indios ignorantes
> La tratan al estropajo
> Echan la alma trabajando
> Bajo el más duro rigor,
> El marido es su señor,
> Como tirano la manda,
> Porque el indio no se ablanda
> Ni siquiera en el amor.
> Que aquél salvaje tan cruel
> Azotándola seguía;
> Más y más se enfurecía
> Cuando más la castigaba
> Y la infeliz se atajaba
> Los golpes como podía
> Que le gritó muy furioso
> 'Confechando no querés'
> La dio vuelta de un revés
> Y, por colmar su amargura,
> A su tierna criatura
> Se la degolló a sus pies.

Estos horrores tremendos
No los inventa el cristiano
Ése bárbaro inhumano
—Sollozando me lo dijo—
'Me amarró luego las manos
Con las tripas de mi hijo'.[41]

…

Como vemos, la imagen estereotipada que del indio nos deja el autor de *El gaucho Martín Fierro*, así como la condena moral que permea buena parte de su poema, en nada difiere de la que tienen políticos y militares y, como éstos, también cree que la existencia del indígena como tal, así como su potestad sobre el desierto, va camino a su desaparición ante el avance irresistible de la civilización y el progreso.

…

Estas cosas y otras piores
Las he visto muchos años;
Pero si yo no me engaño
Concluyó ese vandalaje
Y esos bárbaros salvajes
No podrán hacer más daño.[42]

…

Volviendo al plan ideado por el gobierno nacional, digamos que inmediatamente de haber obtenido el apoyo del Congreso de la Nación el ministro Alsina comienza a delinear la estrategia que llevaría, de tener éxito, a la desaparición de la frontera interior y al sometimiento de los indígenas. El otrora Gobernador de Buenos Aires, conocedor de la situación imperante en la frontera interior, tenía su propio punto de vista sobre cuál debería ser el método a utilizar para terminar con este problema secular. Creía firmemente —como el presidente

---

[41] Ídem p. 88.
[42] Ídem p. 81.

Avellaneda– que el fracaso de las experiencias anteriores se debía a que ninguna de ellas se había propuesto, como objetivo final, la ocupación permanente del espacio en manos de los indígenas, por lo que era necesario entonces corregir el enfoque a fin de obtener resultados positivos.[43]

Para no caer en el mismo error estableció un plan con la idea de ir avanzando las fronteras por líneas sucesivas hasta llegar al río Negro, debiendo ser éste, según Alsina, el último objetivo y no el primero, ya que "empezar por cubrir la línea del río Negro, dejando a la espalda el desierto, equivale a querer edificar reservando para lo último los cimientos".[44]

En la práctica, el plan de Alsina se tradujo en una corrección de la línea de frontera cuya nueva traza unía los fuertes y fortines entre Carhué, Trenque Lauquen, Puán, Guaminí e Italó, incorporando al dominio del Estado nacional 56.000 kilómetros cuadrados de tierras aptas para la producción. Los fuertes y nuevos fortines fueron vinculados entre sí por el telégrafo y por una larguísima zanja que había constituido la base estratégica del plan y, en un principio, había sido prevista para que atravesara el país de este a oeste con un recorrido que se iniciaba en el Atlántico y terminaba en los umbrales de la cordillera, 610 kilómetros en total, aunque finalmente sólo se llegaron a realizar 370. La excavación —con forma de letra uve, tres metros de ancho y dos de profundidad, que conllevó un costo elevadísimo— tenía como objeto retardar la marcha de los malones en su regreso

---

[43] En tal sentido decía: "Habiendo opinado que el sistema de guardar con soldados cuatrocientas leguas de frontera era absurdo, la lógica me obliga a reconocer que si ha habido invasiones más o menos desastrosas, comprendiendo todas las épocas, la culpa directamente no ha sido de los gobiernos, ni de los Jefes; ha sido directamente del sistema [...]", en Alsina, Adolfo, *Memoria Especial del Ministerio de Guerra y Marina. Año 1877*, Buenos Aires, Eudeba, 1977. p. 41.

[44] Congreso de la Nación, Cámara de Senadores, Diario de Sesiones, año 1875, p. 817.

al territorio indígena y así dar tiempo a los destacamentos militares para perseguirlos y recuperar lo robado.[45]

La respuesta de las distintas parcialidades indígenas no se hizo esperar, y en muy poco tiempo la Confederación Indígena al mando del cacique Namuncurá inició un fuerte contraataque, por lo que a despecho de la zanja, el telégrafo, las nuevas fortificaciones y los pactos realizados las invasiones indígenas se volvieron a suceder sin solución de continuidad sembrando el terror entre las poblaciones fronterizas. Los ataques se produjeron a pesar de que, ya para esa época, Namuncurá había perdido gran parte de su poderío debido a algunas divisiones internas, a la desaparición de su primitivo jefe Calfucurá y a la fuerte derrota sufrida en San Carlos a mano de las tropas nacionales y de los lanceros de Catriel y Coliqueo, quienes combatían del lado del Gobierno.

Esta nueva realidad hizo que el propio ministro de Guerra y Marina reviera su primitivo plan y se decidiera por una variante ofensiva. Pero, a pesar de sus intenciones, no pudo llegar a aplicar las nuevas medidas ya que en vísperas de iniciar las fuerzas nacionales una gran ofensiva contra Namuncurá, aquejado por viejas dolencias Alsina fallece en Buenos Aires a fines de 1877.

Le sucede en el cargo el general Julio A. Roca, y a diferencia de su antecesor el nuevo ministro sí era un convencido de que una política ofensiva era el único medio eficaz de terminar con este viejo problema. Entendía que "el viejo sistema de las ocupaciones sucesivas legado por la conquista, obligándonos a diseminar al ejército regular en una extensión dilatadísima y abierta a todas las incursiones del salvaje, ha demostrado ser impotente para garantir la vida y la fortuna de los habitantes fronterizos continuamente amenazados. Es

---

[45] El ministro Alsina justificaba así su construcción: "Pensé entonces que había llegado el momento de adoptar un sistema que diese por resultado inmediato, sino suprimir totalmente las depredaciones bárbaras, hacer imposible las grandes invasiones y difíciles las pequeñas [...]", en Alsina, Adolfo, *La nueva línea de fronteras*, Buenos Aires, Eudeba, 1977, p. 13.

necesario abandonarlo de una vez e ir directamente a buscar al indio a su guarida, para someterlo o expulsarlo, oponiéndole en seguida no una zanja abierta en la tierra por la mano del hombre, sino la grande e insuperable barrera del río Negro profundo y navegable en toda su extensión, desde el Océano hasta los Andes".[46]

En realidad este pensamiento no era nuevo en él, sino que mucho tiempo antes también había planeado la misma solución cuando aún era Comandante de Frontera, tal cual lo testimonia la correspondencia intercambiada con el ministro Alsina durante el año 1875. En sus cartas le advierte que el método más eficaz de terminar con el problema de las fronteras interiores es la guerra ofensiva.[47]

El plan de Roca consistía, en un primer paso, en tratar de eliminar la presencia indígena entre la línea de frontera todavía existente en esos momentos y los ríos Negro y Neuquén mediante la utilización de pequeñas partidas volantes, con un gran poder de movilidad, las que incursionarían en el interior del territorio indígena llevando la guerra a los propios lugares de sus asentamientos. Cumplida esta etapa, la próxima sería llevar adelante la efectiva ocupación de ese espacio.

La estrategia de ataque fue aceptada por el presidente Avellaneda, quien el 14 de agosto de 1878 –acompañado por el nuevo ministro Roca– elevó a consideración del Congreso el proyecto de ley tendiente a dar un corte definitivo a la cuestión indígena en el sur del territorio. En el mensaje que acompañaba y fundamentaba el proyecto, entre otras consideraciones se afirmaba:

---

[46] Arce, José, *Roca 1843-1914: su vida, su obra*, Buenos Aires, Ministerio de Educación y Justicia de la Nación, 1960.

[47] "A mi juicio, el mejor sistema de concluir con los indios, ya sea extinguiéndolos o arrojándolos al otro lado del río Negro, es el de la guerra ofensiva, que es el mismo seguido por Rosas, que casi concluyó con ellos." Carta del general Julio A. Roca a Adolfo Alsina del 19 de octubre de 1875. En Olascoaga, Manuel J., *Estudio topográfico de la Pampa y Río Negro,* Buenos Aires, Imprenta Ostwald y Martínez, 1880. p. XXII

> El Poder Ejecutivo cree llegado el momento de presentar a la san-
> ción del Honorable Congreso, el proyecto adjunto, en ejecución
> de la ley del 23 de agosto de 1867, que resuelve de una manera
> positiva el problema de la defensa de nuestras fronteras por el oeste
> y por el sur, adoptando resueltamente el sistema que desde el siglo
> pasado viene aconsejando la experiencia y el estudio, como el único
> que, a una gran economía, trae aparejada una completa seguridad:
> la ocupación del río Negro como frontera de la República sobre
> los indios de la pampa [...][48]

Asimismo, el proyecto especificaba entre otras cosas que se le adjudicaba a la operación militar la suma de 1.600.000 pesos para su ejecución, y preveía la forma en que se enajenarían las tierras ganadas al indígena al efecto de financiar la propia campaña.

Este proyecto fue convertido rápidamente en ley en octubre de ese mismo año, aunque no sin antes producir un fuerte debate legislativo generado, principalmente, por las objeciones de Sarmiento, uno de los más empeñosos críticos de los planes de Roca. El entonces senador por San Juan, además de impugnar las jurisdicciones y límites de las provincias en relación con los territorios a incorporar, juzgaba casi irrealizable la empresa y, por lo tanto, refutaba la afirmación del ministro de Guerra de que la campaña terminaría en muy corto tiempo con la ocupación hasta el río Negro. Por el contrario, estaba convencido de que la lucha contra los indígenas demandaría un tiempo prolongado y una fuerte inversión en hombres y pertrechos.[49]

En la llamada Cámara Baja del Congreso fue el diputado Lozano quien planteó preocupaciones e interrogantes, manifestando que era necesario saber, entre otras cuestiones, si el plan elaborado por Roca

---

[48] "Mensaje del Presidente de la Nación Dr. Avellaneda al Congreso de la Nación del 14 de agosto de 1878", en Olascoaga, M., op. cit., p. XXXIII.

[49] "Yo hago esta única objeción: ¿cuántos años de constante guerra con los indios se necesitan para desalojarlos, y cuanto miles de soldados se necesitará emplear para conseguirlo?", Argentina, Congreso de la Nación, Cámara de Senadores, Diario de Sesiones, año 1879, p. 653.

no estaba invalidando la posibilidad de someter a los indígenas por medios pacíficos, exigidos por la justicia y por un elemental principio de equidad, tal como lo señalaba la Constitución argentina y la Ley 215 sancionada en 1867, que obliga al Congreso de la Nación a garantizar —mediante pactos y acuerdos— las relaciones pacíficas con las comunidades indias y, a la vez, tratar de convertirlas al cristianismo. Estas preocupaciones, expresaba Lozano, tenían que ver con asegurar la propia sobrevivencia de los pueblos indígenas, ya que ésta resultaba "igualmente una previsión patriótica porque no conviene extinguir esa raza que representa la soberanía de la Nación en el desierto."[50]

La respuesta del ministro de Guerra y Marina es un interesante testimonio acerca de cuál era el pensamiento que sostenían él y buena parte de los jerarcas de Gobierno y de los jefes y oficiales del Ejército respecto de los indígenas y de su destino final, ya que, si bien trata de disipar las dudas que le plantea el diputado por Buenos Aires, sosteniendo que "el propósito del P. E. no puede ser de ninguna manera conseguir a sangre y fuego el sometimiento de los indios", y que antes de "apelar a la fuerza, echará mano a todos los medios pacíficos para someterlos" y sólo si se resisten "y no aceptan las condiciones que fije el Gobierno, serán tratados como enemigos, hasta arrojarlos al otro lado del río Negro, o reducirlos con las armas", por otro lado, su repuesta encierra una serie de elementos característicos del clima de ideas que predominaba en aquellos momentos —al que analizaremos más adelante— entre los cuales sobresale un no disimulado determinismo racial, expresado al visualizar a los indígenas como pertenecientes a una raza inferior que marcha fatalmente hacia su definitiva desaparición, ya sea por las consecuencias de la guerra o bien por el camino de la asimilación.[51]

---

[50] Argentina, Congreso de la Nación, Cámara de Diputados, Diario de Sesiones, año 1878, p. 265.

[51] "Así es que no hay ningún propósito de exterminar la raza, obedeciendo a esa ley del progreso y de la victoria, por lo cual, la raza más débil, la que no trabaja, tiene que sucumbir al contacto de la mejor dotada, ante la más apta para

Tras las respuestas a las dudas e inquietudes de los legisladores la ley fue aprobada y promulgada, e inmediatamente se puso en marcha el operativo de ocupación de los territorios comprendidos en la frontera sur.

Primero fueron innumerables expediciones formadas por partidas ligeras, que durante la segunda mitad de 1878, partiendo desde sus bases a lo largo de la línea de frontera, desde Mendoza a Bahía Blanca, llegaron al centro mismo del territorio aborigen asestando pequeños pero continuados golpes, verdaderos contra malones, que sembraron el terror y el desconcierto:

> Muchos indios de Baigorrita, de Pincen y demás tribus mezclados, a pie y en la mayor miseria han caído en poder de las fuerzas de Uriburu. Andan como locos estos desgraciados. Por todas partes se encuentran con fuerzas. Ya no hacen ademán, no digo de pelear, ni de disparar siquiera. Basta que vean un soldado y se rinden, cualquier

---

el trabajo. Es lo que pasa en la América del Norte con los pieles rojas *(sic)*. Estos sucumben sin remedio ante la ola siempre creciente y sin reflujo de la raza blanca. A principios del siglo XVII se calculaba en dos millones el número de indios, a fines del siglo XVIII, esta cifra había bajado a 500.000. Al presente apenas alcanzan a 300.000 entre civilizados, medio civilizados y nómades. Dentro de pocos años, al paso que van, habrán desaparecido los últimos representantes de los primeros poseedores de América, a pesar de los esfuerzos humanitarios del Gobierno Federal, y de innumerables asociaciones filantrópicas por salvar para la civilización, algunos restos de estas razas desgraciadas.

Entre nosotros, no es precisamente por la destrucción que desaparecen estos indios, sino por la absorción u asimilación, como lo prueba la masa de nuestra población, que es una mezcla del indio y español, en su mayor parte.

El P.E. no puede, pues, tener sino sentimientos benévolos y humanitarios para el indio, siempre que prefiera vivir al amparo de nuestras leyes, deje su vida de robo y de pillaje y no estorbe la realización de la grande obra de que se trata."
Congreso Nacional, Cámara de Diputados. Diario de Sesiones. Año 1878. Intervención del ministro de Guerra y Marina. p. 256.

número que sea. El cerco está perfecto y no se escapará uno solo
de los que hayan quedado adentro [...][52]

Terminada esta primera fase de la operación la campaña se completó en el año siguiente con la marcha triunfal del ministro de Guerra y Marina que, al frente del ejército expedicionario, enarboló la enseña nacional en las márgenes del río Negro el 25 de mayo de 1879, simbolizando con este acto la ocupación efectiva de la Patagonia.

Si bien, como se ha señalado anteriormente, el declinar del poderío indígena se hizo evidente a partir de la desaparición de Calfucurá, primero, y de los sucesivos reveses sufrido por su hijo y sucesor Namuncurá en los años inmediatamente anteriores a esta campaña; poco más de seis meses necesitaron las tropas comandada por Lagos, García, Roca, Levalle, Freyre, Vintter, Villegas, Racedo, Uriburu, Nelson y Godoy para apropiarse de veinte mil leguas de tierra virgen, desalojar a sus antiguos moradores y terminar así con un problema de lejana data.

La tarea definitiva de ocupación de la Patagonia se completó tiempo después con las expediciones del general Conrado Villegas al lago Nahuel Huapi, en 1881, a los Andes el año siguiente y, finalmente, las campañas ordenadas en los años 1884 y 1885 por el gobernador de la Patagonia general Lorenzo Vintter, que terminaron con el apresamiento y cautiverio de los jefes indios Inacayal y Foyel, y el definitivo sometimiento del cacique de "El país de las manzanas", Valentín Saihueque, último soberano mapuche-tehuelche en aceptar las leyes y la autoridad del Estado argentino.

De esta manera, el 20 de febrero de 1885 desde su comando en Viedma, el general Vintter pudo comunicar al jefe del Estado Mayor General del Ejército, general Domingo Viejobueno, el siguiente men-

---

[52] Carta de Julio A. Roca a su hermano Ataliva Roca del 22 de junio de 1879, en Archivo de Guillermo Uriburu Roca, citado en Luna, Félix, *Soy Roca*, Buenos Aires, Sudamericana, 1989, p. 466.

saje que señalaba la definitiva desaparición de la frontera interior en el sur del territorio:

> Me es altamente satisfactorio y cábeme el honor de manifestar al superior Gobierno y al país por intermedio de V.S. que ha desaparecido para siempre en el Sud de la República toda limitación fronteriza contra el salvaje [...]
>
> Consiguientemente, puedo decir a V.S. que hoy no queda tribu alguna en los campos que no se halle reducida voluntaria o forzosamente; y si algún número de indios quedase aún, estos se hallan aislados, errantes, sin formar agrupación que merezca tenerse en consideración y extraños por completo a la obediencia de caudillo alguno, cuyo nombre y prestigio sean conocidos [...][53]

En definitiva, la política empleada por el presidente Avellaneda y sus ministros Alsina y Roca tuvo consecuencias disímiles respecto a la cuestión indígena. Por un lado la puesta en práctica y el éxito obtenido con la estrategia elegida significó, a la postre, la desaparición de las fronteras interiores en el sur del país y la ocupación efectiva del territorio, con lo cual se dio por finalizada una larga etapa de enfrentamientos entre indios y blancos. Pero, al mismo tiempo, esta situación planteó un nuevo problema en la cuestión indígena, tan o más difícil de solucionar que el primero: como resolver la rápida incorporación de los indios reducidos. Porque la ocupación de los territorios indígenas por parte del Estado significó en la práctica también la incorporación de quienes habitaban ese espacio y, por lo tanto, resultaba perentorio para ese mismo Estado integrar a esos habitantes al conjunto de la nación y también definir en qué condiciones lo haría.

Veremos que en los años siguientes este mismo Estado, la Iglesia católica, la prensa y una buena parte de la sociedad se enfrascarán en largas polémicas y en diferentes acciones tendientes a darle solución al nuevo y delicado problema.

---

[53] Ministerio de Guerra y Marina, *Memoria del Departamento de Guerra y Marina*, año 1885, p. 55.

CAPÍTULO II
Las alternativas

> "Estamos como nación empeñados en una contienda de razas en la
> que el indígena lleva sobre sí el tremendo anatema de su desapari-
> ción, escrito en nombre de la civilización. Destruyamos, pues, mo-
> ralmente esa raza, aniquilemos sus resortes y organización política,
> desaparezca su orden de tribus y si es necesario divídase la familia.
> Esta raza así quebrada y dispersa, acabará por abrazar la causa de
> la civilización. Las colonias centrales, la Marina, las provincias del
> litoral sirven de teatro para realizar este propósito [...]"

Julio Argentino Roca[54]

Más allá de la ocupación del espacio pampeano-patagónico, del
fin de los malones y de la desaparición de las fronteras interiores en
el sur de nuestro país, la campaña militar dejó como saldo un gran
número de indígenas muertos y otro tanto de prisioneros, ya sea como
resultado de los combates o por la presentación voluntaria ante los
jefes militares en campaña.

En efecto, las diferentes incursiones que se llevaron a cabo contra los indios en el período que va desde agosto de 1878 a mayo de
1879, que culminan con la expedición del general Roca al río Negro,
arrojaron las siguientes cifras:

1271	indios de lanza prisioneros;
1313	indios de lanza muertos en combate;
10.539	indios no combatientes prisioneros;
1049	indios reducidos voluntariamente.[55]

[54] Diario *La Prensa*, Buenos Aires, 1.3.1878.

[55] Argentina, Ministerio de Guerra y Marina, *Memoria del Departamento de Guerra y Marina*, año 1879, T. I p. VI.

Sumando las cantidades de indios prisioneros y de reducidos voluntariamente tenemos que son más de dos mil los de pelea y más de diez mil los no combatientes, es decir casi trece mil individuos cuyas vidas y destinos quedaban, a partir de ese momento, en manos de las autoridades nacionales.[56]

Un serio problema se le presentó entonces al gobierno argentino: ¿qué hacer con esa masa de indígenas que, lejos de su hábitat natural y sin medios, se hallaban imposibilitadas de lograr su propio sustento y, por ende, de poder sobrevivir a esta nueva situación?

Esta era la apremiante pregunta que necesitaba una rápida y unívoca respuesta, sin embargo no la hubo. Sí se plantearon una serie de propuestas alternativas que iban desde la conformación de colonias agrícola-ganaderas –iniciativa impulsada por algunos funcionarios estatales, como fue el caso del coronel Álvaro Barros, y la Iglesia católica a través de sus misioneros salesianos–, hasta el sistema de "distribución" al que adherían la mayoría de los políticos, intelectuales, jefes militares y el propio gobierno nacional, y que finalmente fue el adoptado.

Precisamente la confrontación de soluciones diferentes para la incorporación de los indios sometidos llevó especialmente a los representantes de la Iglesia y del Gobierno a una sostenida polémica de la que no estuvieron ajenos otros sectores de la sociedad. En efecto, si bien tanto los representantes eclesiásticos como los del Gobierno estaban de acuerdo en que los indígenas eran producto de la barbarie –y por lo tanto debían desaparecer como tales para poder acceder a la vida civilizada–, las discrepancias eran marcadas respecto de quién tenía la misión de civilizarlos y cuáles eran los métodos más apropiados y eficaces para llevar a cabo aquello. Esta contraposición los lleva no

---

[56] Conviene señalar que a estas cifras hay que agregar la de los indios que fueron tomados prisioneros o se redujeron voluntariamente en los años siguientes hasta el final de los enfrentamientos en 1885, y que, si bien no contamos con datos totales, igualmente podemos concluir que aumentarían considerablemente esta cifra inicial.

sólo a plantear instrumentos diferentes sino, también, a enfrascarse en una larga polémica que excede la propia cuestión indígena y se extiende hacia otros aspectos que tienen que ver con el clima de ideas imperantes y con la conflictiva relación entre el Estado y la Iglesia —característica de aquella época—, lo que determina finalmente el fracaso de los proyectos misionales y la imposición del sistema propuesto por el Gobierno.

La iniciativa oficial: el sistema de distribución

Ante la presencia de los primeros contingentes de indígenas prisioneros y de los presentados voluntariamente producto ambos del avance militar, el gobierno nacional resolvió su "distribución" en diferentes destinos lejos de la frontera —desmembrando a las familias—, de manera tal que las mujeres y los niños fueron repartidos como personal doméstico y los varones adultos destinados a cubrir plazas en el ejército de línea y en la marina de guerra, e incluso fueron enviados a las provincias del norte y del litoral contingentes como mano de obra en ingenios azucareros y otros establecimientos rurales.

Si bien el rápido avance de la campaña militar apresuró la decisión acerca del destino a dar a los indígenas sometidos, igualmente conviene señalar que la cuestión no era nueva en las filas del Gobierno y ya había sido planteada por el anterior ministro de Guerra y Marina, Adolfo Alsina, quien en la Memoria del ministerio correspondiente a 1875 ya hacía explícitos dos problemas a resolver que tenían que ver con el siguiente dilema: si las tribus que en ese momento eran hostiles se llegaran en un futuro próximo a someter, ¿qué haría con ellas el Gobierno?, y si no se sometieran pero trasladaran sus tolderías a una zona apartada, ¿cuál sería el plan complementario?

Incluso el mismo general Roca, mucho antes de acceder al cargo de ministro de Guerra y Marina y siendo aún Jefe de la Frontera Sur, se había ocupado particularmente de tan espinosa cuestión, tal vez porque preveía este desenlace. Su interés no fue superficial sino que, por el contrario, trató de acopiar la mayor cantidad de información posible sobre ella, no sólo a nivel local sino que también se interesó en saber como se había resuelto en otros países, especialmente en Estados Unidos de Norteamérica. A tal punto llegó su interés que a principios de 1877 una de las tareas principales que le encomendó al entonces subteniente Miguel Malarín, designado agregado militar en la embajada argentina en EE.UU., fue estudiar la política seguida con los aborígenes por las autoridades de aquel país, y elaborar informes periódicos que fueron de utilidad para el entonces Jefe de las Fronteras.[57]

Apenas llegado a Washington el novel subteniente dio principio a su misión, y al poco tiempo comenzaron a llegar a manos del general Roca las primeras informaciones sobre la situación de los indígenas norteamericanos y sobre los planes estatales para su total y definitivo sometimiento.

---

[57] Según Graciela Corizzo, su biógrafa, Miguel Pedro Antonio Malarín nació el 2 de mayo de 1858 en Paraná, Entre Ríos, hijo de Miguel Jeremías Malarín y de Aurora San Salvador. Inclinada su vocación por la carrera de las armas ingresó muy joven en el Colegio Militar de la Nación, del cual egresó a los 17 años con el grado de subteniente y siendo su primer destino el Batallón N° 3 de Infantería de Línea, pasando luego a servir a las órdenes del Comandante en Jefe de las Fronteras del Interior, general Julio A. Roca. A principios de 1877 fue designado como agregado militar de la legación argentina en EE. UU., permaneciendo en el cargo hasta el año 1880, en que fue nombrado para ocupar el mismo cargo en la embajada Argentina en Francia. De regreso a nuestro país prestó servicios en el Estado Mayor del Ejército, participando en el sofocamiento de la revolución de 1890, siendo, por la destacada actuación que le cupo en esa acción ascendido al grado de coronel. Hombre de confianza de Roca en 1896 pasó a desempeñarse como su edecán durante su segunda presidencia. A partir de 1902 volvió a revistar en el Estado Mayor permaneciendo en ese destino hasta su definitivo retiro en 1905. Falleció en San Salvador (Entren Ríos), el 7 de diciembre de 1943. Véase Corizzo, Graciela, "Miguel Malaria: un militar entrerriano amigo del general Roca", en el *Boletín Informativo de la Dirección de Estudios Históricos*, Buenos Aires, Ministerio de Defensa, 1982.

Resulta realmente interesante, y a la vez revelador, el análisis de la correspondencia intercambiada entre Malarín y Roca en esta etapa. No sólo por lo meticuloso y completo de los informes del primero, sino porque muchas de las acciones que luego se llevarían a cabo con los indios reducidos aparecen ya esbozadas y sugeridas en esa relación epistolar.

De lo minucioso de estos informes dan cuenta los pasos seguidos por Malarín para producirlos, que incluyeron la exhaustiva recolección de datos —consultando para ello una profusa bibliografía tanto general como específica[58]—, y abundante documentación relacionada con la cuestión: noticias de periódicos, partes y relaciones de los comandantes de fronteras, agentes de indios, artículos de revistas y la compulsa de testimonios orales a través de entrevistas a soldados del cuerpo de inválidos y a oficiales superiores, entre los cuales se destaca el del famoso general Sherman, con quien Malarín mantuvo una estrecha relación pues este militar se mostraba muy interesado por los acontecimientos que se sucedían en la Argentina, especialmente los referidos a la guerra contra el indio.[59]

---

[58] Según Malarín, consultó entre otros autores a J. H. Morgan, responsable de un trabajo sobre los sistemas de afinidad y consaguinidad de las razas humanas; una *Historia de los Estados Unidos*, de Bancroft; el volumen del coronel Otis sobre la cuestión de indios y fronteras; el "Report of General Sheridan", de 1878; además de las obras de Richardson, Eliot, Mason, Levis, Benneville, Clarke, Johnston, Dengan, Andrés, La Salle, Standish, Marshall, Trumbul, Bryon, Prescott, Smith, etc.

[59] Al respecto, Malarín se refería en los siguientes términos sobre la personalidad y las inquietudes del citado general: "El general Sherman me habla siempre con interés de mi país, y me pregunta ¿Cómo nos manejamos con los indios, cual es su táctica, y si llevamos sensibles ventajas sobre ellos? Es un excelente y bondadoso buen hombre, que no parece lo que es. Su modestia no tiene límites; no gusta de paradas ni de banquetes, anda siempre de civil y con sombrero de anchas alas negras, distintivo de todo empleado del Gobierno, y habla con todo el mundo y con el mismo tono y cordialidad […]. El mismo general me ha dado para Ud. los magníficos mapas de la famosa campaña de Atlanta que dio

Como se puede apreciar, los informes enviados por el subteniente Malarín no pudieron ser más completos. Sin embargo él no se limitó a recoger y hacer llegar la información sino que, también, aprovechó la oportunidad de la comunicación epistolar con Roca para transmitirle sus opiniones y sugerencias, algunas de las cuales por su centralidad en cuanto al destino a dar a los indígenas nos interesa analizar.

En sus cartas, Malarín planteó como problema prioritario a resolver no tanto la ocupación militar del espacio y la eliminación de las fronteras interiores sino lo que denominó "cuestión de indios" y "combate de raza a raza", es decir, el destino final que debía dárseles a medida que avanzaba la campaña militar: "Esta cuestión de indios, no es en América una cuestión especialmente de fronteras, de desierto a conquistar: es además y sobre todo un combate de raza a raza, una lucha entre un pueblo conquistador y un pueblo semi-salvaje".[60]

Imbuido de las ideas predominantes en la época, es decir de un fuerte evolucionismo spenceriano acompañado de cierto darwinismo social, Malarín es un convencido de que el enfrentamiento entre indios y blancos se relaciona con la existencia de razas inferiores y razas superiores, y que las primeras además de inferiores son también incivilizadas por lo que es menester no sólo dominarlas sino también integrarlas a la civilización.

Por eso plantea que la expedición al desierto no es más que un medio de obligar al indio a aceptar los proyectos oficiales, y de manera alguna significa la resolución de la parte principal. Sometidos los pampas —advierte Malarín— es necesario darles ocupación, vestirlos, alimentarlos, administrarlos, cuidar de ellos y mantenerse en guardia con el fin de evitar que "no vuelvan a las andadas", y seguidamente

---

como Ud. lo sabe reputación de Gran Capitán a Sherman […]", carta de Miguel Malarín al General Roca del 10 de febrero de 1879, en el Archivo General de la Nación, Archivo Roca, legajo N° 6.

[60] Ídem.

advierte: "Según el sistema que se ponga en práctica la cuestión india será resuelta en 20 años o durará un siglo".[61]

A partir de estas consideraciones previas, luego de describir las distintas acciones que sobre el asunto se llevaron a cabo en Estados Unidos, concluye que el método más viable y seguro para lograr los objetivos propuestos es el de "distribución" y felicita por haberse desechado las misiones de las congregaciones religiosas, y comenzado a enviar contingentes indígenas a Tucumán. En este sentido Malarín estaba convencido, y así se lo hizo saber a Roca, que si se probaba conformar una serie de reducciones agrícolas formadas con familias indígenas seleccionadas, en parajes apartados como podría ser el litoral entrerriano, el éxito está asegurado.[62]

Incluso propuso una serie de acciones complementarias que, a su juicio, acelerarían la conversión de los indígenas salvajes en elementos civilizados y que, además, significarían una notable reducción de los gastos que le ocasionaba al Gobierno esta situación.

> Los indiecitos deben repartirse en las familias de la República, con ciertas obligaciones para estos. No es el viejo sistema de encomienda, sino un tutelaje hasta la mayoría para civilizar al salvaje.
>
> Otros deben enviarse a los Colegios nacionales, a razón de uno por Colegio, a las Escuelas Normales, o de Artes y Oficios. La medida de dedicar a los adultos al servicio naval me parece acertada. La cuestión está en dar ocupación civilizada a todas esa gente vagabundas y peligrosas que son simples gauchos en su mayor parte, sin dejar de ser indios.

[61] Ídem.

[62] "No se donde he visto que U[d]. ha principiado a enviar indios a Tucumán. Es una excelente medida, y yo soy partidario de Azara en la inutilidad de ciertos sistemas de reducciones religiosas. Azara decía en un informe al Virrey Olaguer y lo repite en sus viajes que los religiosos jesuitas habían tenido reducciones en Paraguay, Chaco, Santa Fe, Chiquitos, pero que ninguna se había logrado y eso que eran formados de guaraníes y dialectos de la raza tupí tan domesticables como los más mansos […]". Ídem.

> Este sistema concluirá por librar al Gobierno de raciones y vestir a
> 25.000 indios, al cabo de 10 años [...].[63]

Las opiniones expresadas por Malarín en sus cartas no dejan de resultar llamativas porque residiendo, aunque temporalmente, en Estados Unidos y siendo un conocedor y estudioso del método empleado por las autoridades de aquel país para solucionar la cuestión indígena, no sólo no lo recomienda sino que sugiere un método alternativo y contrapuesto. Y lo que resulta aún más sugerente es el grado de aceptación que tiene su propuesta, ya que son notables las coincidencias que existen entre las medidas que propone el por entonces agregado militar en Estados Unidos con las que luego aplicó el Gobierno, especialmente la distribución de menores indígenas entre las familias porteñas; aunque, vale la pena aclararlo, un procedimiento similar de distribución —si bien limitado a los combatientes—, ya se había instrumentado poco tiempo atrás con los prisioneros de la guerra contra Paraguay.

Pero el general Roca, a través de los informes del subteniente, no sólo tomaba conocimiento de la política en cuestión seguida por el gobierno estadounidense, sino que también por el mismo conducto estaba al tanto de las controversias que en el seno de la sociedad norteamericana esa política despertaba. Ejemplo de ello son las noticias enviadas por Malarín acerca de la fuerte polémica desatada por esos años en EE. UU. entre los partidarios del "régimen escolar" y los sostenedores del "régimen militar", ambos sistemas propuestos como formas diferentes de integración de los indígenas a la sociedad norteamericana.[64] Es así que también resulta sugestivo que la política

---

[63] Ídem.

[64] Durante 1878, el Gobierno federal de Estados Unidos nombró una comisión encargada de estudiar la conveniencia de traspasar los *Negocios de Indios* de la órbita del Ministerio del Interior al de Guerra. Esto generó una intensa polémica entre aquellos que entendían que los indígenas tenían que estar bajo la potestad de los agentes civiles y por lo tanto eran partidarios del "sistema escolar", el cual proveía una integración gradual de los indígenas a través del

adoptada en Argentina con los indíos sometidos —al menos hasta el final de las hostilidades, en 1885— aparezca como un correlato de la decisión del gobierno norteamericano de traspasar la cuestión indígena de la órbita civil a la militar.

Si bien a fines de 1878 Miguel Malarín finaliza su misión en Estados Unidos, no por eso se aleja del tema. Por el contrario, trasladado a cumplir las mismas funciones en la embajada argentina en Francia, ya a principios de 1879 retoma su correspondencia con Julio A. Roca, ya ministro de Guerra y Marina, enviándole profusa información sobre la colonización y reducción de los naturales de Argelia por parte del gobierno francés, consultando para ello las memorias escritas por los generales Bugeaud, Daumas, Duvivier, Regniat y Yusuf, entre otros.[65]

Ahora bien, de lo expuesto hasta aquí no resulta difícil concluir que la decisión final de utilizar el sistema de distribución como método de integración indígena a la sociedad criolla no fue, por cierto, antojadiza ni apresurada y muchos menos improvisada, sino que fue tomada luego de un largo estudio anterior al comienzo de la expedición del general Julio A. Roca al río Negro.

Pero, como señalábamos anteriormente, tampoco la decisión era novedosa ya que un similar tratamiento habían recibido los prisioneros tomados en la guerra contra Paraguay. En realidad lo que aparece como nuevo es que ahora la distribución abarca no sólo a los combatientes sino al conjunto de las familias indígenas, pues, a diferencia de los soldados paraguayos, los indígenas además de "enemigos" son "salvajes incivilizados".

---

acceso a la educación. Enfrentados a esa postura se encontraban los partidarios del "régimen militar", quienes creían que los indios debían estar concentrados en "reservaciones" bajo la autoridad del Ejército que garantizaría la disciplina y seguridad de los mismos. Finalmente la Comisión, integrada por militares, se inclinó por este segundo sistema.

[65] Carta del subteniente Miguel Malarín al general Julio A. Roca, del 28 de enero de 1879. En el Archivo General de la Nación, Archivo Roca, legajo N° 6.

Los motivos que determinaron la elección de este método quedarán explicitados en una serie de comunicaciones que, ya desde principio de 1878, van a exteriorizar algunos prominentes hombres del Gobierno, incluidos el propio Roca y el presidente Avellaneda.

En efecto, a comienzos de ese año, en una carta que entonces reproducen la mayoría de los diarios porteños enviada al gobernador bonaerense Carlos Casares por Rufino de Elizalde —ministro de Relaciones Exteriores de Avellaneda y momentáneamente a cargo de la cartera de Guerra y Marina—, le propone la entrega de un contingente de indios sometidos. Además, siguiendo el pensamiento de Avellaneda sobre el tema, en la misiva indica de manera explícita el camino a seguir con los indios hasta ese momento reducidos y con los que estaban siendo sometidos luego de las distintas incursiones hechas por las fuerzas militares dentro del territorio indígena.

Elizalde plantea a Casares que el camino seguido hasta ese momento, consistente en dejar a las distintas agrupaciones indígenas sometidas en los diferentes puntos que ocupaban en la frontera o colocados a su voluntad o en otros más cercanos a las poblaciones fronterizas, subvencionados y alimentados por el propio Gobierno, ofrecía una serie de dificultadas e inconvenientes por lo que era necesaria su modificación.

Estos inconvenientes radicaban en que, por un lado, los indígenas agrupados en comunidades seguían conservando su espíritu de cuerpo, sus costumbres y hábitos salvajes —explicaba el ministro—, lo que no sólo no los acercaba a la civilización sino que se volvían particularmente peligrosos para las propias poblaciones de la campaña pues podían, en cualquier momento, modificar su actitud pacífica y lanzarse nuevamente a "malonear" en tanto que sustraídos por "la influencia [...] de las costumbres envilecedoras y reciben su inspiración frecuentemente del desierto y la barbarie a que los encadena su situación misma":

Las consecuencias perniciosas que ese sistema produce es muy
clara: hacen casi imposible una mejora en su sentimiento y en las
ideas de los grupos indígenas; su perversión y a veces su necesidad
los lanza periódicamente contra nuestras campañas y a la vez que
nos ocasionan los perjuicios más serios, se [condenan] a sí mismos
por el orden natural de las cosas a la miseria creciente, a la barbarie
irrevocable y a la destrucción sucesiva [...]"[66]

Por lo tanto, según el ministro de Avellaneda, la situación no
beneficiaba al país ni tampoco a los propios indios sometidos, era
necesario un cambio de política y colocar a los indígenas en lugares
fuera de su hábitat natural y en contacto lo más cercano y eficaz con
las poblaciones civilizadas. En cuanto al extrañamiento territorial
consideraba que éste no resultaría nocivo para los indígenas por cuanto
no tenían ningún vínculo que los ligara efectivamente al suelo, y su
vida nómade hacía que su hábitat siempre fuera provisorio ya que "su
mísera toldería plantada hoy buscando tan sólo el pasto, el agua, y el
abrigo momentáneo de los peligros, desaparece cada día para seguir
una peregrinación sin término".

Elizalde se apoya para estas afirmaciones en el caso de la comunidad
de Juan José Catriel. Ésta, establecida cerca de Azul, se sublevó en 1875
internándose en el desierto y, pasados unos años, vuelve sometiéndose
a las autoridades nacionales en Carmen de Patagones, esperando ser
nuevamente ubicados. A partir de este hecho concluye que "Ningún
vínculo ni afección se destruye, pues, al asignarles cualquier punto
del territorio siempre que en ello se consulte su verdadero interés a
la vez que el de las poblaciones que amenazan".[67] También aseguraba
que no se justificaba que siguieran conservando su organización tribal
y guerrera, que desde el punto de vista militar y de la civilización

---

[66] Carta del ministro de Guerra y Marina (interino), Rufino de Elizalde, al Gobernador de la Provincia de Buenos Aires, Carlos Casares, del 6 de marzo de
1878. En diario *La Nación*, Buenos Aires, 8.3.1878. (Entre corchetes agregados
para hacer inteligible el texto en la fuente, diario *La Nación*.)
[67] Ídem.

resultaban peligrosas y bárbaras; en cambio, decía, lo que debería mantenerse era la unidad familiar.[68]

Con estas consideraciones el ministro De Elizalde plantea que para el presidente Avellaneda la mejor solución a la delicada situación consistía en la distribución de estos indios sometidos, ya fuera por familias o por grupos de familias, en colonias agrícolas a formarse o mezcladas con la población existente en otras ya formadas; de tal manera que estas acciones sirvieran para que los indígenas dejaran de ser un peligro para la población de la campaña y, además, importaran "un acto de verdadera y cristiana redención para aquellos desgraciados cuyo crimen tiene tal vez por causa única la miseria, la ignorancia y el atraso".[69]

Esta solución, acuñada por Avellaneda, retoma algunos de los planteos hechos en su momento por Alsina. Se insiste en la integridad familiar, en adjudicar al trabajo un valor significativo, y fundamentalmente al trabajo agrícola como el vehículo adecuado para asegurar el tránsito que el indígena debe emprender para salir de su estado de barbarie y elevarse al nivel de la civilización. De esta manera la formación de colonias sería el ámbito más adecuado para llevar adelante este camino.

Pero, como veremos más adelante, este sistema de colonias —que según manifestaba Rufino de Elizalde era el preferido del presidente Avellaneda— sólo se aplicó mínimamente y mientras duró la etapa militar. En cambio, prevaleció entre las autoridades del gobierno nacional el sistema de distribución sobre el de colonias o reservaciones. Este último no fue desechado totalmente, y una vez finalizada la contienda militar y modificada la situación política y social volvió a ser tenido en cuenta por el propio Julio A. Roca en 1885, ahora Presidente de la Nación, cuando envió al Congreso un proyecto de ley sobre colonias indígenas.

---

[68] Ídem.

[69] Ídem.

Antes, el propio Roca, a fines de 1878, en una misiva que le envía a Martínez Muñeca, entonces Gobernador de la Provincia de Tucumán, fundamenta el porqué adoptan y prefieren ese sistema de distribución sobre el existente hasta ese momento o el adoptado por el Gobierno de Estados Unidos. En la carta, el todavía ministro de Guerra y Marina abunda en razones acerca de la inconveniencia de adoptar el sistema norteamericano de "reservas", tanto por lo costoso y lento del mismo como por el peligro latente que entrañaría para los habitantes de la campaña convivir con las grandes concentraciones indígenas, porque "en esas agrupaciones, el indio conservando y trasmitiéndose el lenguaje, costumbre y civilización en el centro mismo de los pueblos civilizados, se mantiene acechando la oportunidad para el levantamiento en masa, a despecho de la vigilancia sagaz y previsora".[70]

En el mismo sentido, también el presidente Nicolás Avellaneda, en su mensaje de apertura de las sesiones del parlamento nacional correspondientes al período legislativo de 1879, daba cuenta de la decisión tomada por el Poder Ejecutivo con respecto al futuro de los indios reducidos, qué acciones se habían llevado a cabo hasta ese

---

[70] "Los Estados Unidos establecen en demarcaciones territoriales llamadas Reservas, las grandes agrupaciones de indios, vigilados y sostenidos por el Gobierno con grandes gastos y graves peligros [...]. Quizás el sentimiento de repugnancia invencible que ha opuesto el pueblo norteamericano a la refundición en su seno de las razas indígenas, ha influido en la adopción de un sistema oneroso y lento para la transformación del indio [...] La experiencia ajena y la nuestra en la sublevación del cacique Juan José Catriel con su tribu en el año 1875, no solamente señala el peligro de las grandes agrupaciones, aún en aquellas que separan al indio de la vista tentadora del desierto, sino que demuestra también que este medio sería ruinoso e insostenible entre nosotros, dadas las actuales condiciones económicas del país [...]". Carta del ministro de Guerra y Marina al gobernador de la Provincia de Tucumán del 4 de noviembre de 1878, en Galíndez, Bartolomé (comp.), *Documentos relacionados con las expediciones a Santa Cruz y Río Negro, ordenada una y realizada otra por el Ministro de Guerra y Marina General Julio A. Roca*, prólogo y recopilación de Bartolomé Galíndez, Buenos Aires, Comisión Nacional Monumento al Tte. General Roca, 1940.

momento y cuáles se preveían realizar. En primer lugar planteaba que la incorporación de los indios sometidos resultaba un problema de solución poco sencilla, como lo demostraba la experiencia estadounidense que, a pesar de lo costoso de su implementación para el erario federal había tenido un éxito relativo. En cambio, en el caso argentino, afirmaba Avellaneda, el Gobierno había "encontrado facilidades inesperadas en el espíritu profundamente cristiano de nuestras poblaciones, y en la capacidad que el indio mismo ha revelado para adaptarse a las exigencias de una vida superior".

A partir de estas condiciones favorables se había podido implementar con éxito el sistema de distribución, y así –según el Presidente de la Nación–, "el indio es un excelente soldado y ha entrado a llenar el cuadro de nuestros batallones. Puede ser un buen marino y actualmente se adiestran más de doscientos en las maniobras subalternas de la marinería. El indio es apto para todos los trabajos físicos, y la provincia de Tucumán ha empleado quinientos en sus ingenios de azúcar y en sus obrajes. Las mujeres y los niños han sido distribuidos en la Sociedad de Beneficencia entre las familias".

El mensaje concluía aceptando que, a pesar de su efectividad, la "distribución" era un recurso limitado por su naturaleza y que pronto quedaría agotado. Por eso, previendo esta circunstancia, se había decretado la formación de una colonia indígena en Río Negro y de dos en Gran Chaco, sobre las márgenes del arroyo El Rey. Al mismo tiempo, una comisión compuesta de tres ingenieros militares estudiaba los territorios adyacentes al río Negro para el establecimiento de poblaciones, porque "las tribus que se sometan o se aprisionen en adelante, se establecerán dentro de la gobernación de la Patagonia, en espacios reducidos y bajo la vigilancia de las tropas".[71]

A estas razones que esgrimen los distintos funcionarios gubernamentales debemos agregar aquellas derivadas del propio pensamiento

---

[71] Mensaje del Presidente de la Nación al abrir las sesiones del Congreso de la Nación en mayo de 1879. En Mabragaña, Heráclito, *Los mensajes*, Buenos Aires, Comisión Nacional del Centenario, 1910, tomo III. pp. 24 y 25.

militar acerca del problema indígena, las cuestiones de tipo económico –como ya lo señalara Nicolás Avellaneda– y la visión que de éstas tienen en general los sectores dominantes.

En el primer caso debemos decir que si para Alsina y Avellaneda la guerra era contra el desierto y no contra los indígenas, en cambio, para Roca y el resto de los militares de la época, el enfrentamiento también los incluía, según lo expresa taxativamente el propio ministro de Guerra y Marina en el mensaje que acompaña al proyecto de ley que envía al Congreso en 1878:

> Hemos sido pródigos de nuestro dinero y de nuestra sangre en las luchas sostenidas para constituirnos, y no se explica cómo hemos permanecido tanto tiempo en perpetua alarma y zozobra, viendo arrasar nuestra campaña, destruir nuestra riqueza, incendiar poblaciones y hasta sitiar ciudades en toda la parte sur de la República, sin apresurarnos a extirpar el mal de raíz y destruir estos nidos de bandoleros que incuba y mantiene el desierto [...][72]

A partir de estas definiciones es fácil deducir que los indígenas son, tanto para Roca como para el resto de los militares argentinos, enemigos de igual o mayor porte que el mismo desierto y que, como tales son considerados y tratados cuando caen prisioneros o se presentan voluntariamente, tal cual lo demuestran las órdenes dadas a los distintos jefes de campaña por el propio ministro de Guerra y Marina.[73]

Además, desde el punto de vista económico la aplicación de este sistema implicaba, en la práctica, relevar al Estado del mantenimiento

---

[72] Congreso de la Nación, Cámara de Diputados, Diario de Sesiones, Mensaje y Proyecto de ley enviado por el Poder Ejecutivo, 14 de agosto de 1878.

[73] "Es necesario hacer un escarmiento con todos los indios prisioneros y no quiero que queden de ellos por allá. Tan luego como desocupe los que tiene, mándemelos para transportarlos lejos de la frontera." Telegrama del general Julio A. Roca al comandante Manuel Freire, Buenos Aires, 9 de septiembre de 1878. En Olascoaga, Manuel J., *Estudio topográfico de la Pampa y Río Negro*, Buenos Aires, Ostwald y Martínez, 1880. p. XVII.

de los indígenas prisioneros, lo que llevaba rápidamente a reducir los gastos que implicaba racionarlos o mantenerlos en colonias o reservaciones, erogaciones que, por otro lado, el Estado no estaba dispuesto a pagar y decía no estar en condiciones de realizar. En este aspecto resultan por demás elocuentes los mensajes enviados por el ministro de Guerra y Marina a los distintos jefes militares que operaban en la frontera respecto de la conducta a seguir con los indígenas tomados prisioneros, a quienes, salvo explícitas excepciones, debían ser trasladados para su posterior distribución.[74]

Desde el punto de vista económico recién referido, el sistema empleado llenó cumplidamente los fines propuestos ya que, si comparamos las sumas gastadas por el Estado entre los años 1876 y 1884 en el rubro "asistencia a los indios", veremos que luego de la campaña militar del año 1879 disminuyen sensiblemente, igual que sus incidencias en el total del presupuesto militar.

Cuadro 1
Relación comparativa de los gastos en el rubro asistencia a los indios en el período 1876 a 1884.

Año	Relación con los indios	Total del presupuesto militar
1876	206.544,43	5.649.487,40
1877	145.800,00	5.015.911,92
1878	135.012,85	5.218.412,00
1879	146.400,00	5.110.037,00
1880	20.466,98	4.437.963,00

---

[74] "Puede dejar esos tres indios prisioneros con las familias que tengan, los demás de la chusma remitirla a Mercedes, de donde se mandaran a otra parte que no tenemos con que mantener bocas inútiles [...]"; telegrama enviado por el general Julio A. Roca al coronel L. Nelson. Buenos Aires, 26 de noviembre de 1878. En Olascoaga, M., op. cit., p. XLVII. También: "Puede hacer quedar aquellos indios que Ud., crea indispensable para baqueanos, es cuestión seria y nos vemos en dificultades para la mantención de tantas bocas inútiles [...]"; telegrama del general Roca al coronel Lorenzo Vintter, del 9 de diciembre de 1878, en Olascoaga, M., op. cit., p. LXVI.

Año	Relación con los indios	Total del presupuesto militar
1881	s/d	5.482.450,00
1882	63.178,65	7.332.331,34
1883	96.000,00	8.086.281,46
1884	96.000,00	8.700.978,60

Elaboración propia en base a las cifras tomadas de las Memorias del Departamento de Guerra y Marina correspondiente a los años 1876-1884.

Otra razón que, a nuestro juicio, pesó en la decisión, fue la mirada de buena parte de la sociedad sobre los indígenas —especialmente la mirada de la elite—, a los que percibía como bárbaros incorregibles que mantenían en constante peligro a las poblaciones fronterizas y entorpecían el desarrollo del país. Los veía como hordas salvajes propias del medio en que se habían desarrollado, el desierto, a quienes necesariamente había que destruir. Por lo tanto —sostenían—, la misión de cualquier gobierno era, primero, desalojar a los indígenas de su hábitat natural ocupando el desierto y poblándolo, y luego civilizarlos poniéndolos en contacto con la sociedad blanca.

Este planteo era inducido por los sectores dominantes de la sociedad argentina. El pensamiento de sus intelectuales y políticos estaba impregnado por las ideas sobre "las razas" y la herencia biológica que ocupaban un lugar central bajo la fuerte influencia del inglés Herbert Spencer —en cuyo evolucionismo organicista el papel de una raza "superior" era elemento principal— y del historiador y crítico literario francés Hippolyte Taine, ambos positivistas y embarcados en el liberalismo económico triunfante.

Pero, además, aquellos intelectuales y políticos —todavía signados por las discusiones de fines del siglo XVIII y principios del XIX entre "monogenecistas" y "poligenecistas"— daban por sentado que sólo ciertas razas, es decir grupos humanos que se distinguían de otros por sus diferencias físicas heredadas y permanentes, eran capaces de civilizarse. Del mismo modo se justificaba, de acuerdo con el darwinismo social propio de la visión spenceriana, la supremacía de ciertos pueblos sobre otros debido a su mayor capacidad de adaptación a la lucha por la vida.

Trasladado este pensamiento al tema que nos ocupa, los indígenas eran vistos no sólo como salvajes sino como pertenecientes a una raza inferior, símbolo de la barbarie, que fatalmente sucumbiría ante la superioridad de la raza blanca que representaba la civilización:

> Ante la civilización que adelanta a pasos de gigante, los salvajes están condenados a desaparecer, y esto va a suceder entre pocos años, y los indios quedaran como recuerdos y leyendas; esto es indudable y fatal [...][75]

Es con este sentido que el término "desaparición" –como sinónimo de extinción de una cultura, como la indígena, que se creía prehistórica– aparece reiteradamente en los discursos y escritos de políticos, militares, religiosos, intelectuales e incluso hombres de ciencia quienes veían y describían a los indígenas y su hábitat, el desierto, como un escenario y unos actores propios de una etapa histórica anterior, por lo que más temprano que tarde iban a desaparecer como tales barridos por el progreso.

Pero también la mayoría de los que adscribían a este pensamiento entendían que esta desaparición no significaba necesariamente el aniquilamiento físico sino, por el contrario, creían que en contacto con la civilización estos mismos indígenas evolucionarían hacia formas superiores y necesariamente modificarían sus hábitos y costumbres, y hasta su propia condición física. Por lo tanto, como afirmaba el diputado Juan Darquier, se trataba de "dirigir la evolución por la cual indefectiblemente pasaban todas las razas humanas en una de las fases más difíciles: la transición de la vida nómade en sedentaria". A partir de este cambio todo se modificaba, desde las costumbres, las

---

[75] Spegazzini, Carlos, "Costumbres de los habitantes de la Tierra del Fuego", en *Anales de la Sociedad Científica*, Buenos Aires, Coni, 1882, tomo II, pp. 159-162.

necesidades de la vida y el modo de atender la subsistencia hasta la propia estructura del cuerpo.

En este último aspecto, según el legislador Darquier, "la curvatura de las extremidades inferiores y el paralelismo de los pies que parecen se han alterado sobre el lomo del caballo y hacen difícil la posición vertical y morosa de la marcha, volverán a adquirir su actitud natural y los pies tomaran el ángulo necesario para presentar mayor base de sustentación al cuerpo".

Finalmente señalaba: "En las facultades intelectuales, sucederá lo mismo. Se adquirirán ideas nuevas; y como consecuencia de la creación de esas ideas nuevas, será necesario que la lengua cree también términos nuevos, teniéndose que modificará hasta lo más sustancial, que es la organización de la familia, la cual tiene que cambiar".[76]

Estas ideas, en general, eran aceptadas por buena parte del arco intelectual y político de los años ochenta, entre los más acendrados positivistas y evolucionistas o los propios liberales católicos. Significó esto, entonces, que los debates respecto de la cuestión con los indígenas devinieran esencialmente acerca de si eran ellos susceptibles de ser civilizados, y acerca de cuál sería el mejor método a aplicar para lograrlo y su resultado final.

Lucio V. Mansilla, ya diputado nacional en esa época, descreído de la aptitud de los indígenas para integrarse a la civilización, afirmaba que eran —de acuerdo a su propia experiencia basada en la observación directa y por razones antropológicas, decía, que tenían que ver con ciertos caracteres "semíticos"[77]—, "orgánicamente, por razones de evolución, refractarios a nuestra civilización", y por lo tanto resultaba ilusorio "creer que se va a obtener el más mínimo resultado

---

[76] Exposición del diputado Juan Darquier, Congreso de la Nación, Cámara de Diputados, Diario de Sesiones, 19 de agosto de 1885, p. 459.

[77] Podría haber un error en el registro de los dichos de Mansilla, quien quizá dijo "somáticos". Véase Pedro Navarro Floria, "Ciencia y discurso político sobre la frontera sur argentina" en *Saber y tiempo*, enero-junio 2002, p. 50 www.unsam. edu.ar/publicaciones/Archivos/Saberytiempo13.pdf (9.12.2009).

incorporando al indio a nuestra civilización tomado del punto de vista antropológico".[78]

Otros, en cambio, sí creían que eran susceptibles de ser civilizados. Es el caso de los representantes de la Iglesia católica, quienes sostenían que la evangelización era un buen vehículo para acercar a las comunidades indígenas a la civilización. En ese sentido, el propio Don Bosco planteaba, a propósito de la reducción de los indígenas que habitaban el sur del territorio: "Hasta ahora los gobiernos no han hallado el modo de civilizar a los pobres Patagones, y ni siquiera han hecho la prueba… Sólo a la Iglesia católica le está reservado el honor de amansar la ferocidad de esos salvajes".[79]

También desde otros sectores opuestos al pensamiento de la Iglesia se sostenía la posibilidad de civilizar a los indígenas, aunque para ello era necesario la desaparición del desierto y el traslado de sus primitivos habitantes. En efecto, imbuidos de una fe ciega en el progreso lineal y armónico de la Nación estaban convencidos que, para que ésta continuara su marcha ascendente, era imprescindible eliminar todo obstáculo que la interfiriera; y dentro de este planteo, el desierto y sus primitivos habitantes, las distintas comunidades indígenas, debían fatalmente desaparecer para poder consolidar el progreso material y la civilización.

La única forma de eliminar estos escollos era ocupar el desierto, someter a sus habitantes y dispersarlos lejos de su medio. Porque para estos sectores el indio era por sobre todas las cosas un producto del desierto, y como tal mantenía costumbres y hábitos propios de ese medio. Por lo tanto —y aquí aparece en forma significativa la influencia de Taine en cuanto a la importancia del medio—, si el desierto era

---

[78] Exposición del diputado Lucio Mansilla, Congreso de la Nación, Cámara de Diputados, Diario de Sesiones, 24 de agosto de 1885, p. 506.

[79] Nota de Don Bosco. En *Bollettino Salesiano*, Turín, s.n.e., noviembre de 1878, citado en Paesa, Pascual, "Planes y Métodos en la Evangelización de la Patagonia Después de 1879", en *Revista Kuru Kinka*, Buenos Aires, Junta de Estudios Históricos de Tierra del Fuego, 1971. N° 9-10, p. 1.

sinónimo de no civilización y de barbarie, necesariamente el indígena como producto del mismo era un ser incivilizado. De esta forma, era excluyente la necesidad de alejarlo de ese hábitat como condición primera para poder civilizarlo, despojándolo de todas sus tradiciones, de sus hábitos y costumbres, incluso de su idioma. En definitiva se trataba que desapareciera en él todo vestigio de su anterior vida en el desierto.

En el marco de este pensamiento se pronunciaba el periódico *El Nacional*. A través de sus páginas elogiaba la eliminación del racionamiento y la disolución de las distintas comunidades indígenas, internando y distribuyendo a sus integrantes tal cual lo estaba haciendo el gobierno nacional. Este sistema, señalaba, "ha sido desde tiempo inmemorial seguido por los colonizadores; y sus efectos son las poblaciones de nuestras ciudades y campos, cuyos habitantes conservan aún el color trigueño de la raza de su origen". En oposición, destacaba: "Por pequeña que sea una tribu, desde que está reunida, conserva y guarda sus tradiciones y su lengua. La escuela, los oficios, son imposibles en esa aglomeración de salvajes hostiles a la sociedad basada en el trabajo; la ración ha de continuar, como carga sobre el Gobierno; ración improductiva de todo resultado". Y remataba afirmando: "Los indios son unos pensionistas holgazanes".[80]

En esta misma línea de pensamiento el general Roca planteaba que lo más conveniente era la diseminación de los indios prisioneros, respetando la integridad familiar, en las poblaciones rurales lejos de la frontera; en donde "sometidos al trabajo que regenera y a la vida y ejemplo cotidiano de otras costumbres, que modificaran insensiblemente los propios, despojándoles hasta el lenguaje nativo como instrumento inútil, se obtendrá su transferencia rápida y perpetua en elemento civilizado y fuerza productiva".[81]

A partir de estas consideraciones se explican, entonces, algunos en apariencia diferentes rumbos que aparecen en ese momento en

---

[80] Periódico *El Nacional*, Buenos Aires, 30.11. 1878, p. 1, col. 1
[81] Ídem.

el accionar estatal, como el de disponer un mismo destino tanto a aquellos indígenas que caían en manos de las expediciones militares después de un combate como a los que acataban la autoridad del Gobierno y se presentaban voluntariamente, porque, como sostenía uno de los más conspicuos representantes del pensamiento militar de esa época, el coronel Lorenzo Vintter:

> Además, señor ministro (y esto puede contrastarse con todos aquellos, que por muchos años han lidiado con indios), la práctica de largos años de vida de frontera, durante los cuales he tenido que hacer siempre, con indios mansos uno y belicosos otros, me han enseñado siempre y demostrado muchas veces que todos son ladrones y asesinos, cuando tienen ocasión de cometer estos crímenes impugnes [...][82]

Los hechos posteriores se encargaron de desmentir las afirmaciones tanto del general Julio A. Roca como de Nicolás Avellaneda, porque la implantación del sistema de distribución lejos de preservar la unidad familiar, como se pretendía, tuvo como inmediata consecuencia precisamente lo contrario, es decir el desmembramiento de las familias indígenas. Aquellos hechos posteriores, además, contradijeron lo expresado por Avellaneda en el ya referido mensaje de apertura del período legislativo de 1879, ya que el sistema de distribución cuya utilización se había anunciado como transitoria se siguió aplicando con todo rigor hasta que finalizaron las campañas militares y se ocupó todo el territorio. Así, el establecimiento de las comunidades indígenas y sólo en algunos de los lugares anunciados no se llevó a cabo hasta pasado un largo tiempo, y en el caso de la colonia indígena del sur instalada en el que fuera el Fortín General Conesa —sobre el río Negro a unos ciento cincuenta kilómetros al oeste de Carmen de Patagones, y a la que en su mensaje se había referido el entonces Presidente de la Nación—, como veremos más adelante entró muy

---

[82] Carta del coronel L. Vintter al ministro de Guerra y Marina s/f. En el Archivo General de la Nación, Sala VII. 6-10-22

poco tiempo después en franca decadencia debido, precisamente, a la falta de apoyo oficial.

Sin embargo, esta paradoja resulta fácilmente explicable si tenemos en cuenta que, aunque las razones que impulsaron la utilización del sistema de distribución fueran varias, para adoptarlo fueron determinantes sin duda las relacionadas con los aspectos ideológicos-militares. Iniciada la última ofensiva militar y habiéndose determinado que la "cuestión indígena" girara bajo la órbita militar quedó en evidencia, muy pronto, que las primeras ideas de Alsina de integrar gradualmente a los indígenas habían sido dejadas de lado, anuladas por las experiencias temporales del progreso y subordinadas a una estrategia de conquista militar.

El sistema de colonias propuesto por el coronel Álvaro Barros

Álvaro Barros sostenía que los indígenas podían incorporarse a la vida civilizada si se les facilitaban los medios necesarios. De esta manera contrariaba la opinión –generalizada entre sus colegas y funcionarios políticos– de que eran bárbaros productos del desierto que difícilmente se incorporarían a la civilización.

Incluso sus afirmaciones iban más lejos, al plantear que la perfidia y la agresividad de los indios más que congénitas eran resultado de sus relaciones con los comerciantes, proveedores y otros individuos "civilizados" que constantemente intentaban engañarlos y explotarlos. Si los indígenas, concluía, fueran tratados con honestidad no sólo aceptarían integrarse a la vida civilizada respetando nuestras leyes y nuestra justicia, sino que podrían incorporarse a través del trabajo, fundamentalmente del trabajo agrícola.[83]

Precisamente en un folleto aparecido en 1871 sobre el estado de la campaña bonaerense y los abusos que en ella se cometían, Barros,

---

[83] Cabe señalar que ya en 1868, tratando de atraer colonos para el desarrollo agrícola de Olavaria, realizó algunos ensayos sobre cultivos de trigo incorporando para realizar estas tareas a indígenas residentes en las cercanías.

luego de denunciar la amplia corrupción que existía en la frontera y como ésta atentaba contra la seguridad de sus moradores, se ocupa del problema indígena mostrándose optimista sobre la "regeneración de los indios" si se dejan de lado las raciones y en cambio se les entregan tierras para colonizar: "Repartir en propiedad esos campos a los indios, medidos, escriturados y amojonados; establecer entre ellos un sistema de orden que ellos mismos anhelan, porque muchos hay que han aprendido a conservar lo que adquieren y saben valorar lo que importa la propiedad. [...] Proporcionar pequeños recursos para que se dediquen a la labranza los que son capaces".[84]

Si se tomaran estas medidas, aseguraba Barros, en poco tiempo el resultado sería la conversión de los indios en pacíficos trabajadores y se terminaría la inseguridad en la frontera, además de eliminarse la inmoralidad y la corrupción que eran las características dominantes en esos momentos.

Como vemos, estas afirmaciones venían siendo planteadas por Barros desde mucho tiempo antes que se desatara la ofensiva final, y aparecían como un correlato a sus denuncias sobre los abusos y arbitrariedades existentes en la línea de frontera. Por eso no extrañó que al ser designado a fines del año 1878 primer gobernador de la Patagonia volviera sobre este particular, y gestionara ante el Presidente y el ministro de Guerra y Marina que autorizaran la creación de colonias agrícola-ganaderas como una forma de integrar a los indígenas sometidos.

Así, por ejemplo, en noviembre de 1879, a propósito de la disposición del Ministerio de Guerra y Marina de suprimir los racionamientos a los indios, desde su cargo de Gobernador plantea en una comunicación dirigida al Gobierno en Buenos Aires no sólo su preocupación por las consecuencias que podría acarrear la medida para

---

[84] Barros, Álvaro, *Abusos y ruina de la campaña. Apuntes de un viajero argentino.* Buenos Aires, Imprenta y Litografía a vapor de la Sociedad Anónima, 1871. pp. 14 y 15.

los indígenas, sino que también avanza en la búsqueda de una solución que, a su juicio, pasaría por reemplazar el sistema de racionamiento por la formación de colonias.

Éstas, según manifiesta, podrían ser formadas con los indígenas que integraban la comunidad tehuelche y con aquellos que residían en las márgenes del río Limay en esos momentos, ya que la posibilidad había interesado a los respectivos caciques que se habían mostrado dispuestos a cumplir las condiciones establecidas por la Ley de Colonias, trasladándose con sus familias a los puntos que el Gobierno nacional designara para su residencia. La nota concluía afirmando: "Si la colonización con indígenas iniciada en Conesa se extiende en la proporción conveniente, la supresión de las raciones vendrá pues de suyo y en poco tiempo, y con ello la transformación de algunos miles de bárbaros en hombres de labor. Y si estos beneficios se acuerdan, con ventaja para el país, el europeo, con más justicia, más conveniencia y menos gastos se acordarían al indio que, de otro modo, cuando no es una carga es un peligro para la Nación".[85]

Finalmente, sus gestiones logran tener éxito y tal cual lo había señalado el presidente Avellaneda en el discurso a las cámaras a principios del mismo año, a la par que se llevaba a cabo la distribución de indígenas también se ponía en marcha a través del Ministerio de Guerra y Marina —con algunas agrupaciones indígenas que habían sido reducidas aún antes de iniciarse la campaña militar y que, por ende, eran mantenidas y racionadas por el propio Gobierno— una experiencia piloto consistente en la formación de las ya referidas en páginas anteriores tres colonias agrícola-ganaderas.[86]

---

[85] Nota del coronel Álvaro Barros al ministro del Interior, Dr. Benjamín Zorrilla, del 28 de noviembre de 1879. En el Archivo General de la Nación. Sala VII, legajo 9.

[86] Sancionado el decreto respectivo las mismas fueron erigidas: dos en la frontera norte (en la primera y segunda línea respectivamente del Gran Chaco) y denominadas "San Martín" y "San Javier", las que fueron constituidas con

Estas iniciativas, conviene señalar, se diferencian en varios aspectos de los proyectos oficiales de colonización presentados en el Congreso de la Nación a partir de 1885 y de los que en su momento presentaran los misioneros salesianos.

En efecto, a diferencia de los proyectos antes mencionados, estas colonias indígenas estaban bajo la órbita militar dependiendo directamente del Ministerio de Guerra y Marina, siendo también militar la autoridad que las regía.

Por otra parte, no estaban pensadas para cualquier comunidad indígena sino para aquellas que ya antes del inicio de la campaña de Roca se hallaban bajo tutela del gobierno nacional, e incluso, en el caso de la tribu de Catriel, sus integrantes participaban como tropas auxiliares en las diferentes expediciones realizadas por el ejército de línea contra sus hermanos de sangre.[87]

A los argumentos esgrimidos por Barros para llevar a la práctica este tipo de experiencia debemos sumar otros, de tipo económico, que sin duda, también contribuyeron para convencer a las autoridades nacionales de la conveniencia de este tipo de establecimiento, pues el mantenimiento por parte del gobierno nacional de las diferentes tribus reducidas hasta ese momento resultaba por demás gravosa para las arcas del Tesoro Nacional. Pero, además, entendían esas mismas autoridades que el sistema de racionamiento empleado hasta el presente no era el método más adecuado para una rápida integración de los indígenas a la sociedad, pues al seguir estos manteniendo su primitiva organización no sólo los hacía más refractarios a la civilización sino que, a la vez, los convertía en una amenaza latente para las poblaciones vecinas.

En el caso de la colonia General Conesa —erigida en inmediaciones del fortín del mismo nombre a orillas del río Negro en jurisdicción de

---

aborígenes reducidos de la región circundante a cada una de ellas, y la tercera en la Gobernación de la Patagonia.

[87] Decreto N° 11.252 del 24 de marzo de 1879, en Registro Nacional, año 1879, pp. 130-131.

la Gobernación de la Patagonia– comenzó su instalación inmediatamente de ser sancionado el Decreto 11.215 del 14 de febrero de 1879. En sus dos primeros artículos la norma especificaba que la colonia se formaría con los sobrevivientes de la tribu del cacique Catriel, y que sería regida por un Intendente militar dependiente de la Gobernación de la Patagonia. A cargo de este funcionario estaría todo lo relativo a la formación y administración de la colonia.

En el artículo tercero se determinaba que de los fondos asignados al efecto en el presupuesto oficial, en el rubro "relaciones pacíficas" con los indios, parte de los mismos se destinarían en el primer año a los gastos de instalación de la colonia, proveyéndola de semillas y útiles de labranza, además de la entrega de artículos de primera necesidad indispensables para la subsistencia de sus pobladores. Pasado el primer año la colonia debería sostenerse con el producido de sí misma, pasando a ser propiedad de cada productor los beneficios obtenidos por su actividad agrícola-ganadera.

En el resto de los artículos se señalaba la posibilidad de incorporar a la colonia pobladores no indígenas, quienes podían ser tanto de origen nacional como inmigrantes. Estos recibirían iguales franquicias que los colonos indígenas con la única diferencia que deberían reintegrar los gastos ocasionados por su instalación con el producto de su trabajo, en un todo de acuerdo con los términos de la ley de colonización. En la parte final de este extenso decreto se nombraba al intendente militar de la colonia[88], instruyendo además al Gobernador de la Patagonia hacer efectivo el Decreto.[89]

Instalada la colonia la actividad en su primer año fue casi nula, pues sufrió en ese período una serie de contratiempos que hicieron imposible su normal desenvolvimiento. Estos inconvenientes fueron, según el informe elaborado por la autoridad de la colonia, primero una grave epidemia de viruela que mantuvo paralizada a la misma

---

[88] Este cargo fue ocupado en un primer momento por el sargento mayor Antonio Recalde.

[89] Argentina, Ministerio de Guerra y Marina, año 1879, tomo, I pp. 411-412.

por varios meses, a lo que se sumó posteriormente la movilización de los colonos indios como tropa de la Guardia Nacional con el fin de reemplazar a las de línea en el resguardo de la frontera, ya que éstas tuvieron que marchar a Buenos Aires para sofocar la sublevación de Carlos Tejedor.[90]

En la parte final del informe el Intendente de la colonia solicitaba al gobernador Barros que intercediera ante las autoridades nacionales para que se les proveyera de una serie de elementos y útiles de labranza que, a su juicio, resultaban imprescindibles para que los colonos pudieran desarrollar sus tareas agrícolas.

Sin embargo, y a pesar de las gestiones hechas por Barros, el pedido nunca se satisfizo como tampoco se llevaron a cabo las medidas dispuestas por el decreto de creación de la colonia, lo que derivó en su estancamiento que no pasó inadvertido para algunos funcionarios que la visitaron.[91]

---

[90] "Tengo el honor de dirigirme a V.E. para dar cuenta como es mi deber, de los trabajos practicados por los indios colonos de Conesa en el tiempo que soy el intendente de esta colonia. Tomando en consideración por las contradicciones porque han pasado estos colonos, los trabajos practicados como agricultores no son muchos ni grandes sus sementeras, pero en las huertas que se han hecho los resultados fueron favorables. Voy a poner a V.E., al corriente de las causas de que no hallan sido tan grandes los trabajos como han sido mis deseos. Tuvimos primero una horrible epidemia de viruela que paralizó por algunos meses todos los trabajos, después de esta cuando volvían con nuevo ardor a sus faenas, vino la movilización de los colonos como G.N., por orden superior que recibí. No solo fue este un inconveniente sino que a los pocos días de su movilización vino la orden que marcháramos de guarnición a Choele Choel, doscientos auxiliares del Sud a las órdenes del sargento mayor Linares, de estos han sido ciento veinte colonos y hasta el presente están en ese destino. A pesar de todo esto las tierras que se les han dado están todas aradas y no faltan más que sembrar, en este año no se podrá hacer pero en el año venidero los resultados serán óptimos en vista de la laboriosidad de sus colonos y la fecundidad de la tierra [...]".

[91] Al respecto el comandante Pablo Belisle, en una carta que envía al general Roca fechada en General Conesa, le informa que: "[...] como se el gran interés que siempre tiene V.E. por el adelanto de las fronteras me voy a permitir hablar de la

Incluso el propio Gobernador, viendo la falta de respuestas a sus pedidos, en marzo de 1881 vuelve a insistir una vez más ante las autoridades nacionales mostrándose sumamente preocupado por el estado embrionario en que todavía se encontraba la colonia a casi dos años de su creación, situación que él mismo atribuía a la falta de recursos ya que en todo el tiempo transcurrido desde su fundación, según Barros, sólo le habían sido entregados a los colonos indios para realizar las tareas agrícolas cincuenta bueyes y veinticinco arados.[92]

Paradójicamente, mientras el propio Gobernador de la Patagonia y otros funcionarios nacionales, como hemos visto, atribuían el fracaso de la experiencia a la propia desidia gubernamental, por lo contrario algunos militares, tal el caso del ya entonces general Vintter, con otra mirada ideológica, entendieron que tal fracaso se debía al de los métodos de trabajo y educación allí empleados como forma de integrar a los indígenas a la civilización, por lo que lisa y llanamente plantearon la disolución de la colonia.

Para la misma época en que enviaron sus apreciaciones Álvaro Barros y el comisario Belisle, el general Vintter también se comunicaba con el ministro de Guerra y Marina enviándole un detallado informe sobre el estado en que se encontraba el referido asentamiento y en el que le describía el atraso que sufría, ya que, según el juicio de este

---

de Conesa. Esta colonia que está a la margen sur del río Negro está situada por la elevación del terreno en que se encuentra, segura de los desbordes del río.

Pero les falta la distribución de las tierras a los indios que la pueblan, pues ellos una vez que la tengan en propiedad y en la forma en que se da a los demás colonos pueden tener grandes sementeras de trigo, cebada y maíz suficiente para proveer toda la línea de frontera y que será una necesidad para el forraje de los caballos en invierno y su conservación. Les faltan útiles de labranza y semillas que se les da a todos los colonos y que estos no tienen [...]", carta del comisario Pablo Belisle al general Julio A. Roca del 9 de abril de 1881. En el Archivo General de la Nación, Archivo Roca, legajo 14.

[92] Informe elaborado por el Gobernador de la Patagonia, coronel Álvaro Barros. Buenos Aires, 23 de abril de 1881. En el Archivo General de la Nación, Archivo Roca, legajo 14.

oficial, a pesar de haber transcurrido un largo tiempo desde su creación no veía en él ningún síntoma de adelanto y, por el contrario, el estado y el tipo de las viviendas de los pobladores, la irregularidad en el trabajo y el abandono de la educación de los niños eran pruebas palpables y demostrativas de que los indígenas allí instalados seguían manteniendo sus antiguos hábitos nómades y salvajes, por lo que esta experiencia colonizadora no había cumplido con los fines perseguidos con su creación: la transformación de los indígenas, esto es la desaparición de los usos y costumbres que los mismos traían del desierto y su sustitución por los propios de la civilización.

Finalmente, Vintter aconsejaba que para revertir este fracaso y hacer que los indígenas se incorporaran efectivamente a la vida civilizada era necesario que el gobierno nacional procediera inmediatamente a la disolución de la colonia, distribuyendo a los hombres útiles como mano de obra en los distintos establecimientos ganaderos o concediéndoles permiso para que se emplearan en las chacras y estancias vecinas en calidad de peones jornaleros, pues de esta forma, sostenía Vintter, al tener que atender a su subsistencia los haría forzosamente trabajadores.[93]

Si bien el gobierno nacional no llevó a cabo las recomendaciones hechas por el coronel Vintter tampoco suministró la ayuda necesaria pedida por el gobernador Barros, por cuanto los colonos indígenas de General Conesa siguieron postrados en la indigencia por falta de recursos.

A propósito del precario estado de la colonia y de las familias indígenas allí instaladas, el sacerdote salesiano Domingo Melanesio, de regreso de una de sus frecuentes incursiones misionales por el territorio patagónico, refería a sus superiores el deficiente estado en que se encontraba la misma y la difícil situación por la que atravesaban sus moradores.

---

[93] Carta del coronel Lorenzo Vintter al ministro de Guerra y Marina, del 1 de septiembre de 1880, en el Archivo General de la Nación, Archivo Vintter, 10-6-20.

> En los quince días que pasé en Conesa vi mucha miseria por haber suspendido el Gobierno de la República las raciones de alimento a todos los indios, menos a los pocos destinados a los servicios públicos.
>
> Tal ración consistía en tres libras de carne, cuatro onzas de arroz, cuatro de pan o galleta, sal, tabaco y otros géneros. Usted podrá comprender cuanto han debido sufrir estos pobres infelices, principalmente los niños huérfanos o abandonados y los viejos. Era una escena que rompía el corazón. Traté de ayudarlos con todos los medios pero no lo conseguí […].
>
> Me puse primeramente de acuerdo con el Alcalde y mandamos un telegrama al Gobernador del Territorio, describiéndole la indigencia extrema de esta colonia, y el peligro de muchos de morir de hambre. El Gobernador le agregó su firma y lo mandó al presidente, pero hasta ahora no hemos tenido respuesta […].[94]

Lamentablemente, pese a los esfuerzos y preocupaciones tanto del Gobernador de la Patagonia como del misionero salesiano, la colonia General Conesa siguió languideciendo en la pobreza y despoblándose paulatinamente ante la indiferencia oficial.

A fines de la década de 1880 nuevamente el sacerdote Melanesio, en un informe enviado a sus superiores en la orden, se refería al estado del asentamiento y afirmaba que éste —que contaba en la época de su fundación con centenares de familias— con el paso del tiempo fue despoblándose paulatinamente, hasta quedar reducido en ese momento a un vecindario insignificante. Esto se debía principalmente, según su juicio, a la falta de preocupación oficial y a la impericia y poca honestidad de ciertos funcionarios encargados de su administración, hecho que provocó en definitiva la dispersión de la mayoría de las familias indígenas destinadas en un principio a su poblamiento.[95]

---

[94] Informe del sacerdote salesiano Domingo Melanesio. En *Bollettino Salesiano*, Turín, Congregación Salesiana, julio de 1883.

[95] Epistolario del padre Domingo Melanesio. En el Archivo Salesiano de Buenos Aires, año 1889.

Fracasada esta primera experiencia oficial, igualmente algunos funcionarios nacionales y la propia Iglesia —preocupada por el destino final de los indios sometidos— siguieron insistiendo en la implantación de este sistema de colonias indígenas. Uno de sus principales sostenedores fue el coronel Álvaro Barros, tal cual ya hemos apreciado apasionado estudioso de los problemas de frontera y de la cuestión indígena.

A principios de 1881, en un nuevo informe elevado al gobierno nacional, Barros volvía a insistir sobre la conveniencia de ubicar a los indígenas reducidos en colonias agrícola-ganaderas, aunque esta vez las mismas aparecían con algunas modificaciones respecto de su proyecto anterior, pues ahora entendía que debían estar integrada por indígenas pero acompañados de colonos europeos, de modo que el contacto con estos permitiera a los primeros asimilar más rápidamente los conocimientos sobre las técnicas agrícolas.[96]

Sin embargo, esta insistencia de Barros chocó con la indiferencia de las autoridades de turno que nunca dieron respuesta a su iniciativa.

Los proyectos salesianos

La Iglesia católica había estado presente desde tiempo atrás en la cuestión indígena a través del accionar del Arzobispo de Buenos Aires, monseñor Aneiros, quien con su secretario monseñor Espinosa y la colaboración de sacerdotes lazaristas llevaban adelante una política evangelizadora, especialmente entre las comunidades amigas de los caciques Catriel, Coliqueo, Railef y Melinao.[97] Pero es, sin lugar a duda, la llegada primero a Buenos Aires (1876) y luego a la Patagonia

---

[96] Informe del Gobernador de la Patagonia, coronel Álvaro Barros. Buenos Aires, 23 de abril de 1881, en el Archivo General de la Nación, Sala VII, legajo 971.

[97] Las misiones llevadas a cabo por los sacerdotes lazaristas Salvaire, Savino y Birot, a partir de las gestiones de monseñor Aneiros en la etapa inmediatamente anterior a la campaña de Roca son, entre otras realizadas en 1874 entre los indígenas de la tribu del cacique general Cipriano Catriel, la realizada ese mismo año en Los Toldos, el viaje apostólico realizado por el reverendo Salvaire en 1875 a la tribu de Namuncurá en Salinas Grandes y, finalmente, las misiones

(1879) de los misioneros salesianos lo que implica una nueva y mayor relación de la Iglesia con la cuestión indígena y con el destino final de los indios sometidos.

Las "revelaciones" sobre la Patagonia y sus habitantes que habría tenido en sueños Juan Bosco como premonitorias de la futura acción en el territorio austral de los misioneros por él organizados —a las que se refieren algunos de sus biógrafos—, también se inscriben en el marco del empeño evangelizador que por esos años emprende la Iglesia católica a lo largo y ancho del mundo.

Incluso el propio Juan Bosco, fundador de la orden salesiana, reconoce explícitamente que sus sueños contribuyen a organizar la futura estrategia evangelizadora en el mundo. No es casual, entonces, que a los "salvajes" que aparecen en sus revelaciones oníricas no los pueda ubicar geográficamente sin equívoco en un primer momento, y crea primero que son habitantes de Etiopía, luego naturales de Hong Kong, más tarde gente de Australia y de la India, y recién los identifica cabalmente como indígenas de la Patagonia cuando recibe en 1874 la invitación de monseñor Aneiros, Arzobispo de Buenos Aires, para enviar misioneros a la Argentina.[98]

Pero además, estas revelaciones oníricas de Don Bosco son algo más que sueños y, como sostiene Vianni Blengino:

> El sueño, más que una profecía es la visión materializada en imágenes de una hipótesis sobre la Patagonia que, como todas las hipótesis científicas, políticas y militares se adecua a la lógica incesante del progreso. La evangelización seguirá la ruta del desarrollo económico sobre las huellas trazadas por los fusiles Remington. Los

---

en la Patagonia del sacerdote Emilio Savino concretadas en la construcción de escuelas e internados en Carmen de Patagones en 1877.

[98] En realidad quien realiza las primeras gestiones para la llegada a nuestro país de los miembros de la orden que conducía Don Bosco es el cónsul argentino en Savona, Juan Bautista Gazzolo, interesando en ello al Arzobispo de Buenos Aires quien, luego de evaluar positivamente la propuesta, concreta formalmente la invitación.

salesianos coinciden con Moreno, Ebelot, Roca, Barros, Sarmiento
–hombres con intereses culturales y políticos a menudo opuestos a
los de ellos– en percibir la naturaleza y la humanidad del presente
de la Patagonia como del significante de una carencia que pronto
será colmada.[99]

Es decir, un carácter positivista habría permeado los sueños de
Juan Bosco, y la caracterización de los indígenas como salvajes que
necesaria y fatalmente van a desaparecer ante la fuerza incontenible
de la civilización coincide con el pensamiento de la época, y se va a
trasladar luego a toda la empresa misionera salesiana en la Patagonia.
En este sentido es que algunos fragmentos de los sueños de Don Bosco
resultan por demás ilustrativos acerca de la visión que él mismo tenía
del territorio y de los indígenas que lo habitaban: "Me pareció que me
encontraba en una región salvaje y totalmente desconocida", relata,
e inmediatamente agrega: "Era una inmensa llanura, toda inculta, en
la que no se divisaban ni montes, ni colinas. Pero en sus confines,
lejanísimos, se perfilaban escabrosas montañas".

En cuanto a los naturales que poblaban aquella "inmensa llanura",
sus características fisonómicas, sus movimientos, posturas y disposición de ánimo, incluso las asumidas ante la aparición de los evange-
lizadores en la revelación onírica de Don Bosco, escribe su biógrafo
Giovanni Lemoyne:

> Turbas de hombres recorrían la llanura. Estaban casi desnudos y eran
> de una estatura extraordinaria, de aspecto feroz, cabellos híspidos
> y largos, tez bronceada y negruzca, y cubiertos sólo con amplias
> capas hechas con pieles de animales, que le caían de los hombros.
> Sus armas eran una especie de larga lanza y boleadoras.
>
> Estas turbas de hombres, esparcidas acá y acullá, ofrecían al espec-
> tador escenas diversas; algunas corrían dando caza a las fieras; otros
> llevaban en las puntas de las lanzas pedazos de carne sanguinolenta

---

[99] Blengino, Vanni, *La zanja de la Patagonia. Los nuevos conquistadores: militares,
científicos, sacerdotes y escritores*. Buenos Aires, FCE, 2003, pp. 124-125.

> [...] cuando he ahí que aparecen desde los confines de la llanura muchos personajes, que, por la indumentaria y por el modo de obrar, conocí que eran misioneros de varias ordenes religiosas.
>
> Estos se acercaron a los bárbaros, para predicar la religión de Jesucristo. Yo los observaba bien; pero no conocí a ninguno. Fueron a colocarse en medio de los salvajes, pero los bárbaros, apenas los vieron, con furor diabólico, con un placer infernal, les saltaban encima, los mataron y con inhumana saña los descuartizaron los cortaron en pedazos y clavaron los trozos en la punta de las lanzas.[100]

Como se desprende del relato, la imagen que Don Bosco tendría a través de sus sueños de la Patagonia y de sus primitivos habitantes en muy poco o nada difería de la que tenían políticos, científicos y militares de los sectores predominantes de la sociedad local de entonces. Como estos, probablemente, también él creería que tanto el territorio como el paisaje y los individuos necesariamente debían sufrir una profunda transformación y que esa era la tarea que llevarían adelante sus misioneros a través de la acción evangelizadora.

Pero si el pensamiento salesiano es coincidente en términos generales con el de la elite dirigente sobre la necesidad de transformar al indígena acercándolo a la civilización, en cambio, las diferencias se ahondan en cuanto se plantea el método a utilizar para llevar a cabo esa metamorfosis. A diferencia del sistema elegido por las autoridades nacionales, los salesianos entendían que la mejor forma de incorporarlos a la civilización era a través de la fundación de colegios y hospicios en los principales centros urbanos de la Patagonia, donde tendrán cabida principalmente los niños y jóvenes indígenas para "instruirlos, educarlos cristianamente; y luego, por su medio y con ellos, penetrar en aquellas regiones inhóspitas

---

[100] Lemoyne, Giovanni Battista, "Memorie biografiche di Don Giovanni Bosco" (Vol. X pp. 53-54), transcripto por Extraigas, Raúl, *Los salesianos en la Argentina*, Buenos Aires, Plus Ultra, 1969, Vol. I, pp. 23 y 24.

para llevar y difundir la luz del Evangelio y abrir así la fuente de la verdadera civilización y del verdadero progreso".[101]

A partir de esta estrategia, una vez instalados en nuestro país, los misioneros salesianos comenzaron su labor marchando con las fuerzas expedicionarias del general Roca a cumplir su tarea de evangelizar a los indígenas reducidos y, concluida la etapa bélica, volcaron sus esfuerzos a intentar incorporar a los indígenas sometidos no sólo a través de la instalación de una serie de hospicios y escuelas de artes y oficios sino, también, procurando plasmar bajo su dirección la conformación de colonias agrícola-ganaderas. Uno de los primeros misioneros salesianos en llegar al país, el sacerdote Santiago Costamagna, aún en plena campaña del general Roca, ya proyectaba este tipo de solución con los indígenas que eran reducidos.[102]

Sin embargo, será otro sacerdote de la orden, José Fagnano, el verdadero motor que impulsará la búsqueda de una solución —desde la óptica clerical— al problema de la incorporación social, cultural y económica de los indígenas del sur del territorio. Monseñor Fagnano, al igual que el coronel Álvaro Barros, era un ferviente partidario del sistema de colonias mixtas. Para ello ideó una serie de proyectos que contemplaban la formación de colonias autónomas compuesta por aborígenes y colonos blancos dirigidos y administrados por sacerdotes de la orden; algo similar a las reducciones guaraníes que los jesuitas habían instalado algunos siglos atrás.

Así, apenas instalado en Carmen de Patagones, el misionero salesiano se abocó febrilmente a la tarea de estructurar y dar forma a un primer proyecto de colonia mixta agrícola-ganadera, contando

---

[101] Ídem.

[102] "Oh! Come serebbe providénciale por tutti cuesti poveretti, se noi Salesiani avessimo una Casa Madre della Misión qui in Patagones, e mentra y nostri chierici si prendessero cura delle scuole del paese, y pretti percorressero le varie colonuie e tribu del deserto [...]", en *Bollettino Salesiano*, periódico de la Pia Unione dei Coperatori di Don Bosco. Turín, 1879.

para ello con la colaboración de un conspicuo compatriota suyo, el explorador y viajero genovés Antonio Onetto.[103]

Onetto (en alguna bibliografía escrito su apellido con una única te) era un profundo conocedor de la región patagónica y de sus primitivos habitantes, conocimiento que había adquirido dada su condición de capitán de buques mercantes, a través de la función de comisario de la colonia galesa de Chubut y en innumerables viajes de exploración a las tierras australes; además, el tema de las reducciones indígenas no le era desconocido. Ya a principios de 1875, mucho antes de que se iniciara la definitiva ocupación de los territorios indígenas, en una carta que envía a monseñor Juan Cagliero proponía instalar con indígenas de las comunidades tehuelches del lugar una colonia a orillas del río Chubut.

En esa carta, Onetto señalaba que ya había establecido contacto con uno de los jefes de esas parcialidades, el cacique Foyel, quien le

---

[103] Oriundo de la ciudad de Chiavari, próxima a Rapallo en la región de la Liguria, este capitán mercante graduado en Génova y pionero italiano llegó a Buenos Aires a fines del año 1868 instalando una compañía de navegación trasatlántica que llevó por nombre "La Italo-Argentina", y realizó algunos viajes comerciales entre puertos de Europa y América. Sin embargo la empresa no dio los frutos esperados y al cabo de un tiempo Onetto desistió de la misma y optó por dirigir sus pasos hacia el sur de nuestro territorio. El Poder Ejecutivo lo nombró, el 13 de diciembre de 1875, comisario de la colonia galesa del Chubut, donde permaneció desempeñando esas funciones por espacio de cinco años. Declarado cesante luego de los conflictos políticos del mitrismo, fue autorizado dos años después por el Gobierno nacional a instalar una colonia en la desembocadura en el océano Atlántico del río Deseado, en la actual Provincia de Santa Cruz, proyecto que fue puesto en práctica a mediados de 1884 cuando junto a un reducido número de familias y en dos pequeñas embarcaciones llegó a ese puerto y, a pesar de la escasez de medios y de lo riguroso del clima, pudo instalar una colonia que fue prosperando lentamente. Sin embargo, Onetto no pudo ver el resultado final de su obra, ya que seriamente quebrantada su salud falleció en junio de 1885. Tomado de Cutolo, Vicente, *Nuevo diccionario biográfico argentino*, Buenos Aires, Elche, 1971, tomo V, p. 169.

había manifestado que estaba dispuesto a terminar con la vida nómade y a pasar con su gente a integrar una colonia bajo la dirección de los misioneros salesianos.[104]

Volviendo al proyecto inicial de monseñor Fagnano digamos que, una vez establecida la reglamentación que debía regir a la colonia —y su ubicación, que sería en algún punto de la Bahía de San Sebastián, en Tierra del Fuego—, en el mes de abril de 1880 Onetto se trasladó a Buenos Aires y presentó el proyecto a las autoridades nacionales correspondientes, a la vez que hacía llegar copias del mismo al delegado Apostólico de la Santa Sede y al Vicario General del Arzobispado con el fin de interesarlos en la iniciativa.

Aparentemente, y según expresiones del propio Antonio Onetto, las negociaciones estaban bien encaminadas cuando sobrevino en 1880 la revuelta del gobernador Carlos Tejedor contra la federalización de la capital de Buenos Aires, y el proyecto quedó paralizado envuelto en las represalias políticas que desató el gobierno nacional. Incluso el mismo Onetto pagó caro su alineamiento político con el Gobernador porteño, ya que fue destituido de su cargo de comisario en Chubut por no acatar el decreto de Avellaneda que había ordenado el traslado de todos los funcionarios de la jurisdicción a la sede provisoria del gobierno nacional, en el entonces Municipio de Belgrano, pueblo aledaño a la gran ciudad.

En realidad el proyecto de colonias indígenas no sólo había sido jaqueado por los cimbronazos políticos, sino también por la propia decisión gubernamental hostil a este tipo de emprendimientos y que ya era explícita antes de desatarse el movimiento de Tejedor en 1880 contra la federalización. En este sentido resultan reveladoras las afirmaciones que monseñor Costamagna realiza en su carta a Don Bosco de mediados de 1879 respecto de la actitud del Gobierno,

---

[104] Carta de Antonio Onetto a monseñor Cagliero. En *Memorie Biografiche di Giovanni Bosco*. Turín, Società Editrice Internazionale, Vol. XII, p. 259.

cuando afirma: "El Gobierno, que se ha hecho fuerte por las últimas conquistas, no quiere saber nada de misiones".[105]

Mientras tanto, y a pesar de este fracaso inicial, Onetto no se da por vencido y una vez calmados los ánimos vuelve a insistir ante el Ministerio del Interior, con el fin de que se lo repusiera en su cargo y se le autorizara a llevar adelante una expedición colonizadora a Tierra del Fuego.[106] La respuesta oficial fue nuevamente negativa, aduciendo el Ministerio la escasez de fondos disponibles para poder financiar una expedición de ese tipo.

Ante las infructuosas gestiones llevadas a cabo en el plano oficial, el ex comisario de la colonia galesa volcó sus esfuerzos hacia la constitución de una sociedad de cooperadores –y, para ello, redacto una suerte de estatuto– que tendría como objetivo principal recaudar fondos para el establecimiento y sostenimiento de una futura misión católica. De esta forma, entendía Onetto, se garantizaba que la ésta estuviera libre de toda sujeción que no fuera la de la Sacra Congregatio de la Propaganda Fide (desde 1988, papado de Juan Pablo II, Congregación para la Evangelización de los Pueblos).

Paralelamente y desde otro ámbito, sin amedrentarse por el fracaso anterior, el salesiano Fagnano seguía con su plan de colonias indígenas. Así, en la ocasión con la colaboración del canónigo Luis J. de la Torre y Zuñiga –entonces cura párroco de la iglesia De la Concepción–, elaboró un nuevo proyecto al que procuraría asentar en la península de Valdez y cuyas bases principales eran las siguientes: el Gobierno tendría que entregar los indios, que en esos momentos estaban bajo su tutela, a las Damas de la Misericordia de San José; éstas colaborarían en el racionamiento y mantenimiento

---

[105] Romero Sosa, Carlos, "Historia de la Provincia de Formosa y sus pueblos (1862-1930)", en Academia Nacional de la Historia, *Historia de la Argentina Contemporánea*, Buenos Aires, El Ateneo, 1967, p. 207.

[106] Nota presentada por Antonio Onetto en el Ministerio del Interior el 28 de octubre de 1880. En Archivo General de la Nación, Sala VII, año 1880, expediente 3774.

de los indígenas durante los primeros años de funcionamiento de la colonia; y la administración estaría a cargo de un sacerdote designado por el propio Gobierno.[107]

El proyecto y su correspondiente estatuto fueron entregados por Fagnano al presidente Roca y a su ministro del Interior, Antonio del Viso, a quien le entregó además una propuesta consistente en la reunión de las familias dispersas de indios pampas en una colonia a levantarse en las inmediaciones del Fuerte Argentino (Sauce Chico, actual Partido de Tornquist, sur de la Provincia de Buenos Aires). Para ello, el Gobierno debía entregar una fracción de terreno de veinte kilómetros cuadrados y adelantar el importe de las raciones correspondientes según el número de familias indígenas que se reunieran. Para la distribución de las tierras, el funcionamiento interno de la colonia y la relación con el propio gobierno nacional, Fagnano proponía los siguientes lineamientos:

En primer lugar, la distribución de los terrenos se haría de acuerdo a lo estipulado por la Ley de Colonización de octubre de 1876. La dirección y administración de la colonia estaría enteramente a cargo del superior religioso de la Misión. Él debería rendir cuenta cada año del adelanto moral y material de la colonia. El gobierno nacional tendría la obligación de auxiliar siempre que esto le fuera requerido por el superior religioso. Ninguna persona podría establecerse en el radio de la colonia ni expender mercaderías sin previo permiso del superior de la Misión. El gobierno nacional, de acuerdo con Su Santidad Ilustrísima, podría nombrar un comisario para verificar el estado de la Colonia. El régimen interno de la colonia sería según las leyes de la República. Transcurrido un período de diez años del establecimiento de la colonia el gobierno nacional y la autoridad eclesiástica podrán libremente nombrar a sus respectivas autoridades. Finalmente

---

[107] Extraigas, Raúl, *El padre Fagnano: el hombre, el misionero*, San Isidro, Escuela Tipográfica Salesiana, 1945, p. 126.

el proyecto preveía que el Gobierno ayudaría al establecimiento de los colegios para niños y niñas.[108]

Las tratativas y negociaciones llevadas a cabo por monseñor Fagnano con distintos funcionarios y el propio ministro Del Viso no arrojaron resultados favorables, por eso decide apelar a una instancia superior y procura interesar en el proyecto al propio Presidente de la nación.

La respuesta de Roca prometiendo interceder ante el ministro Del Viso sobre la exploración de la Península Valdés, y ante el ministro de Justicia, Culto e Instrucción Pública para que su ministerio contribuyera económicamente con la obra del templo de Carmen de Patagones[109] volvió a entusiasmar a monseñor Fagnano, quien en una nueva misiva al Presidente completa la información acerca de su proyecto:

> He adquirido noticias muy buenas respecto a los puertos sur y norte del istmo de Península de San José *(sic)*, puertos seguros, con bastante fondo y capaces de albergar miles y miles de buques y de cualquier calado.
>
> El Jefe de Tierras y Colonias D. Enrique Victorica se expidió favorablemente a la oportunidad de la exploración sobre mi petición, que elevó al Ministerio del Interior.
>
> Si S.E. habla con el Ministro, yo creo un hecho la exploración y se hallaran los terrenos aparentes para la agricultura y para el pastoreo, será también un hecho la conversión de los indios a nuestra fe y a la civilización aceptando el Gobierno el proyecto presentado [...][110]

---

[108] Expediente iniciado por monseñor José Fagnano en el Ministerio del Interior el 8 de febrero de 1881. En el Archivo General de la Nación, Sala VII, año 1881, expediente 378.

[109] Carta del general Julio A. Roca a monseñor José Fagnano del 15 de marzo de 1881. En la revista *Argentina Austral*, número especial, septiembre de 1967.

[110] Carta de monseñor José Fagnano al general Julio A. Roca. Buenos Aires, 6 de abril de 1881, en Archivo General de la Nación, Archivo Roca, legajo 14.

Sin embargo, y más allá de las promesas del propio general Roca, los proyectos del salesiano no llegaron a tener eco favorable pues chocaron, una vez más, con la intransigencia del ministro Del Viso y con un clima de ideas hostil a todo lo que tuviera que ver con la Iglesia católica, caracterizado éste por un fuerte anticlericalismo del que no eran ajenos numerosos funcionarios y políticos del Gobierno así como cierta prensa porteña. Es el caso de *El Librepensador*, órgano de la masonería argentina, y *La Tribuna Nacional*, vocero oficioso del Gobierno central, periódicos que llevan adelante una fuerte campaña contra el accionar de la Iglesia y de sus representantes, tal cual lo refleja el siguiente editorial publicado por el segundo de ellos:

> El clericalismo avanza sin obstáculo y nadie se preocupa de ello. La política activa, casi puede decirse frenética, que ha absorbido los espíritus más conscientes de los dos últimos años, nos ha alejado también de muchas cuestiones que no deben perderse nunca de vista, porque afectan hondamente nuestra vida, nuestra independencia, nuestra personalidad.
>
> Una de ellas –la primera de todas– es el problema de la Iglesia Católica en la sociedad argentina: predominio lento, gradual, al mismo tiempo que poderoso, arraigado poco menos que indestructible […] Entre nosotros, la Iglesia se prosterna y se arrastra ante los que mandan, con genuflexiones dignas de D. Basilio *(sic)*, por obtener un mendrugo, un dinero, una concesión de tierra, cualquier cosa, que agregar a lo ya adquirido, formando su tesoro y su fuerza con la acumulación de las pequeñas concesiones de sus adversarios.
>
> En una República, la unción de los dogmas católicos; de sus prácticas rituales, de la obediencia ciega de los hijos a la razón suprema, a la vez inapelable –el Papa– entraña peligros de todo orden, capaces de arredrar a las almas más resueltas y templadas.
>
> Hoy nadie ignora que la Iglesia ataca directamente la organización republicana, incompatible con su modo de ser y sus tendencias, creaciones antinómicas que se repelen.[111]

---

[111] Diario *La Tribuna Nacional*, Buenos Aires, 30.3.1881, p. 1.

El anticlericalismo, conviene señalar, ya estaba presente en buena parte de la sociedad argentina, especialmente en la porteña, aun antes de la llegada de los salesianos al país. Hizo eclosión a mediados de la década de 1870 cuando también se dirimían conflictos político-religiosos entre colectividades inmigrantes de diferenciado éxito en la construcción capitalista, y el gobierno de Avellaneda devolvió la iglesia de San Ignacio a la orden jesuita que por entonces, reinstalada tras un siglo de expulsión, había creado y dirigía el Colegio del Salvador de Buenos Aires. Hubo desmanes y activistas masones promovieron ataques a la Catedral y la residencia del arzobispo católico y diputado autonomista León Aneiros, y un incendio en el referido colegio.

Sin duda, el furor anticlerical es sólo una arista extrema de un debate mucho más amplio y significativo que ocupa buena parte de la década de 1880 y que gira en torno a las reformas liberales, debate que genera enfrentamientos entre el Estado y la Iglesia e incluso en buena parte de la sociedad. En efecto, las medidas tomadas por el Estado instaurando el matrimonio civil y la educación pública laica generan una significativa discusión que moviliza y divide a la opinión pública entre aquellos defensores del viejo legado eclesial y quienes se muestran fervorosos adherentes de una nueva fe cimentada en el progreso racionalista.

El Estado, a través de estas medidas, ensanchó su autonomía y potestad en detrimento de la Iglesia que aparecía en la disputa por los espacios de poder como un contrincante en franca retirada.

Naturalmente, la toma de posición del Estado del lado de los que combatían las posturas de la Iglesia va a repercutir inmediatamente en las relaciones que ambos mantienen, que se volverán cada vez más ríspidas. Esta mirada hostil hacia la Iglesia católica permea en amplios sectores del gobierno nacional y se hace más notoria cuando el propio presidente Roca decide el reemplazo de Manuel Pizarro, de orientación católica, al frente del Ministerio de Justicia, Culto e Instrucción Pública, por un abanderado del anticlericalismo y del reformismo laicista: Eduardo Wilde.

A partir de esta realidad y en el marco de estas relaciones no resulta sorprendente el fracaso de los proyectos de monseñor Fagnano, ya que en ese escenario adverso en el cual le tocaba actuar pocas probabilidades de éxito le quedaban a sus iniciativas.[112]

Años después, en 1883, otro misionero salesiano, el sacerdote Domingo Milanesio, también partidario de las colonias indígenas, plantea en una nota al vicario apostólico las ventajas de implementar ese sistema, enviándole el proyecto de erigir una colonia así en la zona de Valcheta, en el valle inferior del río Negro.

Ésta podría organizarse, proponía, de acuerdo a un reglamento que en sus principales artículos especificaba el asentamiento en aquellas tierras que por su calidad y situación permitieran el riego artificial; la superficie del terreno elegido no debería ser inferior a las ocho leguas cuadradas de extensión para poder desarrollar plenamente una colonización mixta agrícola-ganadera; y el asentamiento, hasta tanto tuviera capacidad de producción autónoma, sería sostenido por el gobierno nacional el que, además, le eximiría del pago de impuestos por un lapso de diez años.

Calculaba Milanesio que la inversión inicial del Estado para poner en marcha este proyecto sería de cinco mil pesos oro, y que de esta suma debería disponerse una parte para la compra de 200 vacunos a ser distribuidos entre las quince o veinte familias que podrían conformar la colonia.

Teniendo en cuenta que los indígenas estaban acostumbrados a una vida nómade, el misionero salesiano había pensado ocupar a los mismos, en un principio, sólo en trabajos de ganadería, tratando de que el contacto con algunas familias de inmigrantes que también se

---

[112] "Los trámites de Don Fagnano estaban cercanos a buen término como de repente todo se malogró gracias a la incidía maliciosa de ciertos señores y de ciertos periódicos francmasones, así que Don Fagnano se volvió a Carmen de Patagones disgustado [...]", carta de monseñor Santiago Costamagna a Don Bosco, Buenos Aires, 6 de marzo de 1881. En *Bollettino Salesiano*, op. cit., año 1881. p. 7.

integrarían a la colonia pudiera con el tiempo iniciarlos en los trabajos de agricultura.[113]

Sin embargo, a pesar de los esfuerzos de Milanesio, el proyecto corrió la misma suerte que en su oportunidad tuvieron los presentados por Fagnano: la indiferencia y el rechazo oficial.

La razón de estos fracasos obedece a varios factores relacionados con el tema económico –principalmente en lo que hace a la falta de apoyo estatal–, pero también con la realidad política y el clima de ideas predominantes en aquella época. Queda claro que sin financiación oficial los proyectos salesianos entraban en el terreno de la utopía, pues el único capital con que contaba la congregación en nuestro país eran su caudal religioso y su vocación de servicio. Poco se podía hacer sin el apoyo oficial y así lo entiende el arzobispo de Buenos Aires, monseñor Espinosa, cuando en carta al general Roca le recomienda que: "No se olvide de hacer que se continúe dando desde el primero de enero los trescientos fuertes mensuales que se daban el año pasado para las misiones de Patagones y Río Negro como se lo prometió a nuestro amigo D. Mariano Crespo. Confiado en ello llevé el año pasado cuatro misioneros que tienen escuela en Patagones y recorren frecuentemente todo el río Negro y uno ha ido ahora con el Gral. Villegas y cuatro hermanas de Caridad que tienen escuela en Patagones. Como aquella es tan pobre sino siguen dando eso no se podrán subsistir allí".[114]

Pero también contribuyó al fracaso de los planes de colonización de los misioneros salesianos el desconocimiento que ellos tenían de la realidad política que vivía el país en la época.

---

[113] Nota del padre Domingo Milanesio al Vicario Apostólico. En el Archivo Salesiano de Bahía Blanca, legajo Milanesio - epistolario. Citado por Pascual Paesa, *Planes y métodos en la evangelización de la Patagonia después de 1879*. En *Revista Kart-Kinka*, Buenos Aires, Junta de Estudios Históricos de Tierra del Fuego, 1971, N° 9-10, p. I-XVI.

[114] Carta de monseñor Antonio Espinosa al general Julio A. Roca del 26 de abril de 1881. En el Archivo General de la Nación, Archivo Roca, legajo 14.

Ese desconocimiento los llevaría, especialmente en el caso de monseñor Fagnano, a que cuando diseñaban aspectos normativos que hacían al funcionamiento jurídico y administrativo de las proyectadas colonias invalidaran la autoridad estatal, cosa que resultaba inaceptable para el Gobierno, no dispuesto a compartir dicha autoridad con ningún sector y menos con la Iglesia católica.

Pero, tal vez, el factor determinante para la no concreción de estos proyectos –como ya lo señalamos anteriormente– fue el pensamiento opuesto de la mayoría de los hombres que dirigían los destinos del país en cuanto a que fuera la Iglesia, con su propia metodología, a través de la formación de colonias, quien llevara adelante la incorporación de los indígenas reducidos. Por el contrario, como hemos visto, entendían que esta función debía ser llevada adelante por el propio Estado y a través del sistema de distribución.

En este sentido, desde dentro y desde fuera del ámbito oficial se van a alzar las voces de quiénes ven como un serio inconveniente la presencia de la Iglesia en el camino civilizador de los indígenas. Desde quienes sostenían, como el naturalista Carlos Spegazzini a propósito de la reducción de indígenas en Tierra del Fuego, que era "preciso que el Gobierno tome un empuje rápido y enérgico, y que mande gente a propósito para civilizar estos pueblos. No se necesitan frailes ni monjes ni curas; el indio no tiene necesidad de catecismos, tiene necesidad de aprender un modo mejor de vivir, y de lanzarse en la vía del progreso"[115], hasta también el general Vintter que, impugnando la evangelización llevada a cabo por las congregaciones religiosas, sólo acepta el sistema de reducciones a condición de que se adapten a nuestras épocas de progreso.[116]

---

[115] Spegazzini, Carlos., op. cit. p. 160.

[116] Al respecto afirmaba: "Bien sabemos que las misiones de religiosos que han procurado catequizarlos sometiéndolos a penitencia, alejándolos de sus costumbres propias, imponiéndoles prácticas penosas, nada consiguieron [...] No debemos mirar a los misioneros como meros conquistadores espirituales, sino también como temporales [...] por cuyas manos siguen o se pierden las con-

A partir de estas consideraciones no resultan equivocadas, entonces, las apreciaciones del salesiano Domingo Melanesio cuando, refiriéndose a las causas del fracaso de los proyectos de colonias expresaba amargamente: "Será bueno recordar que los salesianos al establecerse en 1879 en la Patagonia, debieron estudiar muy luego el sistema que debían aplicar en la evangelización del indio y del blanco. El de los Padres jesuitas en el Paraguay, con reducciones independientes hubiera sido el mejor; pero no fue posible, a causa de los tiempos y de los hombres de gobierno que jamás lo habrían consentido."[117]

Las repercusiones

La decisión por parte del Gobierno de aplicar el sistema de distribución con los indios tomados prisioneros o reducidos voluntariamente despertó, desde un primer momento, variadas y encontradas opiniones dentro de la sociedad porteña, muchas de las cuales fueron reflejadas por los periódicos de la época que desde su particular alineamiento lo apoyaron calurosamente o criticaron acerbamente.

Estas controversias originaron un interesante debate en el que no sólo estuvo en discusión la "distribución" sino que el mismo se extendía hacia consideraciones acerca de la situación jurídica de los indígenas y su condición de ciudadanos.

Así, por ejemplo, el matutino *La Prensa*, en su editorial del 3 de diciembre de 1878, afirmaba que se combatía al indio no para exterminarlo sino para desalojarlo del territorio que ocupaba y desarmarle su brazo para aventar cualquier peligro. Pero una vez que el indígena caía prisionero, afirmaba, era necesario auxiliarlo porque carecía de los medios indispensables para poder manejarse por sí mismo en el seno de la vida civilizada.

Más adelante se refería al método empleado y, si bien aprobaba la medida de las autoridades de colocar a los indios sometidos bajo el

---

quistas de las naciones bárbaras [...]". En Vintter, Lorenzo, "Memoria División Litoral (borrador)", en el Archivo General de la Nación, Sala X 6-21-2, p. 32.
[117] Archivo Salesiano de Buenos Aires. Legajo Milanesio, relaciones.

tutelaje de las principales familias de la sociedad porteña, expresaba su inquietud por saber en qué condiciones se entregaban los aborígenes a aquellas personas que lo solicitaban porque —según el diario— el indígena:

> No es el peón contratado, por cuanto no media el contrato previo de la locación de servicio. Tampoco es un condenado que se entrega por vía de penalidad a quien [se] encargue de hacer efectivo el castigo. No hay ley, ni juez, ni sentencia que autorice tal pena. Mucho menos es un esclavo, porque sería un crimen vergonzante autorizar la posesión del hombre por el hombre en la República Argentina. [...] En suma: el indio, dado el estado en que se incorpora a nuestra sociedad, se encuentra fuera de las leyes que rigen el estado civil de las personas [...].[118]

Finalmente, el autor del editorial, dando por sentado que los indígenas eran ciudadanos argentinos según lo declara la Constitución Nacional, propugnaba la rápida sanción de un cuerpo de normas legales que les garantizara a ellos los derechos que tenían como ciudadanos, ya que hasta ese momento el país carecía de las mismas.

Con similar orientación, pero desde una mirada impregnada por lo religioso, también el diario católico *La América del Sud* en un extenso artículo publicado a fines del mismo año, abordaba la cuestión y se preguntaba de qué manera se realizaba el reparto de los indígenas sometidos y qué fin tenía: si era tratar que esos indios fueran cristianos y ciudadanos o si, por el contrario, se los entregaba simplemente como siervos.

Además criticaba algunos aspectos de los métodos empleados, principalmente aquellos vinculados con la separación de madres e hijos porque eso importaba, según el matutino católico, quebrantar las leyes más elementales de la naturaleza. Todas estas objeciones llevaban al diario *La América del Sud* a sostener que el método empleado por el Gobierno no era el más adecuado, y en cambio creía que el

---

[118] Diario *La Prensa*, Buenos Aires, 3.12. 1878.

más apropiado para estos casos era el establecido en Estados Unidos consecuentemente con la abolición de la esclavitud. Éste consistía en el establecimiento de escuelas para negros que tenían como objeto prepararlos para la vida social, y que tenían como base de la enseñanza el conocimiento y la práctica de la religión.

El artículo remataba con una serie de propuestas que, se sostenía, incidirían positivamente en la efectiva integración de los indígenas y que pasaban necesariamente por la aplicación de los principios cristianos y católicos:

> Primero, que los indios sean evangelizados; segundo que no sean condenados a servidumbre. No queremos en la República Argentina ni bárbaros ni esclavos. La Constitución Nacional impone al Gobierno la obligación de convertir a los indios a la religión católica.
>
> Si el Gobierno da cumplimiento a la ley fundamental habremos adquirido, con la conquista del desierto, hombres y ciudadanos.
>
> Si en cambio él olvida su deber, el malón habrá cambiado el teatro solamente, y los centros civilizados verán acrecentarse el número de los delitos, porque la pampa nos habrá enviado sus crímenes, en desquite de haberle quitado las vacas y los salvajes [...][119]

Por el contrario, otro sector de la prensa metropolitana, sin plantear cuestiones tan espinosas como cuál era la condición civil de los indígenas y su situación jurídica, aplaudían calurosamente la decisión tomada. Era el caso de *El Nacional* —el diario más cercano a Sarmiento—, que a través de una extensa nota se expresaba respecto de la conveniencia del método empleado para incorporar a los indígenas sometidos. Sobre la polémica desatada por la actitud del Gobierno de distribuir a los indígenas separando violentamente a los hijos de sus madres, expresaba:

> Pocas han de ser las madres que traigan consigo pequeñuelos, que deben acompañarles siempre pero dejarles los niños de diez años

---

[119] Periódico *La América del Sud*, Buenos Aires, 3.12.1878.

para arriba, por temor de que sufran con la separación, es perpetuar la barbarie, ignorancia e ineptitud del niño, condenándolo a recibir las lecciones morales y religiosas de la mujer salvaje. Hay caridad en alejarlos cuanto antes de esa perdición.

Los niños distribuidos en las familias viven felices, porque el tratamiento que reciben, la educación en las prácticas civilizadas que les dan las cosas y las personas, los hacen confundirse bien pronto con los demás niños. Las madres salvajes no tienen autoridad alguna sobre sus hijos, que desde los ocho años pertenecen más bien a la tribu que a su madre, ni al padre [y] que poco caso hacen de ella.

Cualquiera situación que se les haga en el campo o en el servicio doméstico entre cristianos es preferible a la vida que llevan al lado de sus padres.

Que no haya raciones ni aduares de indios *(sic)*.

Que cada uno dependa de si mismo trabajando [...][120]

Sin embargo tan categóricas apreciaciones —basadas puede presumirse en un cerrado esquema teórico más que en el estudio de las propias comunidades indígenas— muchas veces no se compadecieron con la realidad, ya que ella misma se encargó de desmentir a su o sus autores, contradiciendo sus teorías.[121]

---

[120] Periódico *El Nacional*, Buenos Aires, 30.11.1878.

[121] Testimonio de esto son las noticias publicadas por los mismos periódicos porteños o por los relatos de algunos misioneros salesianos quienes describen con un vívido dramatismo las patéticas escenas que le tocaron presenciar cuando, por orden de las autoridades de turno, se procedió a separar los niños indígenas de sus progenitores: "En la Campaña de 1880-1881 y 83 contra los indios, los soldados robáronles todos sus rebaños; y si no mataban, contra el derecho de gentes, desmembraban las familias, incorporando al ejército sus hijos mayores y repartiéndose entre ellos, u ofreciendo en don a familias particulares a los más chicos, de suerte que dejaban solos al padre y a la madre sumergidos en amarga congoja y triste llanto. En el mismo pueblo de Patagones, viéndose un padre arrebatar a sus hijos por los soldados desalmados, ardiendo en súbito furor, echó mano de su último hijo, y lo estrelló contra las ruedas de un carro con tamaña violencia que por la rudeza del golpe, el cerebro, hecho pavesas

Las controversias planteadas por la adopción del sistema de distribución se extendieron no sólo durante toda la etapa de enfrentamiento militar sino también una vez finalizado el mismo. La polémica en la que se diferenciaban *La Prensa* o *La América del Sud* y *El Nacional*, como ocurría entre políticos y otros representantes de la sociedad de la época, no era sobre la necesidad o no de someter a los indígenas sino —más precisamente— sobre el modo y condición en que esos indígenas debían ser "integrados"; es decir, sobre cómo debían ser "civilizados" y quiénes debían hacerlo.

---

salpicó el suelo, mientras a voz en cuello gritaba: "Infames cristianos ¡Este no lo tendréis vivo!(…)" En Cagliero, Juan (S.D.), "El Camarujo en la Patagonia o el Culto Público del Espíritu Bueno y el Culto Privado del Espíritu Malo y su Terminación", en *Boletín Salesiano*, Buenos Aires, septiembre de 1895, Año X, N° 9 p. 211.

CAPÍTULO III
El Sistema de "distribución": su aplicación

> "Ver entrar humilde y juiciosamente a las ciudades aquellas
> muchedumbres de indios de todas las edades y sexos: distribuirse
> entre las familias, los establecimientos de educación y de indus-
> tria, instalándolos inmediatamente en la vida civilizada, era el
> espectáculo más satisfactorio y moralizador que pudiera ofrecerse
> a un pueblo civilizado: la transformación patente de la barbarie
> en la civilización, el momento visible de la significación de la
> humanidad [...]"
>
> Coronel Manuel Olascoaga (1880)[122]

La aplicación del sistema de distribución significó, en la práctica, que los indígenas reducidos fueran trasladados desde los lugares de concentración a los diferentes destinos que se les iban determinando, tales como el ejército y la marina para los varones jóvenes y adultos, las casas de familia para las mujeres y los niños, y los ingenios azucareros y demás establecimientos rurales para otros contingentes.

Como señalamos en el capítulo anterior, este sistema de distribución tenía poco de novedoso ya que, como sostienen Sabato y Romero, la utilización como mano de obra de presos y prisioneros de guerra aparece como una práctica corriente durante la segunda mitad del siglo XIX. Según estos autores, en algunas ocasiones:

---

[122] Olascoaga, M., op. cit., p. XV.

Se recurrió de manera regular al empleo de presos y excepcionalmente, cuando la ocasión lo permitía, al de prisioneros de guerra. Tal el caso de los paraguayos traídos a Buenos Aires durante la Guerra de la Triple Alianza, en la década de 1860. Los prisioneros eran puestos a cargo del Jefe de Policía, que los repartía entre los solicitantes. Estos eran casi exclusivamente hacendados del interior de la provincia, quienes los requerían para peones de campo o, en menor proporción, para sirvientes domésticos. Se registran unos pocos casos de prisioneros solicitados como peones o picadores de carretas, y alguno aislado como artesano.[123]

Si bien, al menos para el caso de Buenos Aires, no resultan originales el sistema de distribución ni la explotación de mano de obra cautiva, sí es novedoso que el sistema se aplique no sólo a los varones, como en otras ocasiones, sino que involucre a todos los miembros de las familias indígenas. Del mismo modo, el requerimiento de mano de obra alcanza al conjunto de los indígenas más allá de sexos y edades. Esta nueva realidad se relaciona con la mirada que tenían quienes idearon y pusieron en práctica el sistema, quienes considerando a los indígenas seres incivilizados sostenían necesario que todos ellos –sin distinción de sexo o edad– debían ser incorporados como fuerza de trabajo, es decir, ocupados en algo para que desarrollaran niveles de civilización.

De manera tal que, a medida que los contingentes indígenas arribaban a Buenos Aires y otras ciudades, eran inmediatamente distribuidos en los diferentes destinos. Las mujeres, los ancianos y los niños en las casas de familias porteñas; los varones aptos para ello en unidades del Ejército y de la Marina y en otras ocasiones en establecimientos rurales bonaerenses, mientras que algunos contingentes fueron reubicados en provincias como Entre Ríos y Tucumán y fueron empleados como mano de obra en distintas tareas.

Sin embargo, el sistema de distribución adoleció de una serie de irregularidades que se evidenciaron apenas se puso en práctica, y que

---

[123] Sabato, Hilda y Luis Alberto Romero, *Los trabajadores de Buenos Aires. La Experiencia del Mercado. 1850-1880*, Buenos Aires, Sudamericana, 1992, p. 176.

lo convirtieron más en un instrumento de "explotación" que de civilización. La carencia desde el principio de una legislación clara sobre quiénes estaban encargados de ese reparto, además de las continuas transgresiones de los propios funcionarios estatales y aquellos que recibían indígenas priorizando intereses diferentes a los que habían dado razón al sistema, derivo en una serie de abusos oportunamente denunciados por la prensa de la época. Finalmente digamos que los resultados de esta experiencia fueron disímiles y contradictorios, porque si bien el sistema logró su objetivo en cuanto a la desaparición del indígena en términos culturales –y en pocos años su figura estereotipada de "salvaje hijo del desierto" se desvanece para dejar paso a otra que lo muestra como un humilde y anónimo ciudadano–, la nueva situación distó de mejorar su condición y, por el contrario, en algunos casos, se evidenció como instrumento de desaparición no sólo cultural sino también física.

El largo y tortuoso camino hacia la "civilización"

Aunque en meses anteriores llegaron en forma aislada algunos indios tomados prisioneros en el desierto, especialmente de la comunidad del cacique Catriel, fue a partir del segundo semestre de 1878 que comenzaron a afluir en forma regular hacia la ciudad de Buenos Aires y hacia algunas otras capitales de provincia los contingentes de indígenas reducidos.

Para aquellos que eran enviados a Buenos Aires y partidos aledaños el itinerario a recorrer era el siguiente: si el traslado se hacía por tierra, los indios reunidos en la frontera eran transportados generalmente por particulares que, mediante un contrato celebrado con el Gobierno, se obligaban a trasladar los distintos grupos de prisioneros desde el escenario de la lucha hasta las terminales de ferrocarril donde se los embarcaba rumbo a la capital portuaria.[124]

---

[124] Las siguientes notas nos ilustran al respecto: "Agustín Vidal ante V.E. expone: Que en merito a lo convenido verbalmente con V.E. sobre el transporte de los indios prisioneros en Guaminí; hasta el Bragado; vengo a precisar mi propues-

Si, en cambio, el traslado se efectuaba por mar, los indios eran conducidos hasta los puertos de embarque –que eran generalmente Carmen de Patagones o Bahía Blanca, aunque algunas veces también se utilizó Puerto Deseado– y desde allí se los transportaba hasta el punto de desembarco ubicado en la boca del Riachuelo.

Al llegar a destino los prisioneros permanecían un corto tiempo en la ciudad, ya que casi inmediatamente eran reembarcados y llevados a la isla Martín García donde eran alojados a la espera de su posterior distribución.

Cabe señalar que, a partir de julio de 1879, cuando creció significativamente la cantidad de indígenas arribados a la ciudad comenzaron a utilizar otros lugares de concentración tales como los cuarteles de Palermo y de Retiro, y un corralón municipal ubicado en el barrio de Once.

---

ta en los siguientes términos. Me comprometo a conducir hasta el pueblo de Bragado todos los indios prisioneros en Guaminí; dándoles la manutención que necesiten por el precio de quince pesos fuertes $15, cada uno. Ocho días después de aceptarse esta propuesta me pondré en marcha con todos los elementos necesarios, para el lleno de mi cometido. El pago se hará por Comisaría de Guerra a la presentación del recibo de la persona encargada por V.E. de recibirlo en dicho punto. Agustín Vidal. Marzo 24 / 79. Aceptada - Comuníquese a la Comandancia Gral. de Armas y Contaduría Gral. a sus efectos. Roca" *(sic)* Nota del Sr. Agustín Vidal al ministro de Guerra y Marina, del 7 de marzo de 1879. En Ministerio de Defensa. División Archivo. Organización Nacional. Caja 72. Leg. 19.597; también: "He celebrado contrato para la conducción de indios prisioneros hasta Chivilcoy con arreglo a las bases que V.E. me indica, es decir, 20 fuertes para los mayores de doce años, y medio pasaje por los menores de cinco. Los más chicos no pagaran pasaje. La caballada de esta División no podrá transportarlos más allá de Trenque Lauquen y eso exponiéndose a quedarse a pie. El contratista los conducirá, abastecerá y entregará a la orden de V.E. en Chivilcoy, a fines del mes de julio, pues debe ir muy despacio por las innumerables criaturas que llevaron [...] Coronel Lagos. Aprobado. Avísese a la Comandancia General de Armas. Contaduría General y publíquese. Luís María Campos" *(sic)* Nota del coronel. Hilario Lagos al ministro de Guerra y Marina del 17 de junio de 1879. En Galíndez. B., op. cit., p. 150.

¿Cuántas personas de las distintas comunidades indígenas fueron trasladadas desde la frontera a Buenos Aires mientras duró el proceso de ocupación militar? Es un interrogante difícil de responder debido a la falta de información oficial precisa que determine exactamente la cantidad y composición numérica de los diferentes contingentes indígenas enviados. Sin embargo, a partir de la recopilación y comparación de la información publicada en diferentes periódicos sobre el tema —y sumando la fragmentaria información existente en los diferentes repositorios oficiales y los testimonios dejados por los testigos de la época—, estamos en condiciones de afirmar que más de cinco mil indígenas, tal cual se consigna en el siguiente cuadro, transitaron el largo camino desde su lugar de origen allende "las fronteras" a los barracones de la isla Martín García, o hacia otros puntos de concentración instalados en la ciudad porteña.[125]

Cuadro 2

Cantidad de indígenas arribados a la ciudad de Buenos Aires desde 1878 a 1885

Año	Cantidad
1878	1805
1879	2403
1880	131
1881*	44
1882*	54
1883*	60
1884*	68
1885	445
Total	5010

* El escaso número de indígenas arribados a Buenos Aires que se consigna para los años 1881, 1882, 1883 y 1884 obedece exclusivamente a la falta de información disponible para estos años.

---

[125] A esta cifra debemos agregar aquellos indígenas que fueron distribuidos en otras provincias por donde pasaba la línea de frontera, tal los casos de Mendoza, San Luis y Córdoba o los que fueron enviados directamente a Tucumán y Entre Ríos sin pasar previamente por Buenos Aires. Todo esto, indudablemente incrementa sensiblemente esa cantidad.

Fuente: Elaboración propia en base a cifras extraídas de diferentes periódicos, de las que aparecen en los documentos oficiales y de las proporcionadas en testimonios de la época.

Como ya señalamos, el principal destino de tránsito de los indígenas fue la isla Martín García. Mientras permanecían allí debían soportar un tratamiento riguroso y sus condiciones de vida eran paupérrimas. Estas duras condiciones estaban en directa relación con la condición de prisioneros de guerra que le adjudicaban las autoridades militares, condición ésta que iba más allá de las circunstancias en que habían quedado sometidos a estas autoridades; es decir, si habían sido apresados en combate o se habían presentado voluntariamente el estatus de ellos era similar. Tanto a unos como a otros se los consideraba prisioneros de guerra y como tal eran tratados.

La situación de estos indígenas en Martín García –caracterizada por el hacinamiento, la mala alimentación y la falta de higiene– hizo que muy pronto se desatara una pavorosa epidemia de viruela que por la carencia de medidas profilácticas rápidamente provocó estragos en la población allí reunida. Ante la virulencia y la propagación que adquirió la enfermedad y gracias a las gestiones del Arzobispo de Buenos Aires monseñor Aneiros marchó a la isla un grupo de sacerdotes y religiosas con el fin de colaborar en el auxilio de los enfermos que se multiplicaban a medida que se expandía el brote epidémico.[126]

El vívido relato que realizó el grupo respecto de las condiciones en que se encontraban los indígenas explicó el alto nivel de mortandad que la viruela produjo entre ellos. Alrededor de doscientas cincuenta personas, calcularon los religiosos, murieron durante el brote epidémico.

---

[126] Los sacerdotes José Birot y Juan Cellerié que se trasladaron a Martín García pertenecían a la orden de los lazaristas, mientras que las monjas pertenecían a la congregación Hijas de la Caridad: sor Isabel Mercier, sor Delfina George y sor María de la Cruz Solórzano, esta última –de origen mexicano– había llegado a nuestro país buscando refugio debido a la violenta campaña anticlerical desencadenada en su patria.

Según el sacerdote José Birot, en una carta que le envía al Arzobispo de Buenos Aires informándole de la situación, la precariedad de medios con que contaban estos indígenas para poder subsistir era tal que: "la olla de muchos es un pedazo de lata torcido; otros esperan hasta que las ollas de sus paisanos estén desocupadas. Da lástima ver tanta miseria, sin contar que estas ollas miserables, como sus dueños, se dañan cada día más".[127]

Y respecto de las condiciones en que llegaban estos a la isla, el sacerdote planteaba que las mismas eran tan precarias que muchos de estos indígenas corrían serio peligro de morir de hambre, como había sucedió —relataba— con algunos de los que llegaran unas semanas atrás.[128]

Pero no sólo los religiosos enviados a la isla denunciaron la difícil situación sino que de ello se hizo eco el periódico católico *La América del Sud* y, a través de notas editoriales y comentarios llamó la atención al ministro de Guerra y Marina sobre el estado calamitoso en que se encontraban los indios alojados en Martín García. Según el periódico estos carecían de vestimenta y muchos sólo estaban cubiertos con harapos, tampoco contaban con los más elementales utensilios para alimentarse, como calderos, ollas y cubiertos, y esas carencias además de conspirar contra una buena alimentación contribuía a producir algunos accidentes, principalmente quemaduras entre aquellos indígenas pocos diestros para repartir la carne con estaca. La denuncia ya hecha pública exigía la provisión de elementos imprescindibles, el aumento de las raciones y una atención especial para aquellos convalecientes de la epidemia.[129]

Haciendo caso omiso, las autoridades militares no sólo siguieron persistiendo con este tratamiento para con los indígenas sino

---

[127] Carta del sacerdote lazarista José Birot a monseñor Federico Aneiros, Arzobispo de Buenos Aires, del 11 de febrero de 1879, en Copello, Santiago. *Monseñor Aneiros a favor de los Indios*. Buenos Aires, Coni, 1945, p. 139.

[128] Ídem, p. 140.

[129] Periódico *La América del Sud*, Buenos Aires, 27.2.1879.

que, incluso, lo agravaron utilizándolos en diversos trabajos y explotando su situación de cautivos.

En efecto, mientras esperaban ser distribuidos en los diferentes destinos elegidos por el Gobierno, las familias indígenas que habían sobrevivido a la viruela no permanecían inactivas y, por el contrario, repartidas en varias cuadrillas y bajo la dirección de las autoridades de la isla eran utilizados como mano de obra en una serie de trabajos que abarcaban desde tareas de agricultura hasta el mantenimiento y construcción de nuevos edificios.[130]

Finalmente, y a medida que la Comandancia General de Armas dictaba sus nuevos destinos, estas familias fueron paulatinamente trasladadas principalmente a la ciudad porteña donde, salvo los varones adultos que eran incorporados a la Fuerzas Armadas, eran distribuidos en casas de familia mientras otros contingentes emprendían un viaje mucho más largo, que tenía como destino final en algunos casos el interior de la Provincia de Buenos Aires, en otros zonas rurales del Litoral y también la lejana Tucumán donde terminarían laborando en los ingenios azucareros.

Como señalamos precedentemente, en un principio la Comandancia General fue el organismo bajo cuya responsabilidad recaía la custodia de los indios sometidos y, por lo tanto, inició la distribución

---

[130] Respeto de este punto, la memoria del Ministerio de Guerra y Marina correspondiente al año 1882 incluye una nota del jefe militar de Martín García al Inspector y Comandante General de Armas, en la que, entre otras cosas, le informa que: "Todas las obras propiedad del Estado que existen en esta isla se conservan en el mejor estado posible por el cuidado prolijo y trabajo cotidiano de los indios. La plantación de pastos artificiales para el sostenimiento de mulas y caballos que se emplean en el servicio del Gobierno, los edificios de material que se han levantado, la elaboración de millones de ladrillos, la conservación de las baterías, caminos cubiertos y demás calles, cuidado de hospitales y puertos, obras de carpintería y herrería. Todo se ha realizado con la cooperación de los indios [...]", en Ministerio de Guerra y Marina. *Memoria del Departamento de Guerra y Marina*. Año 1882. Tomo I, pp. 175-176.

de los mismos en los diferentes destinos, entre ellos en las familias porteñas. Posteriormente se encomendó esta práctica a la Sociedad de Beneficencia, a través de su presidenta Micaela Cascallares de Paz, quien tuvo a su cargo la distribución de los ancianos, mujeres y niños traídos desde la antigua frontera.

Si bien en los archivos de la Sociedad de Beneficencia no aparecen testimonios referidos a la cuestión, por testimonios de la época y por los periódicos sabemos como se llevó a cabo esta distribución.

Primeramente, mediante avisos publicados en los principales medios de prensa de la ciudad se anunciaba que en determinado día y hora, se haría a todos aquellos ciudadanos que lo solicitaran, la entrega de indios traídos del desierto:

ENTREGA DE INDIOS:

Los miércoles y los viernes se efectuará la entrega de indios y chinas a las familias de esta ciudad, por medio de la Sociedad de Beneficencia [...][131]

Llegados el día y la hora indicados se colocaba una mesa, generalmente en el atrio de una iglesia o en cualquier otro lugar análogo, y junto a ella exhibidos en fila los individuos a repartir. Ubicados los indígenas comenzaban a acercarse poco a poco los interesados que, luego de elegir, se llevaban consigo uno o algunos de aquéllos. Según Emilio Daireaux, un viajero francés de paso por Buenos Aires, veíanse allí:

Pobres viejas con sus cabellos grises y lacios a los que seguro nadie habría de querer; mujeres jóvenes que daban de mamar, o agrupaban en torno suyo sus numerosos hijos y muchachos y muchachas extraviados y separados violentamente de sus madres, a las que habían perdido en las revueltas y trastornos del desierto, y en el desorden de los embarques, en los cuales se empujaba a todas aquellas pobres

---

[131] Periódico *El Nacional*, Buenos Aires, 31.12.1878.

gentes, como si fueran bestias, contando las cabezas, sin mirar los rostros ni atender a las lagrimas y lamentos [...][132]

Como señala Daireaux en *Vida y costumbres en el Plata*, generalmente la distribución llegaba a su fin cuando concluía el reparto de las niñas, niños y mujeres jóvenes, ya que por los ancianos nadie mostraba interés quedando ellos, generalmente, a cargo de la propia Sociedad de Beneficencia.

A propósito del sistema y del método hay que señalar que la mencionada Sociedad no fue en la época la única vía de reparto y colocación de indígenas. Desde un primer momento muchos funcionarios del Gobierno, haciendo uso de sus influencias, extendían cartas de recomendación o mediante una simple orden entregaban por su cuenta a los indígenas recién llegados haciendo imposibles los intentos de esta institución por llevar un mínimo control sobre quienes eran los receptores y en que condiciones se entregaban esos aborígenes.

En realidad, la vieja costumbre de las familias porteñas acomodadas de encargar a las personas que se dirigían al interior o al Paraguay que le trajesen de regreso una chinita para el servicio era bastante común según los periódicos de la época,[133] por lo que la actitud de estos funcionarios no era nueva ni tampoco eran los únicos que aprovechaban la situación y repartían indígenas por su cuenta, sino que también hasta los propios jefes militares de fronteras, luego de alguna exitosa batida, distribuían los prisioneros tomados entre aquellos oficiales que lo solicitaran ya sea para su servicio personal o, como señala el ingeniero y cronista francés Alfredo Ebelot, para congraciarse con sus novias o esposas enviándoles una "sirvientita india".[134]

La reiteración en los partes de guerra informando sobre estos repartos de indígenas entre los oficiales expedicionarios indica que

---

[132] Daireaux, Emilio, *Vida y costumbres en el Plata*. Buenos Aires-París, Lajouanne, 1888. Libro I, Cap. III., pp. 85-86

[133] Periódico *Los Negros*, Buenos Aires, 2.5.1869. Citado por Sabato, Hilda y Luis Alberto Romero, op. cit., p. 185.

[134] Ebelot, Alfredo, *Relatos de frontera*, Buenos Aires, Hachette, 1968, p. 181.

fue una práctica política bastante común durante esa etapa.[135] Práctica que se extendió a todas las fuerzas militares y durante el transcurso de toda la campaña militar y que incluso en un caso, el de la III División, posibilitó contabilizar el reparto de 51 indígenas prisioneros entre los jefes y oficiales que la componían, para su servicio personal. El mismo general Roca, desde su cargo de ministro, en algunas oportunidades convalidó esta costumbre y complaciendo el pedido formulado por amigos personales también ordenó la entrega de algún "indiecito" prisionero para el servicio personal de aquéllos.[136]

Las irregularidades descriptas, sumadas a los abusos permanentes que se cometían con esta forma de colocación de los indígenas, des-

---

[135] "El comandante Roca me pidió un indiecito de los que trajo y estaban en deposito, para su servicio, que me apresuré a hacerle entregar. Bien merecido lo tenia [...]", en Racedo, Eduardo, *La conquista del desierto. Diario de la III División*, Buenos Aires, Comisión Pro Monumento al Teniente General Julio A. Roca, 1940, p. 131; "Los oficiales del Batallón 3 de Línea, me pidieron algunos indios pequeños de los prisioneros para dedicarlos a su servicio; se los mandé entregar [...]", en op. cit., p. 164; "Me fue entregado ayer tarde, indios grandes y chinas prisioneros, y presentados 47 familias en igual condiciones [...]", ibídem.

[136] "Con esta noticia secundo el pedido que le hice cuando Ud. era importante Jefe de Frontera; le pedí y Ud. me prometió enviarme un indiecito de ocho hasta doce años; si Ud. me cumple la promesa, desde luego me comprometo a transformarlo en un ciudadano útil a su mayor edad [...]", carta de Nathael Morcillo al general Julio A. Roca del 26 de octubre de 1878, en el Archivo General de la Nación, Archivo Roca, legajo N° 6. Tiempo después, satisfecho el pedido, el ministro recibió el correspondiente agradecimiento de parte del beneficiado: "Tengo a la vista su última del 1° del corriente por lo que me persuado que la equivocación sobre el sexo del pampita que le tenía pedido está solo en Racedo. Pero vuelvo a repetirle estamos muy contento *(sic)* con la indiecita ya que es muy inteligente y bien dispuesta a recibir educación para un buen servicio de casa; todavía no habla español sino unas pocas palabras en los seis días que está en casa pero todo entiende y no da trabajo; esto no se opone a que si viene un indiecito lo reciba con interés [...]", carta de N. Morcillo al general Roca del 14 de diciembre de 1878, en el Archivo General de la Nación, Archivo Roca, legajo N° 6.

pertaron desde un primer momento una oleada de críticas y denuncias expresadas tanto por la prensa porteña como por algunos legisladores e incluso la propia justicia.

Estas denuncias afirmaban que la Sociedad de Beneficencia, única institución encargada de la distribución de los indígenas, sólo podía colocar a los ancianos y a los enfermos pues la mujeres, los jóvenes y los niños casi nunca les eran entregados, ya que apenas llegaban los transportes con el cargamento humano aparecían quienes exhibiendo sus recomendaciones de los funcionarios de turno procedían a llevárselos sin ningún tipo de control. Afirmando estas denuncias así describía el matutino *El Porteño* las escenas habituales que se sucedían tan pronto amarraba en el puerto alguna embarcación que transportaba indígenas sometidos: "Apenas desembarcados en el bajo los indios venidos últimamente para ser colocados por la Sociedad de Beneficencia, parece que sin orden de ésta y por orden de otras personas se han dado allí la mayor parte de las mujeres jóvenes y de los niños dejando solo los viejos y los enfermos".

Y después de informar sobre esta irregularidad, el diario reflexionaba acerca de la difícil situación en que quedaba colocada la mencionada sociedad benéfica ante estos procedimientos, abogando por la rápida prohibición de estas prácticas totalmente informales que conllevaban a una serie de abusos en perjuicio de los mismos indígenas:

> Es extraño que la Sociedad de Beneficencia, a pesar de haberse hecho esto, tome sobre si la tarea imposible de colocar lo que nadie quiere recibir, puesto que los inútiles solo pueden colocarse conjuntamente con los útiles y además continuando la colocación en esas condiciones, venga la Sociedad a quedar responsabilizada respecto a los indios que hayan sido dados sin su intervención y resulten mal colocados. Como quiera que sea, debería prohibirse que la colocación de los indios se haga de una manera informal, exponiéndolos a los males consiguientes [...][137]

---

[137] Diario *El Porteño*, Buenos Aires, 3.5.1879.

En el mismo sentido, el periódico católico *La América del Sud* llamaba la atención de sus lectores sobre las anormalidades que se cometían en la distribución de indígenas y proponía, para que no se separaran las madres de sus hijos ni se cometieran otros abusos, que esta operación fuera llevada a cabo únicamente por la presidenta de la Sociedad de Beneficencia.[138]

Sin embargo, a pesar de las denuncias y críticas por este tipo de prácticas, las irregularidades se siguieron sucediendo en los meses siguientes a tal punto que la propia justicia, a través del Defensor de Pobres e Incapaces, hace saber su descontento por los procedimientos empleados en los repartos de indígenas que se llevaban a cabo, según su juicio, sin guardar ningún orden ni control, lo cual redundaba en perjuicio de los propios indios. Además, afirmaba el abogado Gervasio Granel, no sólo se repartían los individuos tomados prisioneros en campaña, sino que también corrían la misma suerte aquellos que acataban la autoridad del Gobierno y se presentaban voluntariamente en los campamentos militares.

Finalmente el defensor Granel, con la intención de revertir esta situación, pedía al poder Ejecutivo que, por un lado la Sociedad de Beneficencia y las oficinas que habían distribuido indios pasasen a esa Defensoría una lista en la que se detallaran los nombres de las familias a quienes se les hubiera entregado un indígena y los nombres de estos, su edad, sexo y domicilio. Por otra parte, también solicitaba que ninguno de los individuos depositados pudiera pasar a otra familia sin que el Ministerio de Justicia e Instrucción Pública tuviera conocimiento y lo avalara y, por último, sugería que los aborígenes que llegaran de la frontera en el futuro fueran puestos bajo la salvaguardia de la Defensoría a su cargo.[139]

---

[138] Periódico *La América del Sud*, Buenos Aires, 16.5.1879.

[139] Nota del defensor Gervasio Granel al Ministerio de Justicia e Instrucción Pública, del 26 de mayo de 1879, en Ministerio de Defensa, División Archivo, Organización Nacional, Caja 73, legajo 19763.

Tiempo después, el Ministerio de Guerra y Marina contesta los pedidos hechos por el abogado Granel, adjuntando una primera nómina de individuos distribuidos por orden de la Comandancia General, con "prevención de que estos fueron dados a aquellos que los admitían como tutores con la obligación de educarlos, vestirlos, etc.", y que los restantes trasladados a Buenos Aires "fueron puestos a disposición de la Señora Presidente de la Sociedad de Beneficencia Doña Micaela C. de Paz quien podrá dar los datos que precise ese juzgado, y el Gobierno de Tucumán por lo que respecta a los 800 o 1000 familias que de orden del Ministerio de la Guerra se remitieron allí".[140]

A mediados de julio, al tener conocimiento el defensor de Pobres e Incapaces del arribo de un nuevo contingente de indígenas traídos de la frontera y con el objeto de evitar la reiteración de los abusos ya señalados, envió una nota al Ministerio de Guerra y Marina con el fin de que éste adoptara medidas para el traslado inmediato de estos aborígenes apenas desembarcados a un depósito por entonces ubicado en Buenos Aires en el actual cruce de las calles Jujuy y Moreno, y que los mismos fueran entregados a la custodia de esa Defensoría que los recibiría de acuerdo a las listas originales que debería traer el responsable del traslado. Finalmente, solicitaba que se pusiera una guardia militar permanente mientras durara la distribución.[141]

El gobierno nacional no sólo reacciona favorablemente ante esta petición sino que, además, el 22 de agosto de 1879 dicta el Decreto N° 11.316 disponiendo que a partir de esa fecha quedara a cargo del Defensor de Pobres e Incapaces la colocación de las familias y los menores indígenas, reglamentando para ello el procedimiento a seguir.[142]

---

[140] Nota del Ministerio de Guerra y Marina del 11 de julio de 1879, en Ministerio de Defensa, División Archivo, Organización Nacional, Caja 73, legajo 19763.

[141] Nota del defensor Gervasio Granel al ministro de Guerra y Marina del 19 de julio de 1879, en Ministerio de Defensa, División Archivo, Organización Nacional, Caja 73, legajo 19809.

[142] En los considerandos de esta resolución, como fundamentación, el Poder Ejecutivo señalaba que: "Debiéndose procederse a la colocación de las familias

El reglamento establecía, según la condición y edad del individuo, las cláusulas bajo las cuales debía ser colocado. Para ello se contemplaba la formalización de un contrato en el que se estipularan, entre otras cosas, la obligación de parte de quien recibía al aborigen de alimentarlo, vestirlo, educarlo, respetar los vínculos de familia y fijarle un salario proporcional a los servicios que pudiera prestar; la falta de cumplimiento de cualquiera de esas obligaciones autorizaría automáticamente al retiro del indígena colocado sin perjuicio de toda otra responsabilidad.

Estos contratos debían asentarse en un registro llevado por la propia Defensoría, y luego de celebrados se les extendería a las personas que recibieran indígenas una copia o boleta que acreditara haberse cumplido con lo dispuesto en el reglamento.

Respecto de los indígenas que habían sido distribuidos con anterioridad al dictado del decreto se disponía que la Defensoría convocara por medio de la prensa a todos aquellos que en ese momento tuvieran indígenas bajo su dominio, con el fin de que regularizaran la tenencia y se les extendiera el certificado respectivo. Pasado un plazo fijado, aquellos que no regularizaran la situación serían considerados infractores y acusados de retención indebida de dichos indígenas.

Completaban este decreto normas referidas a los menores cautivos que habían sido rescatados por las fuerzas militares en sus diferentes

---

y menores indígenas tomados últimamente por las fuerzas nacionales en la última expedición al desierto, designándose al funcionario a cuyo cargo haya de someterse este servicio, y considerando; que en el estado y condición de aquellos, el Estado debe velar por su educación y bienestar hasta que se hallen en actitud de procurarse a si los propios beneficios de la civilización, que ello es conforme con el espíritu de nuestra constitución y de leyes anteriores.

Considerando, además, por la naturaleza de las atribuciones conferidas por las leyes civiles al Defensor de Pobres e Incapaces, es a este funcionario a quien corresponde velar por la ventajosa colocación de aquellos que por su estado de ignorancia deben ser considerados como incapaces (…)", Decreto N° 11.316 del 22 de agosto de 1879. en el Registro Nacional, año 1879, tomo VII, p. 148.

incursiones en territorio indio. Estos, al igual que los demás indígenas, también quedaban a cargo del Defensor hasta tanto fueran reclamados por sus familiares directos.[143]

Como se observa el decreto fue minucioso en cuanto a los procedimientos para la distribución de los indígenas, sobre quien la tenía a su cargo y qué requisitos debían cumplirse, previendo incluso la penalización de quienes no cumplieran con la norma.

Sin embargo, el dicho decreto en la práctica fue la mayoría de las veces ignorado, y las irregularidades en la distribución de los indígenas se siguieron sucediendo no sólo en Buenos Aires sino también en otras ciudades del país adonde llegaban para ser distribuidos los contingentes de indios prisioneros. Así leemos en el periódico *El Constitucional*, de la ciudad de Mendoza, de noviembre de 1879:

> Se espera hoy una remesa de chusma indígena, compuesta de unas 200 mujeres y niños que será repartidos entre las personas que lo soliciten para su servicio [...][144]

Concretado el reparto así lo comentaba el hecho el mencionado periódico:

> Llegó el jueves último la nueva remeza *(sic)* de indígenas. Constaba de 90 individuos, entre los cuales 35 de lanza, siendo el resto mujeres y niños de pecho. El sitio donde se les alojó, se vio invadido prontamente por señoras y caballeros que iban a pedir chinas y chinitos para su servicio y en pocas horas fueron distribuidos convenientemente, quedando sin poder proveer unas 300 peticiones. Los 35 indios de lanza serán destinados a la Escuela de la República.[145]

Si bien no consta quién fue en esa ocasión el encargado de la distribución, igualmente el procedimiento resultaba bastante similar al

---

[143] Decreto N° 11.316 del 22 de agosto de 1879, en el Registro Nacional, año 1879, tomo VII, p.148.

[144] Diario *El Constitucional*, Mendoza, 20.11.1879.

[145] Diario *El Constitucional*, Mendoza, 22.11.1879.

que se llevaba a cabo en Buenos Aires y, por tanto, probablemente también reiteradas las irregularidades y los abusos cometidos. En este sentido, nuevamente la crónica de la prensa mendocina nos da cuenta de estas irregularidades. También en esta ocasión es *El Constitucional* el medio que se hace eco de las graves denuncias que le llegaban a las autoridades sobre la penosa situación por la que atravesaban gran parte de los indígenas llevados a la capital cuyana, y repartidos sin ningún control. Se denunciaba, concretamente, que muchos de ellos no sólo padecían hambre y estaban desamparados sino que, además, habían sufrido violencia física y malos tratos.

El periódico planteaba que los indígenas "no eran parias sin ley y sin derechos", y que si bien su "condición social era de nivel inferior igualmente poseían inteligencia y voluntad". Finalmente hacía un llamado de atención a las autoridades, ya que "existe un decreto del gobierno nacional que reglamenta las condiciones a que debe sujetarse el reparto de indios. Hay que aplicar esa disposición. El Gobierno debe cumplir con alto deber humanitario ante la existencia de esos seres desgraciados".[146]

Estas irregularidades también fueron conocidas por autoridades municipales de varias ciudades quienes dictaron disposiciones emplazando a las personas que tuvieran a su cargo a indígenas para su servicio se presentasen a regularizar la situación y para notificarse sobre sus obligaciones. Sin embargo, y a pesar de estas medidas, poco cambió la situación de los indígenas y los abusos se siguieron repitiendo tanto en las capitales de provincias y territorios como en Buenos Aires.

En octubre de 1885, ya concluida la campaña militar en el sur, el diario *La Nación* publicó una seria denuncia sobre las anomalías producidas con motivo de la llegada al puerto de Buenos Aires de un número considerable de familias indígenas tomadas prisioneras, esta vez en la frontera norte, en la guerra con las comunidades aborígenes del Chaco.

---

[146] Diario *El Constitucional*, Mendoza, 20.1.1880.

Bajo el título "Espectáculo bárbaro", el matutino porteño informaba sobre lo que había presenciado uno de sus cronistas al arribo de este contingente de prisioneros; describiendo que personas provista de cartas de recomendación procedentes del Estado Mayor del Ejército se presentaban al encargado de los prisioneros, antes de que estos fueran desembarcados, reclamando uno o dos indios, los que les eran entregados inmediatamente. Se refería luego el cronista a las patéticas y desgarradoras escenas que se suscitaban al serles arrebatados los "hijos a las madres, que imposibilitadas de hablar, porque nadie las comprendía, trataban en vano de retenerlos en medio del llanto general".[147]

Esta denuncia fue recogida por el diputado nacional Mariano Demaría, quien la expuso en el seno de la Cámara y, luego de la enjundiosa crítica de los hechos ocurridos, mocionó para que ese cuerpo citara al ministro de Guerra y Marina a fin de que diese las explicaciones correspondientes sobre los hechos. La moción dio lugar a un prolongado debate sobre aspectos formales que terminó por esterilizar el pedido de interpelación, y quedó nuevamente sin sanción este tipo de proceder.[148]

La continuidad de las irregularidades producidas por el sistema de distribución mientras duró la etapa militar, sumada a la falta de información sobre la cantidad y el destino final de los indios sometidos, aparecen más como aspectos significativos de una política deliberada llevada a cabo por las propias autoridades militares que como una serie de hechos casuales, claro que con la anuencia o por lo menos la indiferencia del resto del gobierno nacional.

En efecto, resulta por demás sugestivo que una institución como el Ejército, acostumbrada a llevar minuciosos y pormenorizados inventarios y listas de revistas destinados a ejercer un estricto control sobre sus pertrechos y su personal incorporado, no haya llevado un

---

[147] Diario *La Nación*, Buenos Aires, 31.10.1885.

[148] Congreso de la Nación, Cámara de Diputados, Diario de Sesiones, año 1885, pp. 798 y subsiguientes.

mínimo registro de aquellos indígenas que bajo su autoridad eran remitidos desde la frontera a los lugares de distribución. La abundancia de documentación –expresada en rutinarias planillas de inventario y listas de revistas– demuestra un celo burocrático por conservar y controlar, celo que contrasta abiertamente con la escasa o nula información acerca del destino de los indios reducidos concordante más con una intención de desaparición que de conservación.

De la misma manera, la particular persistencia de las irregularidades producidas en el sistema de distribución, continuadas a lo largo de toda la etapa militar haciendo caso omiso de las normativas, y especialmente de las dictadas para eliminar esas distorsiones, también nos lleva a pensar cuál era la verdadera intencionalidad de aquellas autoridades encargadas de los indígenas prisioneros. Es decir, hasta que punto estas irregularidades no fueron consentidas y apañadas por estas mismas autoridades, más preocupadas por la necesidad de una rápida desaparición de los pueblos indígenas dada la pesada carga económica significada tanto por la manutención como por la necesidad de su transformación en "seres civilizados", que por los abusos y distorsiones que significaba la aplicación del sistema de "distribución".

a) La distribución de indígenas como servicio personal

> "Cuando llegaban los barcos con familias de indígenas prisioneros, las damas porteñas concurrían en masa a buscar sirvientes pequeños y grandes, lo que produjo la separación de padres e hijos [...]"
>
> Ernesto Stieben[149]

> "Indios: servidumbre barata y de fácil obtención mediante la carta de un amigo influyente [...] No bien llegaron a Buenos Aires las primeras mujeres y criaturas capturadas en las tolderías pampea-

---

[149] Stieben, Ernesto, *De Garay a Roca. La Guerra con el indio de las Pampas*, Buenos Aires, Rodolfo Marinelli, 1941, p. 359.

> nas, familias allegadas lograban por este procedimiento indígenas
> de ambos sexos en calidad de sirvientes [...]"
>
> Leoncio Deodat[150]

Respecto de los indígenas distribuidos en casas de familia puede decirse que una vez entregados a su tutor comenzaba entre ambos una larga relación contractual que, si bien no estaba escrita ni formalmente explicitada, implicaba una serie de obligaciones por ambas partes: mientras el tutor debía vestirlo, alimentarlo y educarlo, el indígena debía trabajar como sirviente o criado. Pero, además, y reforzando estos mecanismos de control, aparecen en escena algunos otros métodos coactivos por parte del tutor que permiten extender los lazos de dominación sobre los indígenas, como, por ejemplo, el ejercicio de la patria potestad.

En efecto, era bastante común que el tutor, apenas le era entregado, hiciera bautizar al indígena —especialmente si era menor de edad—, ya que con ese acto no sólo lo incorporaba a la religión católica sino también le daba una nueva identidad, acreditando en la fe de bautismo, además, la tutoría sobre el recién bautizado.

Como la Iglesia católica fue hasta fines del año 1884, cuando se promulgo la Ley 1419 del Registro Civil, la encargada de llevar los registros de nacimientos, casamientos y defunciones producidos en todo el territorio nacional, la ceremonia del bautismo a la par de registrar la existencia incorporaba a la grey cristiana, y su "certificación" o "fe de bautismo" —en la que figuraban los nombres de los progenitores o en su caso del tutor— hacía las veces de documento de identidad. Por lo tanto, la persona que tenía a su cargo un indígena, al bautizarlo obtenía la respectiva fe de bautismo y con ella los derechos de potestad sobre el mismo, mientras que, simultáneamente, esa potestad era perdida para siempre por los padres biológicos.

---

[150] Deodat, Leoncio, "Del tiempo viejo", citado en Dunrauf, Clemente, "La conquista espiritual de la Patagonia", en revista *Todo es Historia*, Buenos Aires, 1975, N° 103, pp. 6-38.

Quiénes eran y qué hacían estos tutores o encargados es una pregunta de difícil respuesta, pues, como hemos señalado reiteradamente, la distribución de indígenas entre las familias porteñas no se hizo en forma ordenada sino que fue desde un principio totalmente irregular, y es particularmente difícil saber con exactitud la cantidad de individuos repartidos y quienes fueron sus tutores o encargados. Incluso estas dificultades aumentan al no existir un padrón que indique la filiación y el destino final que tuvieron estos indígenas.

Las deficiencias también fueron señaladas en su momento por algunos periódicos en diferentes artículos, como por ejemplo el que a continuación transcribimos y que fue publicado en *La América del Sur*, en el que se atribuye la falta tales registros fehacientes a que "el Gobierno, en vez de hacerlos instruir y bautizar [a los indígenas], los ha distribuidos como productos inanimados y curiosos de la pampa conquistada".[151]

Sin embargo, y a través de la pesquisa en fuentes alternativas,[152] hemos podido confeccionar una primera lista con 475 indígenas incluyendo sus nombres, edades, el nombre del tutor o encargado y su profesión u ocupación en aquellos casos en los que se pudieron detectar.[153]

De esta lista se desprende que la casi totalidad de los indígenas distribuidos en casas de familia o para el servicio personal fueron mujeres y niños, siendo muy pocos los varones adultos. Estas ausencias tienen su explicación en que estos, inmediatamente de ser sometidos eran separados del resto e incorporados al servicio de las armas para cubrir las diferentes vacantes producidas en el Ejército y en la Marina de Guerra.

---

[151] Periódico *La América del Sud*, Buenos Aires, 2.3.1879.

[152] Entre ellas merecen señalarse los libros de bautismos de las diferentes parroquias de la Ciudad de Buenos Aires y la de los repositorios documentales existentes en la División Archivo de la Dirección de Estudios Históricos del Ministerio de Defensa.

[153] El listado completo figura como anexo al presente trabajo.

En la nómina de tutores aparecen varios militares, muchos de ellos de alto rango y profusa hoja de servicios –que, en general, incluye la participación en la guerra contra Paraguay y en la expedición al desierto–, tal el caso de los generales Manuel J. Campos y Nicolás Levalle, del coronel Manuel Fernández Oro, del comandante Manuel Rubial y del contralmirante Guerrico, jefe de la escuadrilla que acompaño al general Roca en la expedición al río Negro.

Junto con estos altos oficiales encontramos importantes hacendados, empresarios y comerciantes como Saturnino Unzué, miembro prominente de la Sociedad Rural y por largo tiempo diputado nacional; Enrique Sundblad, dueño de grandes extensiones de tierras en el partido de Maipú, quien fue también presidente de la Sociedad Rural y del porteño Club del Progreso; y Agustín Méndez, comerciante, hacendado y empresario que instaló la primera línea de tranvías a caballo que circuló en Buenos Aires.

También integran esta nómina profesionales, políticos y miembros del poder legislativo como el prestigioso médico y político Carlos Durand, diputado provincial y luego senador; el también reconocido médico y director de la Casa de Expósitos, Juan Argerich; Pedro Mayo, cirujano mayor de la Armada para esa época; Tomás Crespo, jefe de la policía de Paraná, Entre Ríos, y además diputado nacional; Rufino Varela,

legislador provincial y nacional, ministro de Hacienda durante la presidencia de Miguel Juárez Celman; y el historiador, diplomático y diputado provincial Vicente Quesada.

Completan esta primera nómina un conocido cronista, León Walls, director del periódico *Le Courrier de La Plata*, el presbítero Francisco Arrache, secretario del Arzobispo de Buenos Aires por ese tiempo y una serie significativa de empleados públicos.

Cuadro 3
Profesión de los tutores o encargados de indígenas entre 1878 y 1885

Ocupación	Cantidad	Porcentaje
Militares	38	38 %
Hacendados	18	18 %
Profesionales	14	14 %
Empleados públicos	10	10 %
Empresarios y comerciantes	10	10 %
Miembros del Poder Legislativo (Diputados y Senadores)	5	5 %
Periodistas	3	3 %
Otros (sacerdotes, rentistas)	2	2 %
Total	100	100 %

Elaboración propia en base a datos tomados de los Libros de bautismos de diez parroquias de la ciudad de Buenos Aires y de la División Archivo de la Dirección de Estudios Históricos del Ministerio de Defensa.

Si bien la muestra es reducida y fragmentaria expone claramente que quienes reciben indígenas en tutoría pertenecen a los extractos más elevados de la sociedad porteña o bien pertenecen al aparato estatal. En este último caso esa pertenencia, más allá de su condición social, les facilitaba el apropiamiento.

Saber cómo fue la vida y la relación de estos indígenas con las personas o las familias que los tenían a cargo resulta un interrogante difícil de responder. Si nos remitimos a los relatos de contemporáneos de aquella época, sabemos que algunos de los pequeños indígenas adoptados eran empleados como servidores domésticos, mientras otros, en cambio, eran simplemente compañeros de juego de los otros niños de la casa.[154]

---

[154] Según Emilio Daireaux: "En las casas ricas donde los niños son numerosos, no es raro encontrar entre los de la familia otro niño, generalmente de color, chino, pardo o trigueño que hace más o menos el oficio de criado, de mentor

Ya adolescentes, generalmente los varones aprendían tareas rurales y las mujeres nociones de cocina y costura. Como sostienen Sabato y Romero, "niños o adultos, estos sirvientes se convertían en personal para todo servicio, viviendo en casa del patrón, disponibles a toda hora, sujetos a una relación paternalista que en ocasiones se traducía en protección a cambio de lealtad y deferencia, y en otras desembocaba en maltrato y rebeldía".[155]

En efecto, si eran bien tratados y lograban asimilarse al medio quedaban para siempre conviviendo con la familia que los había recogido; en el seno de ella crecían, envejecían y morían. Y si bien no contamos con demasiados testimonios acerca de cómo se desarrollaba esa relación y cuál era la vida de estos indígenas, algunos de los relatos conocidos –fruto del testimonio de testigos de la época, o de descendientes tanto de las familias de acogida como de los propios indígenas acogidos– muestran casos de cierto grado de afinidad y fidelidad.[156]

Si, por el contrario, no lograban integrarse a su nueva vida o eran maltratados por sus tutores, sólo esperaban que se les presentara una

de los otros niños o simplemente de compañero en sus juegos; a veces este niño es de raza india de la pampa o guaraní […]", en Daireaux, Emilio, *Vida y costumbres del Plata*, libro I, pp. 247-248.

[155] Sabato, Hilda y Luis Alberto Romero, op. cit. p. 186.

[156] Como ejemplo podemos mencionar entre otros el caso de una niña de la tribu del cacique Catriel, que fue llevada junto a su madre a la Ciudad de Buenos Aires en el año 1878 y entregadas ambas en hogares diferentes; mientras la progenitora fue entregada al médico oftalmólogo Pedro F. Roberts, de la Sociedad de Beneficencia, su niña lo fue al matrimonio compuesto por Manuel Delgado y Genara Pessa. Casi inmediatamente de ser entregada la niña fue bautizada con el nombre de María, en la parroquia de Nuestra Señora de la Piedad, teniendo como padrinos al matrimonio que la había adoptado. En el seno de esta familia transcurren los siguientes años de María hasta que, fallecidos los esposos Delgado, sus dos hijas deciden ingresar a la naciente congregación religiosa Hermanas de Nuestra Señora de la Merced del Divino Maestro, siendo acompañadas también por la propia María, quien con el nombre de Hermana Martina hacia 1945 todavía prestaba servicios en el internado "Nuestro Hogar" de la localidad bonaerense de Olivos. Véase Copello, Santiago, op. cit., p. 136.

oportunidad propicia para poder fugarse. Generalmente a las mujeres ese momento les llegaba –según Alfredo Ebelot– "cuando iniciaban algún romance, y a los hombres cuando tenían oportunidad de salir al campo".[157]

En este sentido, debemos decir que los partes policiales transcriptos por los periódicos de la época ilustran sobre los intentos de algunos indígenas distribuidos de ganar la libertad o escapar de los maltratos o castigos que sistemáticamente le propinaban sus tutores:

Ministerio de Justicia, Culto e Instrucción Pública.

D[iciem]bre 12. Comunica que [en] el Departamento G[ene]ral de Policía existen algunos indígenas detenidos por haber abandonado

---

[157] Otros casos que nos ofrecen testimonios sobre la suerte corrida por estos indígenas son los que tienen por protagonistas a los indios Mariano Molina y Ceferino Lancapan. El primero de ellos, a la edad de seis años, fue llevado desde la localidad de Azul por Juan Francisco Font, un caracterizado vecino del pueblo de Lujan del que llegó a ser intendente municipal siendo además dueño de un importante saladero ubicado en las cercanías de Jáuregui. El niño bautizado Mariano Molina, a la par que aprendía a leer y escribir prestaba servicios como cocinero y en tareas generales. En 1890, en ocasión de producirse el movimiento revolucionario contra el presidente Juárez Celman, Molina acompañó a su tutor en la intentona sediciosa, y tratando de protegerlo resultó herido en un brazo en uno de los tantos combates que se suscitaron. Luego de morir Juan Francisco Font, Mariano Molina siguió sirviendo en la casa, pero ahora bajo la tutela de los descendientes de aquél, y al alcanzar la mayoría de edad pasó a desempeñarse en el cuidado de la huerta y de los animales. Víctima de una enfermedad circulatoria murió en 1935, a la edad de sesenta y cinco años. (Datos aportados por María Leoni de Pla, nieta de Juan Francisco Font.) Por su parte, Ceferino Llancapán fue, siendo niño aún, entregado al alférez Guillermo Pechman, quien, aprovechando la presencia del Vicario General monseñor Espinosa, lo hizo bautizar inmediatamente con el nombre de Eduardo Pechman. Fue sirviente del alférez mientras duró su destino en la frontera, y luego llevado por éste a Buenos Aires desde donde, terminada su formación escolar, fue trasladado a la Provincia de Entre Ríos y de allí de regreso a la Patagonia, al pueblo de General Roca, donde se reencontró con sus progenitores, prosiguiendo con ellos su vida. En Pechman, Guillermo. *El campamento*, Buenos Aires, Eudeba, 1980, p. 57.

sus colocaciones y pide se dicten las ordenes correspondientes para que sean alojados en la C[omisión] de Inmigración [...][158]

Este parte policial exhibe intentos fallidos por ganar la libertad, pero también hay ejemplos de fugas que tuvieron mejor fortuna y cuyos protagonistas lograron, con la ayuda de sus compañeros de infortunio, volver al suelo natal. Tal es el caso de lo sucedido con el matrimonio Bernabé-Ranguren.[159]

[158] Nota del Ministerio de Justicia, Culto e Instrucción Pública del 12 de diciembre de 1879. En el Archivo General de la Nación, Ministerio del Interior, 1878.

[159] Según lo relatado por su nieta Amalia Bernabé, este matrimonio, hacia 1878, vivía en una comunidad aborigen que tenía asentados sus toldos en la región de la pampa central. A mediados de ese año, en plena ofensiva del Ejercito Nacional, una de sus innumerables partidas volantes adentradas en territorio indio llegó hasta el lugar donde se hallaba el mencionado asentamiento, al que luego de rodear lograron reducir. Entre los prisioneros estaban este matrimonio y sus dos hijos de corta edad. Trasladados a la isla Martín García junto con el resto de la tribu, el hombre, Juan Bernabé, fue al poco tiempo destinado al servicio de las armas pasando a formar parte de un batallón del Ejército de Línea. Su mujer y sus dos hijos fueron trasladados a la Ciudad de Buenos Aires y distribuidos por separados entre las personas que así lo solicitaron. De esta forma la niña fue a parar a manos de una familia cuyos datos desconocemos, mientras que la madre y el niño fueron entregados al matrimonio formado por Baldomero Videla, hacendado y oficial de la Guardia Nacional y su esposa, Clarisa Aranguren, que vivía en el barrio porteño de San Telmo. Poco tiempo después el niño fue bautizado en la Parroquia de la Concepción con el nombre de Pío José Nahuel, y la madre pasó a llamarse Juana Aranguren (cabe aclarar, de acuerdo al testimonio de su nieta, que si bien figura en el acta de bautismo con el nombre Venancia Esperanza Pegeillan el apellido usado era el de la esposa de Baldomero Videla aunque, con el correr del tiempo y por problemas de pronunciación, el mismo se fue deformando quedando como Ranguren). Durante algunos años la india Juana Ranguren estuvo prestando servicios en casa de la familia Videla, hasta que un día tuvo noticias —por conducto de otros indígenas que se encontraban en Buenos Aires en su misma condición—, de que su esposo había desertado del batallón donde estaba incorporado y se hallaba nuevamente en la pampa. Esta noticia, sumada al constante temor de que le

Es interesante rescatar cual fue el destino final de ciertas comunidades indígenas, como en los casos de la tribu del cacique Olqueque y las de los caciques Inacayal y Foyel, y el destino de otros integrantes de sus parcialidades ya que, si bien no sólo sirvieron en casas de familia, la reconstrucción de sus vidas —luego de ser tomados prisioneros y distribuidos en la gran ciudad— aporta datos por demás significativos acerca de su destino final así como de sus niveles de integración y adaptación a la nueva realidad.

El cacique Olqueque era un conocido jefe tehuelche que vivía pacíficamente con su comunidad en una zona cercana a Puerto Deseado, dedicándose principalmente a comerciar con los pobladores de la colonia galesa del valle del río Chubut con quienes trocaba los múltiples productos de caza obtenidos en sus periódicas excursiones.

Por otra parte, Olqueque era un viejo conocido de las autoridades nacionales, ya que había acompañado a casi todos los exploradores que por orden del gobierno nacional habían llegado hasta esa región de la Patagonia (Moreno, Moyano y Lista, entre otros).

Sin embargo, y a pesar de ser considerada una tribu pacífica y aliada del gobierno argentino en el conflicto de límites con Chile, en la noche del 18 de julio de 1883 el teniente coronel Lino Oris de Roa —por orden expresa del entonces gobernador de la Patagonia general Lorenzo Vintter— avanzó sobre las tolderías del cacique tehuelche tomándolo prisionero junto a 54 personas contando indios de lanza, mujeres, ancianos y niños, trasladando a todos hasta Puerto Deseado

---

quitaran el niño como había ocurrido anteriormente con su otra hija, la decidió a escaparse. Así, con la excusa de llevar a su hijo a jugar a una calesita de las inmediaciones obtuvo permiso para salir de la casa; una vez en la calle se dirigió inmediatamente a la estación Once de Septiembre del Ferrocarril Oeste y allí abordó un tren que la llevó a Trenque Lauquen, donde finalmente se reencontró con su marido. El matrimonio Bernabé-Ranguren vivió sus últimos años dedicados a actividades rurales en Monte Nieva, paraje cercano a General Pico en la actual Provincia de La Pampa. (Datos aportados en la entrevista realizada a Amalia Bernabé de Gentile.)

donde fueron embarcados en el vapor *Villarino* con rumbo al puerto de Buenos Aires.

Un testigo y cronista de los acontecimientos, Nicanor Larrain, los relató así:

> Luego se vio bajar por las alturas y montañas a cuyo respaldo están las mismas, una multitud de indios que venían a caballo cantando o rezando en alta voz, de un modo particular por la monotonía de la música y extrañeza del lenguaje.
>
> Eran 17 varones, 37 entre mujeres y niños, indios componían la parcialidad del cacique Olqueque y que tenían levantados siete toldos a 15 leguas de Deseado.
>
> Algunos venían con las caras pintadas en fajas negras, que corrían sobre las cejas y formaban un ovalo bajando por los carrillos hasta terminar en el mentón.
>
> Llamaban desde luego mi atención la uniformidad del traje, la resignación que todos manifestaban, el semblante de bondad de los varones, cierta altanería en las mujeres, y sobre todo, el canto monótono y plañidero de la multitud que repetía:
>
> *Le queneque yaque de ya; le yu quelele.*
>
> Canto triste que repitieron al despedirse de aquellas costas, y que me conmovió al extremo de hacerme verter lágrimas de consideración trayéndome a la memoria el recuerdo de los israelitas cuando marchaban al cautiverio.[160]

Una vez a bordo, según Larrain, fueron ubicados en la bodega del buque y así hicieron el viaje —incómodo por cierto dadas las inclemencias del tiempo— hasta el puerto de Buenos Aires. Inmediatamente de haber arribado el vapor con su carga humana fue objeto de continuas visitas por parte de numerosos curiosos, incluso la del explorador y naturalista Ramón Lista, quien mantuvo algunas entrevistas con el cacique prisionero.

---

[160] Larrain, Nicanor, *Viajes en el "Villarino" a la Costa Sud de la República*, Buenos Aires, s.e., 1884. pp. 43-44.

Los medios de prensa porteños se hicieron eco de la llegada de los indígenas, y criticaron la decisión de las autoridades del Gobierno de considerarlos enemigos y tratarlos como tales, capturándolos, confiscándoles sus pertenencias y trasladándolos como prisioneros de guerra a Buenos Aires. En *La Prensa* se publicó el artículo "La prisión de los tehuelches":

> Como era de esperarse, ha causado en el público la más desagradable impresión el conocimiento de los pormenores de la injustificable prisión de los indios tehuelches y el despojo de sus cortos bienes.
>
> Como lo suponía este diario, la prisión de esta tribu mansa y la remisión a Buenos Aires, es el resultado de malas interpretaciones dadas a las órdenes del Ministerio, cuyas instrucciones publicó ayer un colega de la mañana.
>
> La mente del Gobierno no fue asaltar tolderías amigas, ni menos traer a sus moradores hasta aquí. Se habían recibido avisos de la posibilidad de que grupos dispersos de la indiada de Inacayal y Sahihueque amagarían las subdelegaciones del Sud, y para evitar un golpe probable, se destacó una fuerza para que los persiguiera y tomase, concentrándolos en Patagones.
>
> Se anunció también que los mismos caciques Inacayal y Sahihueque deseaban someterse, y el envío de dicha fuerza tuvo por misión tratar con ellos y ajustar su sometimiento.
>
> El Coronel Vintter y particularmente el Comandante Roa han entendido mal las cosas, pues han aprisionado una tribu mansa, que no pertenece a la gente de aquellos caciques guerreros, despojándolos de sus haciendas, sin motivo alguno que lo justifique.
>
> Es tan presente el atropello, que más de un abogado oímos opinar ayer, que con un recurso de Habeas Corpus se mandaría en el acto a poner en libertad a los prisioneros [...][161]

Mientras tanto, una vez desembarcado, el contingente indígena fue trasladado y alojado en los cuarteles que el Ejército tenía en Retiro. En

---

[161] Diario *La Prensa*, Buenos Aires, 1.8.1883, p. 5.

los días posteriores, Olqueque y sus compañeros de desventura —que habían despertado la curiosidad popular— fueron objeto de numerosas invitaciones e incluso agasajos: desde una función benéfica en el Teatro de la Alegría hasta un banquete en el Café París, éste ofrecido por el embajador español Juan Durán y Cuervo.

Pero aun con estas muestras que fueron mezcla de solidaridad y de curiosidad, y de las promesas de parte del gobierno nacional de dejarlos en libertad y restituirlos a su lugar de origen, Olqueque y su gente no volvieron nunca más a sus tierras ni tampoco recuperaron sus pertenencias. Por el contrario, muy pronto, el viejo cacique tehuelche acosado por el clima húmedo de Buenos Aires cayó víctima de una afección pulmonar y al poco tiempo murió en el Hospital Militar, siguiendo a dos niños y una anciana de la tribu que afectados del mismo mal habían sucumbido días antes. Así, mientras el legendario Olqueque se entregaba al descanso eterno, el resto de la tribu lo hacía el desmembramiento y posterior dispersión entre la población porteña.

Respecto de los caciques Foyel e Inacayal y de algunos miembros de sus respectivas comunidades, si bien recibieron de parte del Gobierno el mismo tratamiento que el de otros caciques y tribus sometidas, su suerte final, en el caso del primero, fue bastante diferente.

Luego de que estos importantes jefes indígenas se sometieran voluntariamente a las autoridades nacionales el gobernador de la Patagonia Lorenzo Vintter dispuso sus inmediatos traslados a Buenos Aires pese a que ambos mantenían una prolongada paz con las autoridades nacionales, por lo que recibían raciones y se les permitía comercializar sus productos en Carmen de Patagones.

Embarcados en el puerto de esa ciudad fueron trasladados hasta el de la nueva Capital Federal donde la mayor parte de los integrantes de la comunidad fueron repartidos. Mientras que Inacayal, Foyel, Raimal y algunos otros pocos indígenas más fueron en un primer momento alojados en calidad de prisioneros en los cuarteles de Retiro y de allí conducidos en igual condición al puerto fluvial de Tigre, donde permanecieron internados por más de un año.

El perito Francisco P. Moreno –que los había tratado en ocasión de su expedición de reconocimiento de la margen sur del lago Nahuel Huapi y al cual estos caciques, en aquella oportunidad, le habían facilitado medios y habían auxiliado a su compañero el ingeniero Bovio durante su penosa enfermedad–, al enterarse del cautiverio al que habían sido llevados logró, después de gestiones oficiosas, que el Gobierno le entregara parte de ellos para que los ubicara como ordenanzas y peones de maestranza en el nuevo instituto que se estaba construyendo, y que con el tiempo sería el actual Museo de Ciencias Naturales de La Plata.

De tal manera, Inacayal y Foyel con sus respectivas familias, unas quince personas en total, fueron alojados en la entonces novísima capital de la Provincia de Buenos Aires, y aunque continuaban hallándose en calidad de prisioneros seguían reclamando la restitución de sus tierras en el sur, en el País de las Manzanas.[162]

Pasado algún tiempo, Foyel y junto a él otros miembros de su tribu fueron liberados por el gobierno nacional, el que además les permitió regresar a sus primitivos asentamientos en el Chubut, desde 1884 ya con jerarquía de Territorio Nacional, donde prosiguieron sus vidas dedicándose a las tareas rurales.

Los demás, en cambio, menos afortunados, nunca más vieron la tierra donde habían nacido, y terminaron sus días dispersos por la gran ciudad o asilados en el museo de La Plata. De acuerdo al testimonio del naturalista francés Emile Beaufils –preparador del museo–, sus días de asilo en esa institución transcurrían para los varones fumando y tomando mate mientras que las mujeres tejían ponchos y matras[163]. Los materiales, tanto la lana como los colorantes, le eran provistos

---

[162] Periódico *El Diario*, Buenos Aires, s. f., citado en De Santis, Luis, "Cien años del Museo de La Plata", *Revista Temario*, La Plata, 1981.

[163] Prenda de vestir de punto, chaleco, jersey.

por las propias autoridades y una vez que terminaban las prendas las vendían ellos mismos a muy bajo precio en aquella ciudad, y con lo recaudado "compraban bebidas alcohólicas de las cuales los hombres estaban muy ávidos".

Según también Beaufils, el proceso de integración de los indígenas fue sumamente dificultoso pues "a pesar de todos los esfuerzos que hizo el perito Moreno por tener en el museo a los cautivos indígenas todo fue inútil. Ni la bondad, ni las atenciones y ni siquiera la educación que le brindaban y el atractivo de una remuneración pudieron vencer su apatía".[164]

Uno de los indígenas asilados fue el cacique Inacayal, quien hasta su muerte ocurrida en 1888 permaneció recluido en el museo y, si bien sabemos poco de cómo transcurrió su vida en esa institución, sí conocemos los últimos momentos de su existencia gracias al vívido relato que realizó un testigo de la época, Clemente Onelli:

> Inacayal, poderoso cacique araucano hecho cautivo en la guerra del desierto, vivió libre en el Museo de la Plata; ya casi no se movía de su silla de anciano. Y un día, cuando el sol poniente teñía de púrpura el majestuoso propileo de aquel edificio engarzado sobre los sombríos eucaliptos [...] sostenido por dos indios, apareció Inacayal allá arriba, en la escalera monumental: se arrancó la ropa, la del invasor de su patria, desnudo su torso dorado como metal corintio, hizo un ademán al sol, otro larguísimo hacia el sur, habló palabras desconocidas y en el crepúsculo, la sombra agobiada de ese viejo señor de la tierra se desvaneció como la rápida evocación de un mundo. Esa misma noche Inacayal moría, quizás contento de que el vencedor le hubiera permitido saludar al sol de su patria [...][165]

---

[164] Testimonio de Emile Beaufils, preparador del Museo, citado por Ten Kate, Herman, "Materiaux pour servira l'anthropologie des indiens de la Republique Argentine", en *Revista del Museo de la Plata*, La Plata, Taller de Impresiones Oficiales, 1905. Tomo XII, primera entrega, p. 40.

[165] Onelli, Clemente, *Conferencias*. Buenos Aires, Circulo Militar, 1931, Biblioteca del Suboficial, tomo LVII, p. 47.

En cuanto al resto de sus compañeros de infortunio la mayoría de ellos con el correr del tiempo abandonaron el Museo y se fueron dispersando y convirtiéndose en anónimos habitantes de las ciudades y pueblos. Años después, en 1896, uno de los antropólogos del museo tuvo oportunidad de volver a encontrarse con algunos de estos indígenas pertenecientes a comunidades tehuelches y mapuches, y sostiene que "aparecen más o menos civilizados después de años de estar dispersos entre los blancos. Los encontré incorporados a la Armada de tierra y de mar, en la policía, en los bomberos; el resto hace un poco de todo, nada importante".[166]

Al ser localizados, el perito Francisco Moreno decide convocar a un grupo de ellos al Museo para poder ser estudiados. Para ello mandó a buscarlos a través de la policía lo que generó un episodio curioso, el que resulta paradójico y revelador de esta nueva realidad por la que atraviesan los indígenas. En efecto, la presencia policial —según el relato de Ten Kate— motiva el rechazo de una parte de ellos de concurrir al museo en La Plata para ser examinados manifestando, en directa referencia a la fuerza de seguridad, que "no desean ser tratados como bárbaros ni como vulgares malhechores ya que son ciudadanos civilizados".[167]

Si bien no podemos generalizar esta última imagen igualmente nos da una primera respuesta al interrogante que se abre sobre el resultado final de esta experiencia, por lo menos en lo que atañe a algunos de los indígenas distribuidos.

Si tenemos en cuenta que estos mismos indígenas, otrora dueños y pobladores del "desierto" con sus propios hábitos y costumbres —es decir, con una cultura propia—, han devenido según este relato de Kate y de otros que hemos trascripto en anónimos y disciplinados habitantes de la ciudad, que han modificado no sólo sus costumbres y vestuario

---

[166] Ten Kate, Herman, "Materiaux pour servira l'anhtropologie des indiens de la Republique Argentine", en *Revista del Museo de la Plata*, La Plata, Taller de Impresiones Oficiales, 1905, tomo XII, primera entrega, p. 52.
[167] Ídem.

sino también su propio lenguaje, entonces debemos acordar que esta experiencia ha resultado sumamente positiva teniendo en cuenta que, en un tiempo relativamente corto, se cumplieron ampliamente los objetivos de aquellos que determinaron la aplicación del sistema de distribución.

Sin embargo, la rápida transformación tuvo, como hemos visto, costos significativos: particularmente el que se relaciona con el desmembramiento familiar. A propósito de ello debemos decir que muy pronto quedaron de lado las intenciones expresadas por Avellaneda en diferentes discursos sobre mantener la unidad familiar, o las prédicas de la Iglesia a favor de tal unidad y aun el cumplimiento de las normas legales sancionadas al efecto. La urgencia por hacer desaparecer ese producto del desierto –signo de incivilidad y de barbarie–, y la propia impronta del sistema de "distribución", muy pronto echaron por tierra cualquier deseo contrario y al mismo tiempo justificaron cualquier distorsión en nombre de la civilización, pagando sin duda los indígenas un precio muy elevado por su inclusión en estas nueva vida y nueva sociedad.

b) La distribución de indígenas como mano de obra en otras actividades productivas

> "El Jefe de la isla Martín García ha comunicado al Ministro de Guerra haber entregado a un representante de Don Saturnino Unzué 26 indios y 14 criaturas para ser destinados en los trabajos de agricultura [...]"
>
> Diario *El Porteño*[168]

En forma coincidente los autores que han orientado sus investigaciones hacía el estudio del mercado de trabajo acuerdan en señalar que, hacia mediados de la década de 1870 (como en todo el período que va de 1850 a 1880), tanto el Litoral como

---

[168] Diario *El Porteño*, Buenos Aires, 14.2.1879.

particularmente la Provincia de Buenos Aires se caracterizaron por una crónica falta de mano de obra.[169]

Y si bien esta carencia de oferta laboral alcanza en general al conjunto de las actividades económicas, tanto urbanas como rurales, resulta especialmente grave para aquellas relacionadas con el sector agropecuario ya que éste –ligado a los mercados de exportación– aparecía como el más dinámico en aquella etapa.

Al respecto señalan Hilda Sábato y Luis A. Romero:

> Esta combinación de medios de vida, que hacía que el peón sólo ocasionalmente se empleara por un salario, no era exclusiva de la campaña. De economía primitiva y muy ruralizada, la ciudad de Buenos Aires contaba con una gran proporción de trabajadores no calificados que alternaban el empleo no remunerado con otras formas de subsistencia, la caza o la pesca, el robo de alimentos para consumo propio o de cueros y lanas para vender al comerciante siempre dispuesto a adquirir esa mercadería.
>
> Esta situación afectaba la oferta efectiva de mano de obra de manera imprevisible o al menos de un modo relativamente independiente de las variaciones de la demanda y se había traducido siempre en una escasez crónica de mano de obra. Pero en la etapa de expansión sin precedentes inaugurada con la exitosa incorporación de la provincia como productora de lanas para el mercado mundial, el problema se fue agravando y se tornó más aguda la necesidad de brazos.[170]

Por lo tanto, no es casual entonces que uno de los destinos previstos por el Gobierno para los indígenas reducidos fuera emplearlos

---

[169] Al respecto merecen señalarse entre otros los trabajos de Sabato, Hilda y Luis A. Romero *Los trabajadores de Buenos Aires. La experiencia del mercado 1850-1880*, Buenos Aires, Sudamericana, 1979, Cap IV; Blanc Bloquel A. y otros, "Conformación del mercado de trabajo en la Provincia de Santa Fe", en *Anuario de la Escuela de Historia* N° 12, Rosario, UNR, 1986-1987; y Falcón, Ricardo et al. "Tendencia de la formación del mercado de trabajo en Rosario 1870-1885", Rosario, 1986 (mimeo.).

[170] Sabato, Hilda y Luis A. Romero, op. cit. p. 93.

como mano de obra tanto en aquellas actividades urbanas como en las rurales que no requirieran una cierta calificación. Incluso en algunos casos eran requeridos por organismos del Gobierno como en el caso de municipalidades que los ocupaban en tareas de menor cuantía con el fin de abaratar costos laborales.[171]

Esta especial disponibilidad de fuerza de trabajo fue aprovechada en ciertas ocasiones por algunos funcionarios y políticos, tal el caso del hacendado y diputado nacional Saturnino Unzué, quien solicita y obtiene la entrega de un número importante de indígenas para ser empleados como peones en sus estancias de la Provincia de Buenos Aires.

De la misma manera, otros empresarios intentaron, a través de diferentes mecanismos, canalizar esta mano de obra barata hacia determinados proyectos que requerían importante cantidad de trabajadores. Este es el caso del proyecto presentado al Ministerio del Interior a fines de 1878 por Donato Dadín, solicitando se le entreguen 300 indígenas con sus respectivas familias para la formación de una colonia agrícola, y a la vez emplearlos como mano de obra en la línea ferroviaria que corría entre las provincias de Córdoba y de Tucumán.[172]

---

[171] "[…]la Municipalidad ha pedido al Ministro de Guerra 70 indios, que se emplearan en la quema de basuras, trabajo que hoy hacen individuos que cuestan grandes erogaciones al Tesoro Municipal […]", en el periódico *La América del Sud*, Buenos Aires, 23.1.1879.

[172] El proyecto, presentado en diciembre de 1878, consistía en la formación por cuenta del Estado de una colonia con los indígenas tomados prisioneros. Para llevarla a cabo se necesitarían unos trescientos indígenas con sus respectivas familias, según los cálculos de Dadín, y el lugar elegido para el asentamiento serían las tierras vecinas a las vías del ferrocarril que corría entre las provincias de Córdoba y de Tucumán. Mientras se organizara la colonia y hasta tanto comenzaran las tareas agrícolas, el proyecto contemplaba la ocupación de parte de estos indígenas en diversos trabajos en el ferrocarril. Para ello, Dadín aseguraba el compromiso del directorio de la empresa ferroviaria de dar trabajo a cincuenta de estos indígenas ocupándolos en tareas que éstos pudieran realizar, pagándoles, en compensación, una mensualidad. Los indígenas trabajarían por turnos que

Incluso el mismo ministro de Guerra y Marina, intentando colocar la mayor parte de los indígenas que iban siendo tomados prisioneros por las fuerzas militares, los ofrece a diferentes gobernadores provinciales para que sean utilizados como mano de obra principalmente en tareas rurales ya que, según su opinión, "sometidos al trabajo que regenera y a la vida y ejemplos cotidianos de otras costumbres, que modificarán insensiblemente los propios, despojándoles hasta el len-

---

durarían un mes, al cabo del cual serían relevados por otro contingente también de cincuenta individuos y así sucesivamente. El proyecto también preveía que el salario percibido por su trabajo no les sería abonado personalmente porque, según la opinión de Dadín, "no convenía que los indios dispusieran de dinero, pues por lo general estos son viciosos y utilizaran la paga para la compra de bebida alcohólicas [...]". (Proyecto presentado por Donato Dadín al Ministerio del Interior el 16 de diciembre de 1878, en el Archivo General de la Nación, Ministerio del Interior, año 1878, legajo 3265.) Como alternativa proponía que el Gobierno se hiciese cargo del producto obtenido por los indígenas y lo colocase en un banco a interés, y que su producido sirviera para vestirlos y llenar las necesidades más apremiantes de cada una de las familias que allí se radicarían. Además, el proyecto establecía que para que pudiera comenzar a producir la colonia las autoridades nacionales deberían proveer los útiles y las semillas necesarias, lo mismo que el resto de las herramientas. La asignación a los indígenas de las parcelas cultivables se haría de la siguiente forma: una chacra a cada familia, la que la obtendría en propiedad al cabo de tres años y bajo la condición de no poder enajenarla, sino solamente a sus sucesores y por herencia. También estaba previsto que la mencionada colonia contaría con un establecimiento escolar con el fin de que los indígenas se fueran alfabetizando al mismo tiempo que aprendían a trabajar.

El cargo de administrador de la colonia se lo reservaba para sí el autor del proyecto, proponiendo que cumpliría esa función acompañado de otras seis personas que serían designadas por el mismo Dadín, quedando sus salarios a cargo del Gobierno nacional. Ingresado el proyecto al Ministerio del Interior fue girado a la Comisaría General de Inmigración, el ente encargado del tema colonias y colonización, a fin de que determinara la viabilidad del mismo.

guaje nativo como instrumento inútil, se obtendría su transformación rápida y perpetua en elemento civilizado y fuerza productiva".[173]

En el marco de esta política Roca envía a fines de 1878 sendas misivas a los gobernadores de Tucumán y Entre Ríos, en las que les señala la intención del gobierno nacional de radicar en ambas provincias algunos de los contingentes de indígenas sometidos y, por lo tanto, les solicita que arbitren los medios necesarios para llevar a cabo tal fin. Entendía Roca que esos contingentes podían ser ubicados en chacras y estancias, en el caso de la provincia del litoral, y en los ingenios azucareros en Tucumán. Incluso, respecto de esta última actividad, Roca se explayaba extensamente sobre las ventajas que tendría para los empresarios la sustitución de mano de obra de indígenas matacos, "holgazanes y estúpidos estos, por pampas y ranqueles que [...] si bien

---

La respuesta fue que si bien era viable, su alto costo (se calculaba un gasto inicial de cuatrocientos a quinientos pesos por familia instalada, ya que había que proveerlas de tierras y alimentarlas durante el primer año, además de abastecerlas de útiles de labranza, animales, semillas, vestimenta, etc.), hacía impracticable su instalación por lo menos en el corto plazo. Finalmente, la Comisaría de Inmigración aconsejó como alternativa más adecuada para la solución al problema de la incorporación de los indios reducidos, que los mismos fueran ubicados en colonias pero no bajo la dirección del Estado sino bajo la tutela de la Iglesia católica, ya que: "colocados bajo la dirección de congregaciones cuya vocación sea la conversión de infieles, pues, por lo general, sólo la fe ardiente, [y] el entusiasmo por la corporación pueden dotar al hombre de la rectitud, la paciencia y artes necesarias para cambiar los hábitos indolentes y viciosos de los salvajes de la pampa y preparar a los niños para una condición mejor [...] Colonias de indios así establecidas, aisladas, con reglamentos severos, para alejar en los primeros años los negociantes de todo genero sin que nadie se inmiscuya sino la Comisaría General de Inmigración podrían dar resultados beneficiosos [...]". Véase Proyecto presentado por Donato Dadín al Ministerio del Interior el 16 de diciembre de 1878, en el Archivo General de la Nación, Ministerio del Interior, año 1878, legajo 3265.

[173] Carta del general Julio A. Roca al Gobernador de Tucumán del 4 de noviembre de 1878, en Galíndez, B., op. cit., p. 195.

están debajo del nivel moral y civilización relativa del gaucho no les ceden en inteligencia y fortaleza".[174]

Más adelante el entonces ministro señalaba que la distribución de estos indígenas se debía realizar teniendo en cuenta las siguientes condiciones: respetarse el agrupamiento familiar, asegurar que los indígenas recibieran un buen tratamiento y el mejor salario posible y, finalmente, que estos debían quedar bajo la intervención protectora del Defensor de Pobres y Menores con el fin de poder evitar cualquier tipo de abuso por parte de sus futuros patrones.

El motivo de la elección de estas dos provincias para el envío de los indígenas reducidos ofrece respuestas disímiles. En el caso de Tucumán resultan evidentes motivaciones la falta de mano de obra para cubrir las necesidades crecientes de la actividad azucarera, y los fuertes vínculos y contactos entre el presidente Avellaneda y el ministro Roca —ambos tucumanos— con la mayoría de los miembros de la burguesía azucarera de esa provincia, así como con otros industriales azucareros de fuera de ella.[175] En cambio resultan menos evidentes las razones

---

[174] Ídem.

[175] Ídem. Según Donna Guy, tanto Avellaneda como Roca siempre se dirigieron hacia sus amigos tucumanos para conseguir apoyo político. Durante la campaña electoral que lo catapultó a la Presidencia de la Nación, el mismo Avellaneda escribió a Roca que los compañeros del colegio y los parientes en el noroeste afianzaban la fuerza electoral en el interior. Avellaneda tenía dos hermanos en la industria azucarera, Eudoro José y Marco Aurelio, quienes eran copropietarios del ingenio Los Ralos y también participaban en la política local y nacional. Marco fue durante varios períodos diputado nacional, vicepresidente de la Refinería Argentina y presidente de la Unión Azucarera, ente establecido para fijar los precios del azúcar. Eudoro residía en Tucumán y era administrador de Los Ralos, y también llegó a ser diputado nacional. Por su parte también tenía contactos en Tucumán Julio A. Roca que lo ayudaron en época de elecciones, y que luego se dirigían a él ya como Presidente en busca de apoyo político. Entre los parientes tucumanos de Roca estaba la poderosa familia Posse, muchos de ellos dueños de ingenios, que se carteaba con Roca sobre temas de la industria azucarera. Los hermanos Nougues, Miguel, Juan y Ambrosio —dueños del ingenio San Pablo— también eran figuras prominentes entre los conocidos más

para el caso de Entre Ríos, donde principalmente las condiciones de seguridad que ofrecía la provincia por su lejanía del teatro de operaciones explicarían y justificarían el ofrecimiento.

Precisamente en Entre Ríos contaban con el aval de sus autoridades, que sólo ponían como condición que "únicamente se enviaran, en lo posible, a esa provincia los indios más jóvenes y menos resistentes a la acción civilizadora".[176] Rápidamente se distribuyó un número indeterminado de indígenas que fueron utilizados como fuerza de trabajo, preferentemente en tareas agrícolas en chacras y otros establecimientos rurales, tanto de la capital como de los departamentos vecinos.[177]

En el caso de Tucumán la respuesta del gobernador Domingo Martínez Muñeca resultó igualmente afirmativa, ya que el ofrecimiento venía a cubrir una imperiosa necesidad de provisión de brazos para la creciente demanda de la actividad azucarera que había iniciado su expansión unos años antes debido a una serie de factores, entre ellos la llegada del ferrocarril a la provincia proveyendo un transporte más rápido y barato entre las zonas de producción y de consumo.[178]

cercanos a Roca en Tucumán. Pero, además de granjearse la buena voluntad de los políticos locales, Roca también contaba entre sus amistades con uno de los financistas e industriales más importantes del país, Ernesto Tornquist, quien entre sus múltiples intereses incluía los referidos a la industria azucarera. Véase Guy, Donna J., "La política azucarera tucumana y la generación del ochenta", en *Desarrollo Económico, revista de ciencias sociales*, Buenos Aires, IDES, enero-marzo de 1977, Vol. 16 N° 64, pp. 508-509.

[176] Carta del Gobernador de Entre Ríos al general Julio A. Roca del 19 de noviembre de 1878, en Galíndez, B., op. cit., p. 197.

[177] Si bien no conocemos el número total de familias indígenas enviadas a esa provincia, sí sabemos por algunos medios periodísticos que las autoridades de la Municipalidad de Diamante colocaron en las diferentes chacras de su jurisdicción veinte de estos núcleos familiares. Periódico *La América del Sud*, Buenos Aires, 15.1.1879.

[178] Según el empresario Wenceslao Posse, hacia mediados de la década de 1860 "para [los residentes en] Tucumán un viaje a Córdoba es un viaje a Rusia. Todo

En efecto, la terminación en 1876 del tramo de Córdoba a Tucumán del entonces Ferrocarril Central Argentino, la consecuente apertura del proceso de inversión de capitales, la generosa ayuda del gobierno nacional expresada en un rápido y fácil acceso al crédito oficial, más una ventajosa política fiscal sumada a otra, simultánea, de primas a la exportación conllevaron a un proceso de modernización de la industria azucarera particularmente en Tucumán.[179]

Cuadro 4
Superficie cultivada y producción total, años 1876 a 1895

Año	Hectáreas cultivadas	Producción en toneladas
1876	2400	3000
1881	6206	9000
1895	61.273	108.253

Fuente: Guy, Donna, "La política azucarera tucumana y la generación del ochenta", en *Desarrollo Económico, revista de Ciencias Sociales*, Buenos Aires, IDES, 1977. V. 16 N° 64 p. 512. Panettieri, José, *Los trabajadores*, Buenos Aires, CEAL, 1982. p. 96

Esta expansión de la producción significó una creciente demanda de mano de obra que no podía ser satisfecha por la oferta local, ni agregando migrantes internos o la inmigración transatlántica. En efecto, el funcionario de la Tesorería Provincial Alfredo Bousquet estimaba que en 1881 para satisfacer la demanda de mano de obra se

---

es inconveniente y dificultad. Por estar tan a trasmano y por no tener retornos ningún hombre de responsabilidad quiere lanzarse en esta carrera. Es preciso hacer mercados, hacer tropas…y tantas dificultades para hacer un negocio [truecan] en pequeño desaliento. Más andemos el tiempo vencerá las dificultades de hoy, y entonces esta plaza será un buen mercado para la industria cañera [...]", carta de Wenceslao Posse a Rudesindo Ibaseta, de Córdoba, del 27 de febrero de 1865, en Guy, Donna, op. cit., p. 511.

[179] Girbal de Blacha, Noemí, "Estado, modernización azucarera y comportamiento empresario en la Argentina (1876-1914)", en Campi, Daniel (comp.), *Estudios sobre la historia de la industria azucarera*, Tucumán, Universidad Nacional de Tucumán, 1993. Vol. 1, p. 17.

necesitaba un ingreso estimado de 1000 inmigrantes, cifra por demás importante si tenemos en cuenta que en los siete años inmediatamente anteriores (1874-1880), en total habían arribado a la provincia sólo 980 inmigrantes.[180]

Al exiguo flujo migratorio debemos sumar las serias dificultades de adaptabilidad que tenían estos inmigrantes respecto de las condiciones de trabajo y de vida imperantes en la provincia. El periódico *El Orden* opinaba que,

> La mayor parte de los inmigrantes son incapaces, inútiles, una plaga cuyos estragos ya estamos experimentando. [...] Casi todos los colocados en los ingenios azucareros no han durado en el puesto 8 días. No han podido sujetarse a la tarea diaria que se les impone en aquellos establecimientos, y obedeciendo, sin duda, a hábitos de ociosidad, se han entregado a la vida cómoda de no hacer nada. Ahí andan de atorrantes, asustando a la población, contraídos a raterías que la policía no castiga con mano firme.[181]

De esta manera, siendo insuficientes los aportes de las migraciones internas y externas, la "falta de brazos" para cubrir la necesidad generada por la expansión de las plantaciones de caña de azúcar, su cosecha, transporte y procesamiento se vuelve un problema acuciante para plantadores e industriales. Daniel Campi sostiene que hasta la crisis de superproducción de los años 1895-1896:

> [Estos] no cesaron de quejarse por la "falta de brazos" así como por la calidad de la mano de obra [de la que] que disponían. En consecuencia, para la elite local las posibilidades de sostener el ritmo de crecimiento económico dependía de la solución de un problema cuyas dos aristas estaban inescindiblemente asociadas: la provisión de grandes contingentes de trabajadores y el disciplinamiento de la

---

[180] Bousquet, A. y otros, *Memoria histórica y descriptiva de la Provincia de Tucumán*, Buenos Aires, Biedma, 1882, p. 740.

[181] Periódico *El Orden*, Tucumán, 11.6.1891. Citado por Campi, Daniel, "Captación forzada de mano de obra y trabajo asalariado en Tucumán, 1856-1896", en *Anuario IEHS* N° 8, Tandil, UNCPB, 1993, p. 53.

masa laboral (disponible o potencialmente disponible), ante su falta de hábitos para el trabajo regular, intensivo y metódico que exigía la nueva realidad productiva signada por el aporte de grandes capitales y la moderna tecnología incorporada a los ingenios.[182]

Por lo tanto, si la débil oferta de mano de obra era un problema de difícil solución, el envío de indígenas de los territorios del sur paliaba, aunque fuera sólo en parte, esta necesidad laboral particularmente significativa en esos momentos y así lo entendieron los empresarios y el mismo Gobernador tucumano quien se apresuró a contestar favorablemente la propuesta del ministro.

En ella, Martínez Muñeca señalaba que luego de haber mantenido reuniones con los empresarios ligados al sector estimaba conveniente el envío de un primer contingente de quinientos indígenas de trabajo, ya sea con familias o sin ellas, dejando en la voluntad del general Roca el envío de ochenta o cien menores para ser distribuidos en casas de familia. Informaba el Gobernador, además, sobre la constitución de una comisión integrada por tres representantes de los empresarios y dos miembros de la Defensoría de Pobres y Menores, quienes oficiarían de representantes de los indígenas. Esta comisión tenía como objeto reglamentar las bases que deberían servir de contrato entre los industriales y los indígenas en relación con las condiciones de trabajo, los salarios y la forma de su pago, e incluso la manutención.[183]

Precisamente en relación con las condiciones en las que aquellos serían contratados, en la parte final de su carta el Gobernador señalaba una serie de pautas que necesariamente debían tenerse en cuenta, a las que transcribimos textualmente por su carácter revelador del pensamiento y del accionar de empresarios y políticos tucumanos respecto de la fuerza de trabajo indígena:

---

[182] Campi, Daniel, op. cit., p. 52.

[183] Integraban esta comisión, por los industriales, Ataliva Posse, José Padilla y Luis Pérez, y junto a ellos los defensores de pobres y menores Francisco José del Cerro y Evaristo Barrenechea. Presidía la comisión Ataliva Posse.

Teniendo en vista que el primer año, no podrán los indios practicar los servicios que la industria exige por falta de preparación y que sólo será para ellos una época de aprendizaje, [serán] contratado[s] sus trabajos por un año y por un salario bajo, habiendo la obligación por parte del patrón de proporcionarles a ellos y sus familias los alimentos necesarios dos veces en el día.

El salario es fijo, por todo el año, en vista de la imposibilidad de un anhelo mensual; inconveniente que nace del estado de ignorancia del indio, que lo prestaría a toda clase de explotaciones, por falta de conocimiento sobre el valor real de la mercancía y de la moneda.

De este jornal anual recibirían mensualmente por medio de los representantes que se les nombre y la cantidad que fuese bastante para llenar las necesidades de consumo inmediato, depositándoseles el sobrante en el mismo patrón a interés o en el Banco, según fuese más conveniente, hasta que llegue para ellos el día en que puedan tener libre administración de sus intereses o bienes.

V.E. comprenderá que es el único camino por el que se les garante y asegura el fruto de sus fatigas, y que solo así se les salva de la perdición, quitándoles los medios indispensables para llegar a ella.

La perdición del indio son los licores fuertes, sobre todo el aguardiente, por el que tiene toda una inclinación tan poderosa como funesta, sin duda por lo barato de su consumo; y solo hay un recurso para salvarles, no dejarles dinero en su poder y penarles severamente a los que les venden.

Son medidas excepcionales pero necesarias, porque [ellos] ignoran el valor real de los objetos de la moneda; no comprenden la justicia, ni el derecho al trabajo ni a la prosperidad, y es cuestión de humanidad, mientras la transformación se opera salvar [d]el abuso, del engaño y de la mala fe, a esos pobres reducidos del desierto. La medida tomada por V.E. tiene un doble significado: favorece la riqueza y sirve a la civilización. Hay un objeto natural como principio y un fin moral civilizador como resultado [...].[184]

---

[184] Nota del gobernador de Tucumán Martínez Muñeca al ministro de Guerra y Marina, del 18 de noviembre de 1878, en Ministerio de Defensa, Dirección

Tomando como base estas condiciones y con muy pocas modificaciones, la comisión formada al efecto elaboró un contrato de trabajo que fue aprobado y puesto en vigencia por el Gobierno tucumano en diciembre de 1878. En el orden que abajo se indica sus artículos disponían:

1) Que los indígenas se obligaban a servir a su patrón por el término de dos años en los días, horas y formas que establecía el reglamento vigente de policía para los trabajadores oriundos de la provincia.

2) Que concluido dicho período quedaban libres ambos contratantes para renovar el contrato o cesar el servicio.

3) Que el salario de los indígenas mayores de edad sería de cuarenta y ocho pesos bolivianos, o sea cuatro pesos mensuales; el de los menores de edad y el de las mujeres la mitad de aquella cantidad, es decir, dos pesos mensuales.

4) Que los patrones darían a los indios cuatro vestidos anuales y una peseta semanal, sin perjuicio de poder aumentar el número de vestidos a seis si así lo juzgasen necesario, debiendo imputar todo a cuenta de los propios indios.

5) Que les darían, asimismo, dos comidas diarias en cantidad suficiente como para su necesario alimento, y en las mismas horas que acostumbraban a hacerlo con los naturales del país.

6) Que los patrones, en su condición de tales tenían sobre los indígenas los mismos derechos que en esa provincia tenían sobre los jornaleros naturales y, a su vez, los indígenas estaban sujetos para con sus patrones a los mismos deberes que aquellos jornaleros.

7) Que en caso de enfermedad de los indígenas los patrones estaban obligados a hacerlos curar a cuenta de los indígenas mismos.

8) Que la liquidación de los salarios se haría anualmente con intervención de los representantes de los indígenas.

9) Que los saldos que resultaran a favor de los indígenas permanecerían en poder de sus patrones hasta la terminación del contrato,

de Estudios Históricos, División Archivo, Organización Nacional, caja 71, legajo 19.397.

en cuyo término pasarían a los representantes para que estos les dieran la colocación conveniente.[185]

Como se describe en el primer ítem de la enumeración precedente, el contrato se ajustaba al Reglamento General de la Policía de Tucumán de 1877, en el cual, al igual que otras normativas similares vigentes en el resto del país, se reglamentaban todos los asuntos relativos al campo y a las relaciones entre patrones y peones. En la práctica este instrumento legal servía para coaccionar y disciplinar una mano de obra escasa y reacia a incorporarse a un mercado de trabajo salarial.

En realidad, esto no era una novedad respecto de las relaciones laborales en la provincia, pues era común que los propietarios, ante la escasez de brazos, apelando a mecanismos de coacción y para ello de ciertos instrumentos, como la "papeleta de conchabo" y el dicho Reglamento General de Policía, eran sumamente eficaces para atacar la supuesta vagancia y holgazanería de los peones y garantizar con la fuerza policial el cumplimiento de los contratos y los derechos de los patrones sobre los trabajadores.

Como sostiene Roberto Pucci, este tipo de reglamentos, al que se sumó luego la llamada "Ley de Conchabos" sancionada en 1888, cumplieron dos funciones principales para el desarrollo de los mecanismos de explotación sobre los trabajadores rurales en general, o como en este caso sobre los contingentes indígenas arribados a Tucumán desde los territorios del sur. La primera impidiendo el traslado de mano de obra y fijando a los trabajadores en las plantaciones ante la insuficiencia de la oferta de fuerza laboral, y la segunda como recurso

---

[185] Contrato celebrado entre los comisionados del Gobierno y la Defensoría de pobres y menores para reglamentar las relaciones entre los industriales y los indígenas, Tucumán, 9 de diciembre de 1878. En Cordeiro, Ramón y Carlos Viale (Comp.), *Compilación ordenada de leyes, decretos y mensajes del período constitucional de la Provincia de Tucumán; que comienza en el año 1852*, Tucumán, Edición Oficial, 1917, Vol. VII, p. 247.

para maximizar la renta incrementando los beneficios de plantadores y dueños de ingenio.[186]

En efecto, si repasamos algunos de los artículos principales de ese reglamento veremos la validez de las afirmaciones de Pucci. Así, por ejemplo, el 53 determina que la policía sería la encargada de llevar un registro de peones y sirvientes a jornal, y que en ese registro constaría la ocupación y el patrón al cual servían. Las papeletas de conchabo[187] se renovarían una vez por año durante el mes de junio, pagando el trámite el patrón por los peones a jornal dos reales por cada uno, y un real por los sirvientes matriculados.

El patrón contaba con la jerarquía de magistrado doméstico revestido de autoridad policial para hacer guardar el orden dentro de su propiedad, y para hacer cumplir a sus peones y sirvientes sus deberes (artículo 55).

---

[186] La Ley N° 582 de 1888 de la Provincia de Tucumán, o "ley de conchabos", perfeccionó las normas fijadas en el Reglamento General de Policía favoreciendo los intereses de industriales y plantadores ya que, si bien suavizó ciertas disposiciones de aquél al eliminar —por ejemplo— los castigos corporales, por otro lado convirtió a la policía provincial en oficina de reclutamiento laboral al servicio de los grandes plantadores eliminando la competencia de los demás. Por otra parte, la ley de conchabos sólo regía para los trabajadores con ingresos menores de 50 pesos mensuales, siendo entonces su efecto mantener a los trabajadores rurales por debajo de ese nivel de remuneración. Véase Pucci, Roberto, "Tucumán 1880-1917: su estructura económico-social. Pautas para una interpretación del 'despegue' azucarero", en *Cuadernos de Historia Regional* N° 5, Buenos Aires, Universidad Nacional de Lujan - Eudeba, 1986, p. 13.

[187] La "papeleta de conchabo", siguiendo la definición de Daniel Campi, era un documento emitido por una autoridad competente (policía o juez de paz) que certificaba que determinado individuo estaba regularmente cumpliendo con un trabajo para algún patrón. Para quienes no poseían "oficio, profesión, renta, sueldo, ocupación o medio licito para vivir" la "papeleta" era condición de su existencia legal, ya que sin tal documento eran considerados vagos (o sospechosos de serlo) y pasibles de ser perseguidos y castigados como tales. Véase Campi, Daniel, "Captación forzada de Mano de Obra y Trabajo Asalariado en Tucumán 1856-1896", op. cit., p. 47.

Todo patrón podía contratar solamente un peón o sirviente si éstos contaban con la papeleta de conchabo de su anterior patrón o el certificado de la policía donde constaba que estaba libre para poder contratarse (artículo 57).

El patrón podía castigar las faltas cometidas por el peón o sirviente siempre que ello no provocara heridas, contusión o enfermedad. Si la falta fuera de aquellas que comprometían el orden, el patrón estaba autorizado a detener al responsable y ponerlo en prisión hasta dar cuenta a la policía, lo que debía ocurrir dentro de las veinticuatro horas de producido el hecho (artículo 61).

En caso de alzamiento contra el patrón, mayordomo o capataz de alguno o algunos peones el resto de los mismos debía colaborar para contener y desarticular el amotinamiento, si no lo hacían podían ser castigados con penas de prisión (artículo 63).

El peón o sirviente que desertare de la casa de su patrón retirándose del trabajo sin su licencia sería considerado un vago, y castigado como tal (artículo 65).

Los jornaleros y domésticos que se ausentaran de sus tareas ordinarias sin licencia de su patrón serían recogidos por la policía y compelidos al trabajo. En caso de huelga de jornaleros o sirvientes serían tratados como vagos y penados como tales por la policía (artículo 77).[188]

Casi contemporáneamente el establecimiento del contrato laboral, comenzaron a llegar a la capital tucumana los primeros contingentes de un total de 600 indígenas que, en una primera etapa, había dispuesto enviar el Ministerio de Guerra y Marina. Arribaron por distintos medios, algunos directamente desde su punto de concentración en la frontera sur; otros fueron transportados hasta la isla Martín García y allí embarcados en vapores que los trasladaron al puerto de Rosario, siguiendo luego viaje por tierra hasta su destino final.

---

[188] Véase "Reglamento General de Policía. Sección V: De los Vagos, Jornaleros y domésticos. Tucumán, 20 de marzo de 1877", en Cordeiro, Ramón y Carlos Viale, op. cit., tomo VI, p. 350.

Según el informe enviado por el Gobernador al ministro Roca anunciando el arribo de los primeros grupos de indígenas, muchos mostraban a su llegada las secuelas del largo viaje y de su anterior cautiverio, siendo sus condiciones físicas deplorables, por lo que fue menester prestarles rápida atención tanto en alimentos como en vestidos; incluso algunos de los recién llegados se encontraban enfermos de viruela, habiendo fallecido más de cuarenta en los días siguientes.[189]

Apenas llegados, y de acuerdo a las pautas convenidas, fueron rápidamente distribuidos en los distintos ingenios y establecimientos agrícolas y también en las casas de familia de aquellos que previamente lo habían solicitado, comenzando de esta manera su nueva vida. Sin embargo, no había transcurrido demasiado tiempo de su llegada cuando los indígenas volvieron a ser noticia: las duras condiciones de vida y de trabajo a las que fueron sometidos desde un principio generó diversas formas de resistencia que se expresaron en intentos de fuga y en sublevaciones, que incluyeron no pocos actos de violencia como saqueos[190] y "la muerte a palos a una pobre mujer para robarle la botella de leche o sus andrajosos trapos"[191].

---

[189] Carta del Gobernador de Tucumán al ministro de Guerra y Marina, del 31 de diciembre de 1878, en el Archivo General de la Nación, Archivo Roca, legajo N° 6.

[190] "Seis indios pampas del establecimiento del señor Padilla atropellaron un rancho de los peones del señor Pomares, con miras de robar lo que allí había [...] pero los peones hicieron resistencia con cuchillo en mano y los indios tuvieron que apretarse el gorro. No hay que descuidarse de los indios si se los tiene con hambre [...]", diario *El Argentino* N° 143, San Miguel de Tucumán, 28.1.1879. Citado por Asfoura, Olga, "Pampas y ranqueles en la Provincia de Tucumán", en *Congreso Nacional de Historia sobre la Conquista del Desierto. General Roca,* noviembre de 1979, Buenos Aires, Academia Nacional de la Historia, tomo III, p. 260.

[191] Periódico *La Razón* N° 957, San Miguel de Tucumán, 9 de febrero de 1879, p. 1 col.4., citado por Asfoura, Olga, op. cit., pp. 265-266.

Esta serie de incidentes motiva la atención de la prensa tucumana y despierta sentimientos encontrados en buena parte de la sociedad acerca de la presencia de los indígenas en la provincia, ya que empresarios y terratenientes hacen oídos sordos s los incidentes y siguen solicitando nuevas remesas de indígenas porque, si bien conforman una mano de obra escasamente productiva, igualmente resultan rentables por su bajo costo. Mientras tanto, una parte importante de la sociedad tucumana condena este tipo de política inmigratoria basada en la incorporación de "salvajes de la pampa", los cuales ante los hechos ocurridos son visualizados como un peligro real para su seguridad y pide la suspensión de nuevos envíos.

Además, esta presencia origina un nuevo conflicto que tiene que ver con la sustitución de la fuerza de trabajo local por la indígena, tema reflejado por algunos medios de prensa como *La Razón,* periódico que muestra su total desacuerdo respecto a esta particular política inmigratoria a la que considera una "política desafortunada por cuanto el peón indio con su falta de hábito de trabajo, con su falta de civilización y con sus instintos feroces no ofrece ninguna ventaja". A continuación enumera los perjuicios que produjeron estos indígenas con sus actos de violencia, y concluye recomendando a los empresarios, plantadores y a todos aquellos que solicitaron mano de obra indígena que en cambio "ocupen a los nobles gauchos, los cuales se mueren de hambre con sus familias, mientras las de los salvajes comen carne y galleta".[192]

Sin lugar a dudas resulta doblemente significativo este comentario de *La Razón*, porque no sólo alude al peligro que significa para el conjunto de la sociedad tucumana —según afirma— el carácter violento de los indígenas, sino que también deja entrever una no disimulada puja entre la ya incorporada mano de obra local y la nueva que, sin lugar a dudas, también habrá sido motivo de disputas y encontronazos entre ambos actores.

---

[192] Ídem.

Sin embargo, las recomendaciones hechas por la prensa no tuvieron demasiado eco y la situación de los indígenas se mantuvo inalterable; los hechos de violencia continuaron sucediéndose hasta rematar con una grave sublevación en uno de los establecimientos que contaba con indígenas llegados desde el sur, determinando finalmente todo ello que las autoridades provinciales solicitaran al Ministerio de Guerra y Marina la suspensión momentánea del envío de indígenas "hasta tanto se los acostumbre a la obediencia y al trabajo".[193]

Al mismo tiempo, el gobernador Martínez Muñecas, haciéndose eco de los comentarios que circulaban en la capital tucumana acerca de presuntas irregularidades en el trato de los indios colocados por parte de sus ocasionales patrones, dispuso que los miembros de la Defensoría de Pobres y Menores hicieran una visita mensual a los establecimientos en los que habían sido instalados los aborígenes para constatar el cumplimiento de las cláusulas estipuladas en el contrato de trabajo, y analizar la veracidad de las denuncias planteadas.

Provistos de la nómina completa de los establecimientos y sus propietarios que habían recibido indígenas, del número total de estos asignados a cada uno de ellos y con la ayuda de un intérprete, los funcionarios judiciales iniciaron la investigación. El informe final resultó un testimonio revelador respecto de las condiciones de vida y de trabajo que debieron soportar los indígenas. Los funcionarios actuantes dieron cuenta de los pasos seguidos para cumplir con la comisión asignada. Así, informaron que:

> Los suscriptos, el Defensor de Menores y el de Pobres, en cumplimiento de la comisión conferida por el Excmo. Gobierno, nos transportamos en el día de ayer al establecimiento del señor Clementito Columbres: en el lugar denominado "El Colmenar", al objeto de averiguar como eran tratados los indios que se hallaban

---

[193] Carta del Gobernador de Tucumán al ministro de Guerra y Marina, del 11 de febrero de 1879, en Ministerio de Defensa, Dirección de Estudios Históricos, División Archivo, Organización Nacional, caja 72, legajo 19.550.

a cargo de este Sr. y si se cumplía o no el contrato celebrado entre los patrones de los establecimientos en que fueron distribuidos los indios y nosotros los representantes de estos [...]

[...] Con sentimiento tenemos que comunicar a S.S. que, según los informes recibidos y las averiguaciones practicadas, no se ha cumplido en todas sus partes el contrato celebrado.

Así que llegamos al lugar designado, fueron conducidos a nuestra presencia tres indias, vestidas con el traje que usan en sus toldos.

Preguntadas donde estaban sus compañeros, contestaron, que dos estaban enfermas, recién convalecientes de viruela, agregando que los dos indios que han quedado de los que no se han fugado habían salido en ese momento a bañarse. A las tres indias, pues, que se hallaban presentes, les hicimos las preguntas necesarias por medio de nuestro interprete a fin de saber como eran tratadas.

A la primera pregunta prorrumpieron en largo y continuado llanto, y llorando nos contestaron a las demás. Dijeron que su patrón era bueno. Pero [que] el capataz no era así. Que este las castigaba, mostrándonos una de ellas, la más anciana, las cicatrices de heridas producidas por el látigo en el brazo y en la cara. Que sólo le daban de comer una vez al día y su comida consistía en maíz con carne y la mayor parte de los días en maíz solamente –que muchos de sus compañeros enfermos de viruela murieron porque no podían comer esa comida–, que esto y los castigos recibidos habían sido la causa de la fuga de los demás indios.

El señor Columbres contestó: que no era cierto todo lo que afirmaban las indias. Que se les daba de comer dos veces al día, que sólo eran castigadas, como los demás peones, cuando no cumplían con su deber. Que es verdad que han muerto trece personas entre los hombres y mujeres, pero todos con viruela a excepción de una mujer anciana que murió de vejez. Las indias nos dijeron que se había muerto porque había sido castigada.

Agregó el señor Columbres que [de] los indios que tenía a su cargo, treinta se habían fugado y sólo han quedado ocho, que son cinco

> mujeres, dos hombres y un niño de cuatro a cinco años, que había sido abandonado por los que se fugaron, el cual se hallaba gravemente enfermo.
>
> Nos dijo que él no conocía el contrato celebrado, por lo cual tal vez había faltado a algunas de las obligaciones en el impuestas a los contratantes, como lo de darles semanalmente dos reales a cuenta de saldo, etc.
>
> Con esto concluimos nuestra visita, la cual tenemos el honor de ponerlo en conocimiento del señor Ministro, para que sirva elevarla al conocimiento de S.E. el señor Gobernador, a los fines convenientes [...][194]

Como se señaló, este informe no sólo exhibe la situación de los indígenas en sus nuevos destinos, sino también cuáles eran la consideración y el trato que les daban los propietarios que los tenían a su cargo. En efecto, la reseña que realizan estos funcionarios acerca de la vestimenta, la alimentación y la higiene nos muestran las condiciones en que vivían, a la vez que el relato acerca del castigo que reciben nos ilustra acerca del trato a que eran sometidos.

La descripción de los vestidos de las mujeres interrogadas, compuestos por prendas utilizadas habitualmente en sus primitivos asentamientos, que imaginamos raídas y gastadas por el uso y el paso del tiempo, así como la comida que recibían —sólo un plato diario de maíz que ocasionalmente era acompañado de un trozo de carne—, nos señalan el escaso interés de los encargados de estos indígenas no ya por mejorar la situación de estos, de acuerdo a lo que expresaban las autoridades nacionales, sino siquiera por mantener esta particular mano de obra.

Por otra parte no resulta difícil advertir que ante esas condiciones de vida a las que eran sometidos los indígenas, la aparición de algunas enfermedades infecto-contagiosas como la viruela produjeron estra-

---

[194] Nota de los defensores de pobres y menores al ministro de Justicia de Tucumán, del 10 de febrero de 1879, en Cordeiro, Ramón y Carlos Viale, op. cit., tomo VII, pp. 254-255.

gos, siendo mucho más mortífera por la falta de cuidados higiénicos y la nula atención sanitaria que recibieron.

Tampoco resulta extraño que el número de individuos que todavía permanecía en la explotación fuera tan escaso, pues las condiciones descriptas sin duda habían favorecido la evasión de sobrevivientes. Tampoco sorprende el reconocimiento por parte del dueño del establecimiento acerca de los castigos propinados a los indígenas, los cuales eran una práctica habitual en las relaciones laborales de la provincia a pesar de los límites prescriptos por las normas legales.

Incluso el descargo hecho por el propietario del establecimiento aduciendo su desconocimiento sobre los términos del contrato –aunque su argumento resulta poco convincente–, confirma, de alguna manera, lo expuesto por los indígenas, más si tenemos en cuenta que estas duras condiciones a la que estaban sometidos los indígenas poco diferían de las que ya se aplicaban a la mano de obra tradicional. Queda claro además que en la consideración de estos empresarios los indígenas no significaban más que una mano de obra susceptible de ser sobreexplotada, aunque en última instancia esto significara la rápida desaparición de la misma.

Sin embargo, a pesar de la contundencia de este informe, poco o nada varió la situación del resto de los indígenas que aún quedaba bajo la tutela de los empresarios, o la de los que fueron incorporados en los años siguientes. Los pocos sobrevivientes de aquella experiencia continuaron produciendo una serie de incidentes –verdaderas formas de resistencia–, tal cual lo atestigua esta noticia aparecida en un periódico tucumano a mediados de 1886:

> Habían sido unos perros indios pampas dados para el servicio del señor Nougués donde los tienen a dieta todo el año. [...] En la trifulca murió un caballo opositor [...] y no bien cayó el animal, sobre él se vio a los pampas, ciudadanos de San Pablo, que en un santiamén se lo repartieron en presas a nombre de los cristianos [...][195]

---

[195] Periódico *El Orden*, del 20.11.1886. Citado en García Soriano, Manuel, "Tucumán en el último tercio del siglo pasado", en *Revista de la Junta de Estudios*

Tanto lo expuesto en artículos periodísticos como en el informe de los funcionarios judiciales, y más allá de mostrarnos con elocuencia cual era el trato que recibieron aquellos indígenas distribuidos y el incumplimiento de las obligaciones contraídas por los empresarios, permite, además, conocer cuál fue el resultado de esta particular experiencia intentada por el ministro de Guerra y Marina de integrar a los indígenas a la "civilización" a través de la inserción como fuerza de trabajo en los ingenios azucareros de la provincia de Tucumán, y por qué ésta terminó en un completo fracaso.

Resulta evidente, por otra parte, que el interés de los empresarios distaba de ser coincidente con la enunciación de propósitos hecha por Roca, y veían a los indígenas como mera solución transitoria a la escasez de mano de obra.

Por lo tanto las condiciones en que estos vivían y el brutal trato recibido estaban justificados en función de maximizar la renta por parte de estos empresarios a través del bajo costo que suponía esta particular esclavitud. Paradójicamente, estas mismas condiciones de vida y de trabajo acercaron a los indígenas más rápidamente a su aniquilamiento y exterminio que a los objetivos de civilización e integración que en su momento había planteado el ministro Roca.

c) Incorporación de indígenas a las Fuerzas Armadas

"Naturalmente que en esta hazaña nos ha servido mucho el decirles que V. deseaba que se hicieran cristianos y así sería bueno que V. mostrara su agrado de algún modo como por ejemplo ordenando que le devuelvan al cacique Manuel Grande sus tres hijos, que son los únicos que tiene, Manuel Díaz, Francisco Díaz y Peregrino Díaz a quienes, según el, Leiria llevó engañados en esta última revolución, estando ellos por casualidad en el Azul; y según dice el viejo han sido destinados a la Artillería. También el cacique Tripailao agradecería mucho le devolvieran a su primo

Históricos de Tucumán, San Miguel de Tucumán, marzo de 1966, año I, N° 1, pp. 103-104.

> hermano Juan Cañeu que está en la Artillería de plaza, quien se
> encontraba en la cañonera Paraná cuando V. regresó en ella de
> Patagones y dice que le prometió dejarlo en libertad para volver
> a su tribu [...]"

Carta de monseñor Antonio Espinosa al general Julio A. Roca [196]

La presencia indígena en el servicio de las armas aparece ligada a dos formas diferentes de incorporación. Una, la más común, era formando parte de unidades integradas totalmente por indios a las que se denominaba generalmente como tropas auxiliares indígenas o Escuadrón de indios amigos. La otra, que comienza a efectivizarse durante la ofensiva final, consiste en la incorporación individual de aquellos guerreros indígenas que van cayendo prisioneros o se someten voluntariamente, los cuales ocupan las diferentes vacantes que se producen en las distintas unidades del Ejército y en la Marina de Guerra.

En el primer caso, las tropas auxiliares indígenas aparecen desde muy temprano acompañando a las distintas expediciones militares que se realizaron durante todo el largo período de enfrentamiento en la llamada Frontera sur y, por lo tanto, su presencia es una constante que se remonta a la época colonial y se extiende hasta la finalización de la ocupación militar.

Cabe señalar que esa presencia, así como la tarea desempeñada en el período que nos ocupa es realmente significativa, tanto durante el ministerio de Adolfo Alsina como durante el de su sucesor Julio A. Roca.[197] Incluso su accionar se mantiene en los años siguientes com-

---

[196] Carta de monseñor Espinosa al general Julio A. Roca, Carhué, 22 de febrero de 1881, en el Archivo General de la Nación, Archivo Roca.

[197] Así, por ejemplo, las cuatro divisiones que componían el Ejército Expedicionario al río Negro contaba con la siguiente participación de indios auxiliares: la primera división, cuyo comandante era el general Julio A. Roca, contaba con tres oficiales y 59 soldados indígenas, que formaban el Escuadrón de Lanceros Indígenas, y cuatro oficiales y 46 soldados indígenas que formaban *el* Escuadrón

partiendo con el resto de las fuerzas nacionales la seguridad fronteriza y en algunas ocasiones, como cuando se produjo la revolución de Carlos Tejedor, llegando a suplantar a las propias tropas de línea en el resguardo de la línea de frontera.[198]

Todavía en 1885, finalizadas las operaciones militares, según el informe presentado por el ministro del ramo al Congreso de la Nación se encontraban acantonadas en distintos puntos de la frontera un número importante de tropas auxiliares de indios.[199]

---

de Indios Amigos. La segunda división, comandada por el coronel Levalle, contaba con el Escuadrón de Auxiliares del Desierto, jefe el cacique Tripailao, 20 oficiales y 150 soldados indígenas. En cuanto a la tercera división al mando del coronel Racedo, la misma contaba con el Escuadrón de Ranqueles, la Compañía Única de Indios Auxiliares de Sarmiento Nuevo y los Piquetes Indios Auxiliares de Santa Catalina. También se sumaban los indios de Simón y los de Cayupan, todo lo que hacía un total de 15 oficiales y 230 soldados indígenas.

[198] Al respecto resulta ilustrativo el siguiente Acuerdo de Ministros sobre los Indios Auxiliares promulgado en abril de 1882: "Existiendo en servicio en algunas fronteras militares, en calidad de auxiliares, los restos de las tribus de indios que de tiempo anterior estaban sometidos al Gobierno, y no siendo posible, atendiendo a sus condiciones, licenciarlos, cuando por otra parte prestan servicios utilísimos en la Frontera, por los conocimientos prácticos que tienen del territorio, agregándose que en la actualidad estando regimentados, y bajo un régimen militar, es provechoso conservarlos en las líneas de frontera y no internarlos a otros puntos, fuera de la vigilancia de las tropas. Por estas consideraciones: El Vice-Presidente de la República en ejercicio del Poder Ejecutivo, en acuerdo de Ministros Resuelve: La Contaduría General abrirá un crédito especial por la suma de setenta mil pesos fuertes ($70.000) equivalente a setenta y dos mil trescientos treinta y tres pesos con cuarenta y siete centavos moneda nacional ($72.333,47 m/n), al cual se imputaran sueldos y gastos de Indios Auxiliares que están agregados a las guarniciones de la línea del río Negro, línea interior de la Pampa y frontera de Santa Fe sobre el Chaco. Madero - B. Victorica - E. Wilde - J. J. Romero - B. Irigoyen - V. de la Plaza.

[199] Informe del ministro de Relaciones Exteriores y Culto a cargo del Ministerio de Guerra y Marina. En Congreso de la Nación, Cámara de Diputados, Diario de Sesiones, año 1885, p. 517.

En cambio, la incorporación a la Marina es propia de la etapa que estamos estudiando, y como ya se señaló se va efectivizando a medida que avanza la ocupación militar y, por ende, va aumentando la cantidad de indios reducidos. Razones de tipo estratégico, pero también ligadas a las dificultades cada vez más crecientes para poder cubrir las vacantes que se producían en las distintas reparticiones militares, fueron las que impulsaron a destinar a un gran número de indígenas al servicio de las armas.

De esta manera los "bárbaros y altivos" enemigos de ayer pasaron a ser rápidamente disciplinados y eficientes reclutas, valientes soldados y marineros y dispuestos a luchar por la patria y respaldar la autoridad del Estado que los había sometido, en la opinión de sus superiores y de las autoridades de turno. Pero algunos testimonios de la época indican lo contrario, y confirman que en algunos casos perduraron formas de resistencia y una obstinada búsqueda de la tan ansiada libertad más allá de la frontera, la que seguirá siendo un objetivo siempre presente en sus pensamientos.

Incorporación indígena en el Ejército y la Marina de Guerra

> "Es conveniente que me mande cuanto antes esos 19 indios prisioneros que tomó el Mayor Alvarez. Los necesito con urgencia para el Batallón de Artillería de Plaza [...]"
>
> Telegrama de Julio A. Roca al comandante Freyre, en 1878.[200]

Por el Decreto 362 dictado el 28 de septiembre de 1872, el ejército de línea era reclutado por alistamiento voluntario, por "enganchados" y "destinados", y en caso de insuficiencia por "contingentes".[201] La

---

[200] Telegrama del general Julio A. Roca al comandante Freyre, del 16 de agosto de 1878, en Olazcoaga, M., op. cit., p. XLIV.

[201] Los "enganchados" eran individuos que se comprometían a servir en los distintos cuerpos del Ejército de Línea o de la Marina de Guerra durante cuatro años, a cambio de una retribución que percibían de la siguiente manera, una

escasez de voluntarios hizo que a fines de la década de 1870 el ejército estuviera prácticamente conformado en su mayoría por personal enganchado, y el resto por destinados. Esta situación se agravaba pues buena parte de los soldados contratados habían cumplido largamente con su servicio y debía dárseles de baja. En relación a este problema el ministro de Guerra y Marina informó al presidente Avellaneda:

> En uno de los estados de la Memoria de la Comandancia General de Armas, encontrará V.E. el detalle de las bajas de soldados durante el año 1878. El Ejército está en su mayor parte cumplido y necesitamos remontarlo activamente para poder ir dando de baja a los que han terminado su tiempo de servicio y no prefieren reengancharse.
>
> En el año pasado tan solo, como se ve en el estado a que me refiero, se han dado de baja un mil noventa y cuatro soldados, número exorbitante si se tiene en cuenta que nuestro ejército no pasa de siete mil hombres.[202]

A esto hay que anteponer la sanción de la Ley 10.830, de junio de 1877, que concedió la amnistía general a todos los individuos que hubieren sido destinados al servicio de las armas por causas políticas o militares debido a su participación en alguna sedición

---

parte a la entrada y la otra a la salida. Se les exigía como requisito para engancharse gozar de buena salud, tener entre 18 y 45 años de edad y poseer buenos antecedentes. El saber leer o escribir no era un requisito indispensable. Por su parte los soldados voluntarios, como su nombre lo indica, eran aquellos que se alistaban por propia voluntad a cambio de un estipendio mensual que era menor que el percibido por los enganchados. En contraposición no estaban obligados a firmar ningún contrato ni tampoco a permanecer determinado tiempo bajo bandera, pudiendo abandonar el servicio cuando lo desearen. Los "destinados" era aquellos que al ser considerados civiles vagos o delincuentes por las autoridades eran, de acuerdo al decreto del 31 de octubre de 1862, destinados al servicio de las armas. Su tiempo de revista no era inferior a seis años, y para esta etapa constituían la mayoría de los soldados y marineros que integraban las distintas unidades del Ejército de Línea y la Escuadra Nacional.

[202] En la Memoria del Ministerio de Guerra y Marina, año 1879, tomo 1, p. VIII.

o rebelión, y que como consecuencia de su aplicación se había incrementado el número de bajas.[203]

Las circunstancias mencionadas hicieron que se produjeran gran cantidad de vacantes en los diferentes regimientos y batallones de línea que fueron difíciles de cubrir, siendo ello uno de los motivos principales de la supresión de algunos regimientos de caballería.[204]

Esta dificultad provino esencialmente del poco éxito que tuvieron las distintas convocatorias de enganche que se llevaron a cabo en los años anteriores, ya que las duras condiciones del servicio, el incumplimiento de los contratos y los constantes atrasos en los pagos de sueldos —que en algunos casos llegaban a varios años— las hicieron muy poco atractivas.[205]

Pero dada la situación nacional e internacional que le tocaba vivir en esos momentos al gobierno argentino era imperioso allanar esa dificultad, porque si bien estaba concluyendo victoriosamente la campaña militar contra los indígenas en el sur del territorio no había desaparecido, ni mucho menos, el peligro de un conflicto armado con

---

[203] El texto de la ley decía lo siguiente: "El Senado y Cámara de Diputados de la Nación Argentina reunidos en Congreso, sancionan con fuerza de ley: Artículo 1- Concédase Amnistía General a todos los individuos que hubiesen sido destinados al servicio de las armas por causas políticas o militares con ocasión de rebelión o sedición. Artículo 2- Comuníquese al Poder Ejecutivo. Mariano Acosta - Félix Frías - Carlos Sarana Secretario del Senado - Miguel Sorondo Secretario de Diputados", en el Registro Nacional, año 1877, p. 607.

[204] "La supresión de los cuerpos de caballería si bien aconsejada por la necesidad de dar de baja a los soldados cumplidos y la dificultad de remplazarlos responden también a la conveniencia de aumentar el arma de artillería [...]", en Memoria de Guerra y Marina, año 1881, tomo I, p. X.

[205] Como ejemplo de lo señalado es interesante transcribir algunas noticias aparecidas en los periódicos de la época sobre el atraso en el pago de los haberes a la tropa del Ejército de Línea: "Se ha mandado abonar tres meses de sueldo al Batallón N° 2 de Línea de los treinta y dos que se le adeudan a este Batallón [...]", en *La América del Sud*, Buenos Aires, 4.10.1879, p. 3; "Al Regimiento 9 de infantería se le ha mandado abonar sus once meses de sueldo que se le adeudan [...]", diario *El Porteño*, Buenos Aires, 19.7.1879.

la República de Chile y, además, ya se comenzaban a vislumbrar los primeros síntomas del enfrentamiento entre las autoridades nacionales y el gobierno de la Provincia de Buenos Aires.

El problema del reclutamiento comenzó a tener viso de solución con la incorporación paulatina de aquellos indios de pelea tomados prisioneros, los cuales, a diferencia de en épocas anteriores, no fueron incorporados formando cuerpos auxiliares integrados exclusivamente por indígenas sino que ingresaron directamente en las diferentes unidades del Ejército y fueron de manera individual y paulatina cubriendo las vacantes producidas en los distintos regimientos y batallones. Al respecto el propio Roca señalaba la grata sorpresa que le deparaba "la disposición de la raza araucana para transformarse, que sorprende como en pocos meses se hacen soldados y se convierten en marineros".[206]

En el mismo sentido se expresaba el Presidente de la Nación al inaugurar las sesiones legislativas de 1879: "El indio es un excelente soldado y ha entrado a llenar el cuadro de nuestros batallones. Puede ser un buen marino y actualmente se adiestran más de doscientos en las maniobras subalternas de marinería".[207]

En efecto, a medida que los derrotados guerreros indios caían en poder de las autoridades militares, éstas, a través de la Comandancia General de Armas, los iban distribuyendo en las distintas unidades militares. Ingresaban de acuerdo a la Ley de Reclutamiento sancionada en el año 1872 y lo hacían en calidad de "destinados" por un período de seis años, aunque conviene señalar que en la práctica muchos de ellos excedieron largamente ese tiempo de revista.[208]

---

[206] Archivo General de la Nación, Archivo Roca, legajo 12.

[207] Discurso del presidente de la Nación Nicolás Avellaneda al abrir las sesiones del Congreso de la Nación, en mayo de 1879, en Mabragaña, Heráclito, op. cit., p. 24.

[208] "Tengo el honor de participar a V.S. que de los cuarenta y nueve indios venidos de Santa Fe para ser dados de alta en el Regimiento a mi mando solo se han recibido cuarenta y cinco habiendo sido devueltos al Gefe *(sic)* político

Estas incorporaciones comenzaron a producirse en forma sistemática a partir del segundo semestre de 1878, y tenemos conocimiento de ellas a través de los pedidos efectuados por el ministro de Guerra y Marina a los diferentes Comandantes de Campaña que operaban en el territorio indio, con el fin de que remitieran rápidamente los indígenas prisioneros en condiciones de ser incorporados al servicio de las armas. Desde ese momento y durante todo el año siguiente son frecuentes las informaciones aparecidas en los distintos medios de prensa porteños sobre la llegada a la Ciudad de Buenos Aires de contingentes de indios prisioneros destinados al ejército de línea.[209]

Si bien no contamos con datos oficiales específicos y completos sobre el número exacto de indígenas que formaron en las filas del Ejército durante el período que abarca nuestro estudio, apelando a fuentes documentales como las listas de revista y los libros de enganche de algunos cuerpos correspondientes a ese momento, hemos confeccionado el siguiente cuadro demostrativo en el que se indica

---

de Rosario los cuatro restantes por resultar completamente inútiles para el servicio de las armas. Las filiaciones de estos individuos no podrán remitirse a esa inspección hasta que V.S. se digne hacerse conocer el tiempo porque vienen destinados. Dios Guíe a V.S. firmado: Leopoldo Nelson

Abril 13 de 1880. Contéstesele que los indios son siempre destinados por seis años. Campos [...]", nota del comandante L. Nelson al Inspector y Comandante General de Armas, el 11 de abril de 1880, e indicación de respuesta. En Ministerio de Defensa, Dirección de Estudios Históricos, División Archivo, Organización Nacional, caja 75, legajo 20.144.

[209] "El vapor Rosales fondeó ayer en nuestro puerto con procedencia de la isla Martín García, conduciendo 185 indios. De estos son 77 chinas, 36 criaturas y 72 hombres. Las chinas y las criaturas han sido puestas a disposición de la Sociedad de Beneficencia y los hombres la mitad han sido destinados entre los cuerpos de línea y la otra mitad en la Escuadra Nacional [...]", en *La América del Sud*, Buenos Aires, 2.5.1879, p. 3; También: "De los trescientos indios que llegaron ayer del Bragado, 95 de chusma han sido puestos a disposición de la Sociedad de Beneficencia para su distribución y los demás serán destinados a la remonta de varios cuerpos del ejército [...]", en diario *El Porteño*, Buenos Aires, 15.5.1879.

la cantidad de indígenas destinados en cada cuerpo y su proporción respecto del total de los soldados que integraban cada uno de los regimientos y batallones allí consignados.

Cuadro 5
Número de indígenas en cada unidad militar y su porcentaje respecto del total del personal incorporado, años 1878 a 1881

Unidad	Personal total	Indios	Proporción
Regimiento 1 de Artillería	290	74	24%
Regimiento 2 de Artillería	146	60	41%
Batallón de Artillería	132	65	50%
Regimiento 1 de Caballería	224	40	18%
Regimiento 8 de Caballería	203	49	24%
Regimiento 11 de Caballería	197	52	26%
Regimiento 12 de Caballería	207	41	20%
Batallón 2 de Infantería	142	26	18%
Batallón 4 de Infantería	254	99	39%
Batallón 5 de Infantería	165	55	33%
Batallón 6 de Infantería	302	119	39%
Batallón 7 de Infantería	268	70	26%
Batallón 8 de Infantería	258	90	35%
Batallón 11 de Infantería	179	110	61%
Total	2967	927	31%

Fuente: Ministerio de Defensa. Dirección de Estudios Históricos. Listas de Revista y Libros de Enganche, años 1878 a 1881.

Una primera lectura de este cuadro señala, por un lado, que prácticamente un tercio del personal incorporado en estas catorce unidades registradas son indígenas y, por el otro, que en términos generales esta proporción es más alta en las armas de infantería y artillería y menor entre las unidades de caballería. Queda demostrado de esta manera que la cantidad de indígenas destinados al ejército de línea, que revistaban en éste a principios de la década de 1880, alcanzaba una magnitud significativa tanto en términos absolutos como porcentuales.

Esta importante participación indígena en el ejército nacional no pasa desapercibida y es motivo de variados comentarios periodísticos, principalmente cuando hace eclosión el conflicto entre la Provincia de Buenos Aires y el Estado nacional y se producen los enfrentamientos armados entre las fuerzas que se subordinan al gobernador Carlos Tejedor y las que lo hacen con el gobierno nacional, haciéndose evidente la singular participación de los soldados indígenas en las últimas.

> Cuando el Ministro de Guerra, General Roca, empezó a convertir en soldados, incorporándolos a los cuerpos de línea a los indios prisioneros, se denunció y condenó el hecho como un peligro [...] Actualmente se cree que en los diversos cuerpos acumulados en esta ciudad hay cerca de mil indios.
>
> Es malo jugar con estas cosas, deben suprimirse semejante gendarmes; los indios prisioneros no pueden formar parte de un ejército destinado a barrer las calles de Buenos Aires [...][210]

En el mismo sentido, el escritor y periodista Ricardo Gutiérrez en su libro *La muerte de Buenos Aires* también denuncia la presencia de indígenas en algunas unidades del ejército nacional acantonadas en la ciudad porteña en vísperas de producirse el levantamiento armado. En su relato Gutiérrez refiere que,

> El 8 de línea era el único cuerpo que había logrado, no sabemos por qué, hacerse antipático a Buenos Aires.

---

[210] Diario *La Nación*, Buenos Aires, 12.1.1880.

Sus filas habían sido llenadas con indios, al extremo de contarse entre ellos tantos indios como soldados antiguos.

El coronel Donovan no tenía las simpatías del pueblo, que desconfiaba de sus indios y veía en el 8 un cuerpo decididamente enemigo de Buenos Aires.

¿Cuál era el origen de esta prevención?

No se nos ocurre otro que los motivos que hemos apuntado.[211]

La significativa presencia indígena en las distintas unidades del ejército de línea se mantuvo en los años siguientes y hasta 1884 la misma seguía siendo importante —transcurrido ya bastante tiempo desde la culminación de la campaña del general Roca al río Negro—, a tal punto que no escapaba a la percepción del entonces senador nacional Aristóbulo del Valle quien, en ocasión de discutirse en el Congreso la aprobación de un proyecto oficial para llevar a cabo una expedición militar contra las comunidades indígenas del Chaco afirmaba:

Veamos, con relación al ejército mismo, lo que sucede. No tengo datos estadísticos, y quizás el señor Ministro de Guerra pueda decirlo; pero tengo la observación individual, respecto de los batallones que veo todos los días en la ciudad de Buenos Aires.

La mitad de los soldados, más o menos, de esos batallones son indios.

No se si será la mitad o la cuarta parte, poco importa, pero la gran masa de los batallones argentinos se componen de indios.[212]

Incorporación indígena en la Marina de Guerra

"Indios Marinos: Han sido puestos a disposición de la Comandancia de Marina, para que les dé destino conveniente a bordo de

---

[211] Gutiérrez, Eduardo, *La muerte de Buenos Aires*, Buenos Aires, Hachette, 1959, p. 125.

[212] Intervención del Senador A. del Valle. En Congreso de la Nación, Cámara de Senadores, Diario de Sesiones, 19 de agosto de 1884, p. 377.

> los buques de la Escuadra Nacional, los 21 indios que están en el
> cuartel del 6° de Línea y 5 en el Regimiento de Artillería [...]"

Periódico *El Nacional*.[213]

> "Por el Ministerio de Marina se ha dispuesto que el bergantín
> Rosales se estacione en la isla Martín García, con el objeto de que
> sirva de escuela de marinería a los indios que han sido destinados
> para eso [...]"

Periódico *La América del Sud*.[214]

La decisión del gobierno nacional de incorporar parte de los indígenas sometidos a la Marina de Guerra obedeció a dos razones principales. La primera de ellas tiene que ver con la creciente dificultad que tenía ese Departamento, al igual que sucedía en el de Ejército, para cubrir las distintas vacantes producidas en la escuadra nacional.

Intentando dar solución a este problema, en abril de 1879 el Gobierno dictó el Decreto 1627 ordenando que cada vacante producida en la Marina se resolviese en lo posible con personal que ya estuviera incorporado. Además, especificaba que la incorporación de marineros se haría de acuerdo a la Ley de Reclutamiento del Ejército Nacional, y que para proceder así se debían preferir los marineros en actividad en ese momento y, sólo a falta de ellos, se autorizaba a "levantar bandera de enganche".[215]

Sin embargo, este método previsto por el Gobierno para solucionar el problema de las vacantes en la Marina de Guerra tuvo escaso resultado en su aplicación, ya que la mayor parte de los marineros embarcados, al finalizar su tiempo de enganche, se rehusaban a seguir incorporados y firmar contrato por un nuevo período. Por lo menos así lo había demostrado el resultado de la convocatoria a ese efecto hecha por las propias autoridades nacionales durante el transcurso del

---

[213] Periódico *El Nacional*. 16.10.1878. p. 3.

[214] Periódico *La América del Sud*, Buenos Aires, 19.2.1879.

[215] Argentina, Boletín Oficial, Decreto N° 1627, abril de 1879, p. 74.

año 1879, la que había obtenido un menguado resultado tal como lo demuestra el siguiente cuadro.

Cuadro 6

Respuesta de los marineros en servicio respecto de la propuesta gubernamental sobre enganche

REPARTICIÓN Capitanía General	ACEPTAN ENGANCHE	ALISTAN COMO VOLUNTARIOS	NO ACEPTAN NADA
San Nicolás	2	–	28
Rosario	8	–	–
Paraná	–	–	16
Santa Fe	4	–	–
Corrientes	–	7	–
Concepción del Uruguay	–	–	10
Gualeguaychú	4	–	–
Concordia	4	–	–
Subdelegaciones	–	10	–
Tigre	–	–	4
Riachuelo	–	9	13
Gualeguay	4	–	–
Carmen de Patagones	s/d	s/d	s/d
Paso de los Libres	–	7	–
Chubut	s/d	s/d	s/d
Martín García	–	–	10
Total 140 marineros	26	33	81

Fuente: Expediente del 17 de julio de 1879, en el Archivo General de la Nación, Sala III, 2-4-9.

Las cifras del cuadro indican que sobre un total de 140 marineros, 81 de ellos rechazaron el alistamiento por un nuevo período, 33 lo hicieron como voluntarios y sólo 26 estuvieron dispuestos a firmar un nuevo contrato de enganche. En esta relación contractual decidió continuar sólo una pequeña proporción: 18,5 % del personal.

Por otra parte, un dato curioso que ofrece este cuadro es la cantidad de marineros que optan por ser voluntarios, y que es algo mayor que la de los enganchados. Esta decisión se explica en el hecho de que aunque el marinero enganchado tenía estipulado un sueldo mayor el permanecer en esa condición significaba la pérdida de su independencia, pues una vez celebrado el contrato el enganchado debía cumplirlo especialmente en lo referido a su duración más allá de que fuera el Estado el que no cumpliera con sus obligaciones, lo que sucedía principalmente en lo referido a los pagos que en ciertas épocas registraban atrasos que llegaban a varios meses y hasta años.[216]

Si a estos atrasos les sumamos lo escaso de la remuneración —y que hasta 1879 parte de ésta debía destinarla el marinero a pagar su propio sustento alimenticio—, las duras condiciones por las cuales debía atravesar estando embarcado, la larga duración del contrato y la prohibición de rescindirlo, resulta entonces entendible las razones de la escasa repercusión que tenían las distintas convocatorias de parte del Departamento de Marina para incorporar nuevo personal o mantener a aquel ya contratado.

Además, la aplicación de este sistema no estuvo exenta de arbitrariedades y abusos cometidos principalmente por los propios capitanes

---

[216] Como lo señalamos en el texto respecto a los pagos de las cuotas de enganche y los sueldos adeudados, el panorama es bastante similar a lo que sucedía en el Ejército de Línea, siendo también en estos casos frecuentes las noticias periodísticas sobre el atraso de los mismos: "A la tripulación de la cañonera *Paraná* se le abonaron seis de los catorce meses que se le adeudaban [...]", en el periódico *La América del Sud*, Buenos Aires. 23.2.1879; también: "Hoy se le pagará a la tripulación del encorazado *El Plata*, los cinco meses de sueldo que se le adeudan [...]", diario *El Porteño*. Buenos Aires, 24.7.1879.

de las distintas embarcaciones que componían la escuadra de guerra, los cuales contrataban a los marineros por dos, cuatro o seis meses y una vez pasado ese tiempo les daban de baja sin abonarle los sueldos respectivos, y muchas veces sin dejarles, siquiera, la ropa que se le diera para el servicio.[217]

Por tal motivo, a mediados de 1878 se prohibió a los capitanes de la Marina de Guerra disponer ingresos y egresos en las tripulaciones a su cargo.

La segunda razón de peso que incidió en la determinación de incorporar indígenas en la Marina se vincula con la necesidad imperiosa de reemplazar en la escuadra nacional con nativos del país a los tripulantes de origen extranjero, que los había en gran cantidad. Esta perentoriedad, según las propias autoridades nacionales, obedecía fundamentalmente a razones de seguridad, ya que no era improbable en el corto plazo un posible conflicto armado con la vecina República de Chile. Las autoridades entendían que sería más seguro contar con tripulaciones de origen nativo imbuidas de un espíritu patriótico, y no con marineros extranjeros que sólo prestaban sus servicios por un interés pecuniario.[218]

---

[217] Una denuncia de este tipo aparece en el periódico *El Nacional*. Buenos Aires, 9.9.1879.

[218] A propósito de este punto conviene transcribir la carta que le envía el comandante del encorazado *El Plata* al Comandante General de Marina, adjuntando el proyecto de creación de un Batallón de Marina y Escuela de Marineros, donde expone estos problemas: "Tengo el honor de acompañar a V.S. un proyecto para la formación de un Batallón de Marina y Escuela de Marineros, rogando a V.S. quiera elevarlo a la Superioridad para que si mereciere la aprobación del Exmo. Gobierno Nacional fuera puesto en práctica.

V.S. sabe perfectamente las grandes dificultades que se tocan para tripular los buques de nuestra armada y el trabajo que cuesta encontrar hombres aptos para emplear como marineros. Hasta hace poco la mayor parte de las tripulaciones eran compuestas de elementos heterogéneos por las distintas nacionalidades a las que pertenecían. Así es que siendo extraño a la patria y de ningún modo ligado a ella, por los fuertes vínculos que unen al nativo, prestando sus servicios

No obstante no aparecer claramente explicitado por parte del Gobierno se infiere que entre los nativos con espíritu patriótico debían incluirse los indígenas, aunque también, que habrían apelado a ellos porque eran los únicos individuos disponibles en ese momento. Probablemente los consideró más seguros que aquellos tripulantes de origen extranjero. Lo cierto es que la llegada de los indios tomados prisioneros sirvió para allanar las dificultades existentes hasta ese momento. Así, a principios de 1879 y por orden del ministro de

---

sólo por el interés, el temor al castigo y el respeto a la disciplina. Por otra parte V.S. sabe que no es posible formar marineros con el continuo movimiento de altas y bajas, ya por deserciones cuanto por el vencimiento del tiempo de sus contratos, término por demás reducido. De esto resulta que continuamente se están instruyendo marineros a bordo de los buques en los ejercicios de las variadas faenas marineras y armamento nuevo en uso, y que no se puede conseguir la conformidad completa que se obtendría si el servicio que deberían prestar fuera por mayor término. En todas las marinas extranjeras el hombre de mar que entra a prestar sus servicios, no lo hace por menos término que el de tres, cuatro y seis años, y por eso notamos los adelantos en maniobras y perfeccionamiento de aquellos [...]", Río Lujan, marzo 14 de 1879, Bartolomé Cordero. En Ministerio de Guerra y Marina, Memoria del Departamento de Guerra y Marina, año 1879, tomo II, p. 149.

También, a principios de ese año, el mismo comandante Cordero, elevaba a la consideración de la superioridad un proyecto para la formación de un Batallón de Marina de Reserva, el cual recibiría instrucción de artillería moderna e infantería en la isla Martín García.

El mencionado batallón estaría formado en parte por personal enganchado y en parte por los indígenas que se encontraban en la isla destinados al servicio de las armas. Para estos nuevos reclutas el término del servicio no excedería en ningún caso, según el proyecto, los cuatro años; de ellos, el primero sería de instrucción y el resto embarcados en los buques de la Armada. Una vez cumplido ese lapso se le extendería la baja juntamente con una constancia de su paso por la Marina de Guerra, la cual le serviría para poder alistarse como marineros en la marina mercante. Véase "Nota del comandante del encorazado *El Plata* al Comandante General de Marina". En Ministerio de Guerra y Marina, Memoria del Departamento de Guerra y Marina, año 1879, tomo II, pp. 56 y 57.

Guerra y Marina comenzó a funcionar una escuela de marinería en el vapor *Rosales*, cuyo alumnado estaba integrado por aproximadamente ciento cincuenta jóvenes indígenas de entre dieciocho y veinte años seleccionados entre los que se encontraban internados en la isla Martín García.[219]

El objetivo principal de la escuela, según la resolución firmada por Roca, era proporcionar en corto plazo marineros indígenas que sirvieran para reemplazar a aquellos extranjeros embarcados en las diferentes unidades que componían la escuadra de guerra.

Al mismo tiempo que se ponía en funcionamiento la escuela también se iban cubriendo las vacantes producidas en cada uno de los buques, dando de alta como marineros a los indígenas tomados prisioneros.[220]

Si bien, al igual que lo sucedido con los incorporados en el Ejército, no contamos con información específica acerca de la cantidad total de indígenas destinados como marineros en la Marina de Guerra y su porcentaje en relación con el total del personal. Para resolver este problema se ha elaborado el siguiente cuadro que, aunque incompleto, muestra la presencia indígena en la Marina. En el cuadro se incluye la cantidad de marineros indígenas destinados en cada una

---

[219] "Comunico a Ud. a los fines consiguientes, que por resolución de esta fecha se ha dispuesto, que de los indios que existen en la isla de Martín García, se destinen 150 de aquellos que se encuentren en mejores condiciones, al bergantín Rosales, para que se instruyan en los trabajos de marinería, a fin de que reemplacen más tarde, a los marinos de nacionalidad extranjera que se hallan tripulando los buques de la Armada […]", nota del ministro de Guerra y Marina dirigida al Inspector y Comandante General de Armas del 11 de marzo de 1879. En Ministerio de Defensa, Dirección de Estudios Históricos, División Archivo, Organización Nacional, caja 73, legajo 19.731.

[220] "Por orden del Ministerio de Guerra han sido dado de alta como marineros en la cañonera Uruguay diez indios. Igual número de indios han sido dados de alta como marineros en todos los buques de nuestra Escuadra y demás buques mercantes […]", en el periódico *La América del Sud*, Buenos Aires, 14.3.1879, p. 1.

de las naves que componían la escuadra y en otras dependencias del Departamento de Marina.

Cuadro 7
Cantidad de marineros indígenas distribuidos por embarcación y otros destinos, año 1879

Embarcación	Marineros indígenas
Encorazado *El Plata*	10
Encorazado *Los Andes*	3
Cañonera *Uruguay*	10
Cañonera *Constitución*	10
Cañonera *Pilcomayo*	4
Cañonera *República*	2
Corbeta *Cabo de Hornos*	6
Vapor *General Paz*	9
Vapor *General Brown*	10
Bergantín *Rosales*	8
Transporte *Villarino*	10
Otros destinos:	
Subprefectura Martín García	5
Piquete Guardacostas	42
Total	129

Elaboración propia en base a datos del Ministerio de Guerra y Marina, Memoria del Departamento de Guerra y Marina, año 1879. Ministerio de Defensa, Dirección de Estudios Históricos, División Archivo, Organización

Nacional; y periódicos *El Nacional*, *La Prensa* y *La América del Sud* correspondientes al año 1879.

Estos nuevos marineros indígenas fueron incorporados, como en el caso de los reclutados en el ejército de línea, en calidad de "destinados", pero con una asignación que en 1881 alcanzaba a los 12 pesos mensuales, según consta en el presupuesto del transporte *Villarino* correspondiente a ese año. Cabe señalar que esa suma era similar al sueldo que percibía un marinero de segunda clase.[221]

Esta incorporación de indígenas a la Marina de Guerra no sólo no pasó desapercibida sino que llamó la atención de algunos contemporáneos como el ya citado Nicanor Larrain (*Viajes en el "Villarino" a la Costa Sud de la República*), quien realizó el siguiente comentario a propósito de la presencia de marineros indígenas entre la tripulación:

> En el personal de la tripulación hay muchos indios, tan educados e instruidos en las maniobras, que uno se sorprende de que estos hijos de la Pampa hayan podido habituarse y hasta identificarse con el buque, siendo un género de vida tan diverso a la existencia nómade del salvaje.
>
> Sus nombres tehuelches, ranquelinos y pehuenches quedaron en la Pampa; la vida civilizada hizo olvidar sus nombres indígenas: hoy se llaman Bismark, Garibaldi, Cavour, Fabre; y así he visto a los homónimos del canciller alemán, del republicano francés o del famoso caudillo italiano, obedecer a órdenes como éstas:
>
> ¡Bismark! ¡A izar la vela del juanete!
>
> ¡Garibaldi! ¡A bracear la verga del trinquete!
>
> ¡Gambetta! ¡A izar el velacho!
>
> Y estos indios regenerados, corren alegres a ejecutar con la mayor precisión la maniobra de que han sido encargados, siendo casi siempre los primeros en la brigada de servicio.[222]

---

[221] Cabral, Luis, *Anales de la Marina de Guerra de la República Argentina*, Buenos Aires, Imprenta J. A. Alsina, 1904, p. 148.

[222] Larrain, Nicanor, op. cit., pp. 61-62

Si nos dejáramos llevar por las impresiones recogidas por Larrain en su contacto con estos singulares e improvisados hombres de mar durante su travesía a bordo del *Villarino*, deberíamos aceptar que los indígenas incorporados en el servicio naval se adaptaron sin dificultades y rápidamente a su nueva vida. Sin embargo, a la luz de otros testimonios, especialmente los brindados por los capitanes de algunos de los buques de la escuadra, tenemos que decir que en mucho de los casos esto no fue así y, por el contrario, el cambio de clima, de hábitat y de costumbres sumados a una deficiente alimentación, comenzaron muy pronto a provocar estragos entre los aborígenes que cayeron víctimas del escorbuto y de otras enfermedades infecto-contagiosas.

En efecto, no había transcurrido mucho tiempo desde las primeras incorporaciones de los nuevos marineros indígenas cuando comenzaron a llegar a la Comandancia General de Marina las comunicaciones de los capitanes de los distintos buques que componían la escuadra de guerra, anunciando las bajas producidas por enfermedad entre los tripulantes de ese origen. El primero en hacer llegar estas novedades fue el comandante del bergantín goleta *Rosales,* quien en una nota fechada el 16 de junio de 1879 anunciaba a sus superiores que en el buque a su mando se encontraban ocho marineros indios enfermos, habiendo fallecido uno de ellos el día anterior. Si bien no especificaba que tipo de afección les aquejaba igualmente solicitaba que pudieran ser evacuados a la isla Martín García para una mejor atención, y que fueran reemplazadas por otros en mejores condiciones físicas.[223]

A esta primera noticia le sucedieron otras del mismo tenor en los meses siguientes, cuando los comandantes de las diferentes unidades de la Marina anunciaban la cantidad de indios enfermos y los decesos producidos por el escorbuto:

Cumplo con el deber de comunicar a V.S. que con fecha 13 de octubre pasado falleció de escorbuto en el hospital provisorio ins-

---

[223] Nota del comandante del bergantín-goleta *Rosales* al Comandante General de Marina, del 16 de junio de 1879. En el Archivo General de la Nación, Sala III.

talado para los enfermos de abordo, en el puerto de Patagones, el marinero indígena Vicente Marevil, de la dotación de este buque, cuya filiación omito elevarla por existir ya copia legalizada de ella en el Detall de esa Comandancia General.

Como V.S. se había impuesto por notas anteriores, esta es la segunda defunción que ocurre a bordo, motivada por el escorbuto, de cuya grave afección se han asistido a bordo seis casos desarrollados a consecuencia de la inclemencia del clima, la humedad ocasionada por las continuas lluvias que hemos sufrido durante nuestra permanencia en Santa Cruz y regreso a Río Negro y por la completa deficiencia de una alimentación reparadora [...].[224]

La seguidilla de casos de escorbuto producidos en tan poco tiempo y la particularidad de que los afectados eran sólo los indígenas que formaban parte de las tripulaciones –mientras que el resto resultaba indemne–, no sólo preocupó a las autoridades navales sino que determinó que se dispusiera la formación de una Comisión de Higiene integrada por los médicos que revistaban en la escuadra para analizar las causas de la enfermedad y las condiciones de salubridad existentes en las diferentes embarcaciones.[225]

Realizado el estudio y las inspecciones correspondientes al poco tiempo la Comisión se expidió a través de un largo y pormenorizado informe,[226] el cual concluía con dos expresas recomendaciones. Una

---

[224] Nota del comandante de la corbeta *Cabo de Hornos* al Comandante General de Marina, Río de la Plata, 13 de noviembre de 1880, en Ministerio de Guerra y Marina, Memoria del Departamento de Guerra y Marina, año 1881, tomo II, p. 209.

[225] La comisión estaba integrada por los médicos Mariano Nasón, cirujano de la 1° División; Benjamín Araoz, cirujano principal de la 2° División; Alejandro Quiroga, cirujano de primera clase; y Federico Cuñado, también cirujano de primera clase.

[226] Este informe, cuyos párrafos más sustanciales transcribimos a continuación, no sólo demuestra cual era el estado de salud de los indígenas sino que, a la vez, es revelador de cómo los profesionales médicos imbuidos por un fuerte biologismo y un determinismo racial producto del pensamiento positivista entonces

en boga arribaban a conclusiones por demás antojadizas, y totalmente alejadas de las verdaderas causas que provocaban la enfermedad: "Efectivamente como dicen esas notas, ha sido prematura la aparición del escorbuto en Santa Cruz. El clima era benigno en los meses de Diciembre, Enero y Febrero *(sic)*, el estado moral de la tripulación inmejorable, los ejercicios metódicos, el sueño suficiente, la estadía fue corta y sin embargo, contra todas las previsiones ocurrieron varios casos de escorbuto. Es preciso, pues, que intervenga un nuevo elemento, para encontrar la causa de esa anomalía y la circunstancia de ser indios los tres enfermos de los Andes y el escorbútico de la cañonera República conduce al espíritu a examinar los efectos que la vida de mar puede producir en los hijos del desierto, cuya vida vagabunda y libre no se aviene con el rigorismo que caracteriza la profesión de marinero.

Esta transición tan repentina, ese cambio tan brusco de alimentos, de trabajos y perspectivas, esa reclusión en una casa flotante, lejos de los toldos que encierran la leyenda de su vida de correrías y bacanales salvajes, trabaja el espíritu del indio, modifica enérgicamente su organismo y crea la oportunidad desgraciada para que el escorbuto se manifieste.

Si se analiza esta situación someramente enunciada, se ve con claridad que entra en el círculo etiológico del escorbuto. Ahora vienen a robustecer esta opinión los casos ocurridos en la *Cabo de Hornos*, todos los escorbúticos han sido indios [...]". Y más adelante agregaba el informe respecto de la propensión de los indígenas a contraer ciertas enfermedades: "Por otra parte, pocos serán los que ignoran la predisposición del indio para las distrofias y afecciones infecciosas. Resisten es verdad el veneno telúrico, pero caen víctimas de las enfermedades eruptivas y de la infección tífica, sea que admitamos el desarrollo espontáneo, siguiendo la teoría de Stick, sea que nos avengamos a la concepción de la receptividad de los individuos. Lo que aquí tiene gran valor, y nos interesa consignar, es el hecho comprobado por una larga experiencia: que los indios son muchas veces diezmados por el tifus y la viruela. En la expedición a Santa Cruz hubieron varios casos de viruela entre los indios de la guarnición de tierra, otros en la cañonera *Uruguay* y otro más en la *Cabo de Hornos*.

Véase, pues, cuanto riesgo se corre llevando este elemento a bordo, donde los tripulantes viven mancomunadamente, respirando la misma atmósfera y que, por consiguiente, no podían preservarse, en los casos, desgraciados, de aspirar los productos halituosos *(sic)* de los virulentos [...]". Informe elevado por la Comisión de Higiene al Departamento de Guerra y Marina. En Ministerio de fue la de excluir a los indígenas de aquellas tripulaciones destinadas a campañas marítimas porque "los indios a bordo constituyen un mal elemento por [su] predisposición a las enfermedades navales". Otra tenía que ver con la alimentación del personal embarcado, ya que "la misma ha influido en la aparición tan temprana del escorbuto en nuestra marina naciente y debe ser modificada. A este respecto la comisión de higiene recomienda las conservas vegetales en uso en los platos de casi todos los países cultos, el buen vino, es decir lo mas puro posible, y los antiescorbúticos".[227]

Guerra y Marina, Memoria del Departamento de Guerra y Marina, año 1881, tomo II, p. 296.

[227] Producido por una Comisión de Higiene infundida de ciertos determinismo racial y biologismo que fundamentarían supuestas diferenciaciones en la constitución biológica de las etnias, y diferentes aptitudes de éstas para resistir o ser más propensas a determinadas enfermedades, el informe adolecería de serias inconsistencias y contradicciones en lo que hace al diagnóstico si bien reconoce fallas en la alimentación que necesariamente crean las condiciones para la presencia del escorbuto. Igualmente adjudican la aparición y propagación de la enfermedad a la particular constitución biológica de los indígenas, resultando así pertinente tratar de conocer cuales son las verdaderas causas que inciden en la adquisición de esta afección por parte de los marineros indios.

En este sentido debe entenderse que en tanto los indígenas no pertenecen a una "raza inferior" y que no sería esa condición la que los predispondría a ser vulnerables a determinadas infecciones y contagios, entonces aparece como más congruente que el deficiente estado sanitario, el hacinamiento, la falta de cuidado y la disminución y cambio brusco en sus dieta alimentarias bien pudieron ser algunos de los factores que incidieron en la adquisición de este tipo de enfermedad. Por otra parte, tampoco resulta convincente el argumento de que el traslado violento desde su hábitat natural, el cambio de costumbres, la nueva realidad que le toca vivir sean causas que por sí solas predispongan a una enfermedad caracterizada como avitaminosis. Sí coincidimos con que el extrañamiento de una región a otra y el cambio de pautas culturales sumados al desmembramiento familiar, a la perdida de la libertad y a la nueva vida en cautiverio bien pudieron ser, y de hecho fueron, origen de enfermedades psico-somáticas y psíquicas. Esta serie de condiciones adversas que debieron soportar los indígenas, producto de su nueva situación, produjo en muchos de ellos serios

El informe presentado por la Comisión fue avalado por su jefe inmediato en la jerarquía naval, el cirujano Mayor, quien insistió ante sus superiores sobre la inconveniencia de mantener a los indígenas a bordo, porque "no son jóvenes, porque no tienen hábitos marítimos acuáticos, y porque sus costumbres, genero anterior

---

trastornos físicos y emocionales que en algunos casos llegó hasta la locura: "En la isla Martín García, una india llamada Mimana ha sido atacada de enajenación mental. Su demencia parece producida por una profunda nostalgia. Varias veces ha intentado arrojarse al agua diciendo que en la costa están sus padres y sus hermanos esperándola. Llora constantemente y a gritos lamenta su cautiverio [...]", en el diario *El Porteño*, Buenos Aires, 10.2.1879.

Eduardo Racedo refiere que "De los prisioneros que cuidaba el Batallón 10 de Línea, perdió uno la razón.

Hubo necesidad de atarlo porque era loco furioso. Desde algunos días se notaba [que era] individuo taciturno y preocupado, no se comunicaba con ninguno de sus compañeros de infortunio. ¡Tal vez este infeliz, con sentimientos más exquisitos que los otros, pensando en sus hijos, en su esposa perdida y en su hogar desierto, se abandonó por completo a la desesperación, perdida toda esperanza [...]!", en Racedo, Eduardo, op. cit., p. 97.

Volviendo al tema de los marineros enfermos de escorbuto, y teniendo en cuenta que la enfermedad es una avitaminosis caracterizada por la falta de vitamina C, parece más acertado buscar su origen en algún elemento de la dieta que habitualmente consumía el resto de la tripulación y que, por el contrario, no lo hacían los marineros indígenas. Y este elemento bien pudo haber sido algún cítrico, como el limón, porque era común entre las diferentes tripulaciones de la Escuadra el consumo de citrus, no estando acostumbrados en cambio a su ingestión los noveles marineros indios ya que ellos provenían del sur del país, región donde no se desarrolla este tipo de cultivo.

de vida y uso, que constituyen una verdadera naturaleza, los vuelve ineptos para la vida naval".[228]

A pesar de estas recomendaciones a lo largo de todo el período estudiado continuó la incorporación de marineros indígenas en las distintas embarcaciones de la escuadra nacional, sin que se volvieran a repetir graves episodios sanitarios del tipo aludido.

Como hemos visto hasta aquí, la incorporación de indígenas al Ejército y la Marina fue por demás significativa, por lo menos en esta primera etapa, y las razones de su adopción obedecieron, como en el caso de aquellos indígenas distribuidos en otras actividades, a motivaciones que iban más allá del intento de incorporarlos a nuestra sociedad y a nuestra forma de civilización.

En el caso de la Marina de Guerra, ya se dijo páginas atrás, fue la necesidad imperiosa de reemplazar personal embarcado extranjero por marineros de origen nacional. En cuanto al Ejército la necesidad existía, también se dijo antes, en función de llenar los numerosos

---

Al respecto conviene señalar que ya en 1879, y en respuesta a un pedido de medicamentos y una serie de alimentos adecuados realizado por el cirujano del encorazado *Los Andes* para evitar el escorbuto entre la tripulación del mismo, la Comisión Médica Militar respondía de la siguiente manera: "A estas observaciones hechas a la ligera y solo en el interés del mejor resultado para que nuestras tripulaciones nuevas aún en la navegación de regiones frías e inclementes sufran menos y conserven buena salud, sólo nos resta agregar que si no fuese posible encontrar la cantidad que se pueda de zumo de limón o lime-price pueda sustituirse sin inconvenientes y con ventaja por la esencia Spruce (Papinete) y si a esto se agrega una cantidad regular de fermento de cerveza buena, el resultado será más satisfactorio como lo han probado los viajes y observaciones de navegables renombrados como ser, Cook, Dumont de Urbillas, Fitz Roy, Mac Carth y otros muchos que por ese medio pudieron salvar sus tripulaciones diezmadas por el escorbuto en su viaje de exploración por los mares árticos [...]", en Ministerio de Guerra y Marina, *Memoria del Departamento de Marina*, año 1879, p. 74.

[228] Nota de elevación a la superioridad del Cirujano Mayor de la Armada del informe realizado por la Comisión de Higiene, Ministerio de Guerra y Marina, Memoria del Departamento de Guerra y Marina, año 1881, tomo II, p. 297.

claros producidos debido a las bajas de soldados que habían cumplido su contrato o habían sido amnistiados. Esas vacantes debían ser cubiertas inmediatamente por el peligro que significaba para la seguridad exterior e interior un ejército en esas condiciones ante la posibilidad de un conflicto internacional y, principalmente, ante el alzamiento militar del Gobernador de la Provincia de Buenos Aires.

No por casualidad la mayoría de los indígenas incorporados en el Ejército fueron destinados a las unidades acantonadas en la ciudad porteña para respaldar la autoridad del presidente Avellaneda, las que tuvieron activa participación en los sucesos de junio de 1880 interviniendo en los encarnizados combates de Barracas, Puente Alsina y Los Corrales.

Esta circunstancia no dejó de llamar la atención y el coronel Manuel Olascoaga lo señala en la introducción a su *Estudio Topográfico de la Pampa y Río Negro*, cuando señala: "Las bandas de indios adultos, ayer feroces e indomables, se daban de alta en el ejército de mar y tierra; se colocaban en los talleres, se remitían a Entre Ríos, Santa Fe, Córdoba, Tucumán, Mendoza, etc. *Los primeros se convirtieron muy luego en valientes soldados dentro de la disciplina, y más tarde probaron ser excelentes defensores de la nación contra la demagogia*".[229]

Además, esta aseveración de Olascoaga —no sólo un avezado militar sino también una figura influyente dentro de las estructuras del gobierno— nos lleva a concluir que tales incorporaciones de indígenas se relacionó con la consideración que las propias autoridades militares tenían de los guerreros indígenas y sus capacidades combativas, ya que según aquéllas para resolver militarmente los conflictos políticos, asegurar la autoridad del Estado o eventualmente defender a la nación de una agresión extranjera debía tenerse en cuenta más el arrojo, el valor y cierta disciplina demostrada en los combates que el grado de civilización alcanzado por los combatientes. Y en la percepción de esas autoridades militares, los antiguos "dueños del desierto",

---

[229] Olascoaga, Manuel, op. cit., p. XVII, (las bastardillas son nuestras).

sus seculares adversarios en la guerra de frontera, reunían más que satisfactoriamente esos requisitos. Por lo tanto, su incorporación a las filas del Ejército y de la Marina no aparecía como un contrasentido sino todo lo contrario, porque si para defender a la patria era más importante el valor que el grado de instrucción, entonces los antiguos guerreros indios podían no sólo cumplir con ese objetivo sino, incluso, convertirse paradójicamente, y de acuerdo al juicio de Olascoaga, en valientes soldados defensores del orden y la autoridad emanadas del Estado nacional. Precisamente del mismo Estado que muy poco tiempo atrás los había derrotado, reducido y sometido sin ningún tipo de miramiento.

CAPÍTULO IV
Sistemas de colonias: debates y controversias

"La república tiene, pues, un verdadero interés en poblar su territorio y debe soportar las cargas de civilizar los indios, porque no es indiferente poblar los territorios con nacionales o poblarlos con extranjeros […]"

Diputado Víctor Molina.[230]

El fin de las campañas militares y la desaparición de la frontera interior en el sur argentino hacia mediados de la década de 1880 no resuelven el conflicto de los indígenas reducidos y su destino final, y mantiene vigente el interrogante que en su momento ya se había planteado el gobierno del presidente Avellaneda: ¿qué hacer con la masa de indígenas que todavía queda bajo la tutela del Estado?

Si bien el sistema de distribución adoptado durante el período de beligerancia se había justificado por esta misma razón, el final de la etapa militar determinó un cambio substancial en la realidad y por ende ya no legitimaba ese sistema. Además, éste había permitido en su aplicación una serie de abusos e injusticias bastante llamativas, las que, a pesar de los intentos oficiales por detenerlas, se seguían sucediendo tal cual lo denuncia un largo artículo de *El Nacional* a propósito de la llegada al puerto de Buenos Aires en el vapor *Villarino* —hecho diferente

---

[230] Intervención del diputado Víctor Molina en la sesión del 18 de junio de 1888, en Congreso de la Nación, Cámara de Diputados, Diario de Sesiones, año 1888, p. 106.

de otro que ya se vio— de varios caciques con sus respectivas familias. El diario señala que "la tristeza, la desesperación, y el llanto, a pesar de haberse presentado espontáneamente, no cesaron hasta algunos días después de la llegada".

Según el artículo el procedimiento empleado era el correcto, ya que:

> [...] algunas de las familias fueron entregadas a otras de nuestra sociedad. Así debe hacerse. Porque lo que hasta hace poco se hacía era inhumano, pues se les quitaba a las madres sus hijos, para en su presencia y sin piedad, regalarlos, a pesar de los gritos, los alaridos y las súplicas que hincadas y con los brazos al cielo dirigían.
>
> Este era el espectáculo en Retiro, y todos los que lloraban su cruel cautiverio temblaban de espanto, en vez de alegrarse y sonreír, en medio de nuestra gran civilización. Toda la indiada se amontonaba pretendiendo defenderse los unos a los otros. Unos se tapaban la cara, otros miraban resignadamente al suelo, la madre apretaba contra su seno al hijo de sus entrañas, el padre se cruzaba por delante para defender a su familia de los avances de la civilización, y todos espantados de aquella refinada crueldad, que ellos mismos no concebían en su espíritu salvaje, cesaban por último de pedir piedad a quienes no lo conmovían siquiera, y pedir a su dios la salvación de sus hijos.
>
> Hoy se entrega toda la familia o nada. Muy bien hecho.

Pero, sin embargo, el artículo destaca que, aun con los cambios operados en el método empleado, igualmente se seguían produciendo irregularidades ya que a la redacción había llegado "el rumor de que después de llevarse las indias sus dueños las reparten entre el barrio, o más lejos, de donde resulta que la hija se despide de la madre quizás para siempre. Sería bueno averiguar esto, para evitar que se vuelvan a repetir las escenas pasadas".

Finaliza su autor el artículo con el relato, como ejemplo, de un episodio que le tocó vivir a él mismo respecto del mal trato que recibían algunos indígenas que habían sido entregados a familias porteñas, exigiendo se termine ese tipo de tratamiento al que no duda en calificar de bárbaro.

> Una de las chinas que fue dada a una familia de la calle Florida, se presentó el otro día, creemos al cuartel, toda llorosa, pidiendo socorro, pues su buena señora, según dijo el lenguaraz, le había dado unos palos, colaborando en esta tarea un sujeto de la casa con una patada certera.
>
> Nosotros le hemos visto.
>
> Estaba acostada y con cierta fatiga, teniendo a sus pies una ropa azul de marino con trencillas y moños de raso, que le habían dado en la casa.
>
> La pisaba como una venganza al tratamiento recibido.
>
> Sabemos que la distinguida señora del Ministro de Guerra ha dado órdenes severas sobre el modo de repartir las familias, y hasta creemos que va ella misma a entregarlas.
>
> Para hacer más simpática y noble su conducta, debería averiguar si es cierto lo que se dice, y si lo fuera, poner un correctivo definitivo a esa barbarie. Así lo esperamos.[231]

La interrogación acerca del destino final de los indígenas se planteó entonces en un contexto nacional y un clima de ideas diferente respecto de los existentes al comienzo de aquel proceso.

En efecto, el fin de la lucha contra las comunidades indígenas en el sur del territorio no sólo va a significar la desaparición de las fronteras interiores y, consecuentemente, la definitiva expansión y transformación rural, sino que de hecho va a plantear la desaparición de circunstancias negativas que se abatían sobre el conjunto de la campaña, desde el robo de ganado y las pérdidas de capital que sufrían estancieros y terratenientes hasta el reclutamiento arbitrario que era uno de los grandes abusos administrativos a los que estaban expuestos los pobres. Por lo tanto esos problemas, y entre ellos la cuestión indígena que había estado hasta ese momento en el centro

---

[231] Periódico *El Nacional*, Buenos Aires, 20.3.1885, p. 1 col. 4 y 5.

de la atención colectiva, fueron rápidamente desplazados por otros que tenían su eje de giro en el mundo urbano y que tenían que ver con el fenómeno de la inmigración masiva.

El definitivo sometimiento de los indígenas y la eliminación de cualquier posibilidad de alteración del orden en el sur del territorio trajeron como consecuencia una sensación generalizada en la sociedad de que el problema indígena había llegado a su fin, y que por lo tanto dejaban de ser los indios un tema prioritario. Esta nueva realidad es percibida incluso por algunos periódicos de la época que así lo reflejan, como en la nota titulada "Comparaciones oportunas":

> Nuestro colega *La Patagonia*, recibido ayer, ha observado la diferencia de recibimientos de que han sido objeto los tres caciques que durante el gobierno del General Vintter han sido enviadas a Buenos Aires. Dejamos la palabra al colega que los describe en la espiritual forma que va a leerse.
>
> El primer cacique Tehuelche Orkeke fue recibido con gran bombo, llevado al teatro y tuvo la gloria de pasear por Palermo en carruaje de librea junto con exploradores y diplomáticos; debido a este cambio repentino de vida murió el pobre cacique y sus acompañantes le hicieron duelo.
>
> Namuncurá fue recibido por S.E. el Sr. Presidente y para el efecto se lo hizo trasladar desde el cuartel donde paraba hasta el palacio de Gobierno, acompañado de un oficial en carruaje de librea: fue tratado muy bien, tubo (sic) función de teatro, pesos en el bolsillo y hoy, después de su visita, trabaja en Chimpay con el arado [...]
>
> Saihueque, último cacique presentado, no ha tenido ni teatro, ni carruajes de librea, ni el honor de pasear con nadie.
>
> Su recibimiento, según lo demuestra la prensa de Buenos Aires, ha sido juicioso y silencioso.
>
> Uno que otro le habrá dado un peso y uno que otro le habrá estrechado la mano.
>
> Será recibido por el Presidente y después volverá a donde le manden, con muchos deseos de trabajar; pronto tendrá arado y en trabajar conseguirá su felicidad con el sudor de su frente.

> Estos tres cambios en el recibimiento de personajes como los nombrados, demuestran que la prensa, como el país, han dado por terminada la guerra de salvajes en este territorio y que sus famosos caciques son considerados hoy como simples individuos que se someten a la civilización y al trabajo que en cualquier parte de nuestra República encuentra el hombre laborioso [...][232]

El último párrafo es suficientemente ilustrativo respecto no sólo del nivel de atención que le prestaba la prensa al problema indígena sino también demostrativo de como había ido variando en el tiempo la imagen que se tenía de la cuestión.

En efecto, contrastando con la visión que campeaba en la sociedad en las postrimerías de la década de 1870 –cuando los indígenas eran vistos como bárbaros peligrosos que sembraban el terror en la frontera, producto exótico del desierto con una incapacidad manifiesta de poder alcanzar la civilización precisamente por su origen–, hallamos después una mirada que los percibe como individuos comunes que han quedado inermes ante la ocupación de sus antiguos territorios y su expulsión de estos, que aceptan la autoridad del Estado y las leyes que de éste emanan y que, además, puede integrarse a la civilización a través del trabajo, especialmente del trabajo agrícola.

A partir de estas consideraciones no resulta extraño entonces que el gobierno nacional propusiera otro tipo de solución para el destino final de los indígenas, diametralmente opuesta a la que se había empleado durante la etapa militar. Y esta solución no era ya el sistema de distribución sino la formación de colonias agrícolas con los sobrevivientes de las tribus reducidas, de manera que la práctica de la agricultura acelerara el camino a la civilización.

Sin embargo, las iniciativas oficiales presentadas generaron, como en otra época, arduas polémicas y controversias aunque no en la plenitud de la sociedad sino circunscriptas sólo al ámbito legislativo. Los debates que allí se produjeron tuvieron que ver también con la

---

[232] Periódico *El Nacional*, Buenos Aires, 4.3.1885, p. 1, col. 3 y 4.

factibilidad o no de civilización de los indígenas, pero principalmente con otros aspectos que –si bien están relacionados con éste– más directamente referían a temas tales como la colonización agrícola, la ciudadanía, la nacionalidad y el fenómeno inmigratorio, cuestiones que excedían del problema indígena y en cambio hacían explícitos los nuevos núcleos de atención de funcionarios, políticos e intelectuales y del conjunto de la sociedad.

Las iniciativas oficiales

Hacia mediados de 1885, una vez finalizadas las campañas militares, se encontraban bajo la tutela de las autoridades nacionales en el sur del país una gran cantidad de indígenas, lo que significaba que lejos de desaparecer el problema del destino final de los indios sometidos seguía teniendo plena vigencia. Al respecto el ministro Carlos Pellegrini, al tratarse en el parlamento nacional el presupuesto del Ministerio de Guerra y Marina para el año 1886, explicaba a los legisladores que los fondos del año anterior destinados a la partida mantenimiento, traslación y colocación de indios había sido insuficiente, y que los gastos en el año entrante aumentarían aún más porque "la conquista del desierto y el sometimiento de los indios han venido a presentar al Congreso un nuevo problema a consecuencia de este sometimiento, la Nación tiene a su cargo cerca de ocho mil indios, cuya inmensa mayoría son familias. Y, además ese sometimiento continúa".[233]

En lo que hace al sur del territorio, según la información que brindaba Pellegrini, los indígenas que dependían del Estado eran cerca de cuatro mil y estaban ubicados en distintos puntos del territorio, muchos de ellos revistando como soldados en cuerpos auxiliares del Ejército.

La significativa cantidad de indígenas que todavía eran mantenidos por el Estado continuaba planteando la pregunta de qué destino debía

---

[233] Congreso de la Nación, Cámara de Diputados, Diario de Sesiones, año 1885, p. 514

dárseles, teniendo en cuenta que había finalizado la contienda y que su mantenimiento se volvía gravoso para el Tesoro nacional. Esto, sumado a las constantes irregularidades y abusos que se cometían a través del sistema hasta allí empleado, fueron razones de peso para que el gobierno nacional, ahora bajo la presidencia de Julio A. Roca, modificará su anterior posición respecto del destino final para los indígenas y enviará al Congreso, a principios de 1885, un proyecto de ley que preveía la conformación de colonias agrícolas pastoriles que se ubicarían en los nacientes territorios nacionales, fuera del contacto con otras colonias y con administración y autoridades específicas, dependientes del Ministerio del Interior y no del Ministerio de Guerra y Marina como había sido anteriormente.

Cuadro 8
Planilla demostrativa del número de indios y familias que se racionan en los puntos que ocupan actualmente las fuerzas del Ejército (se excluyen los correspondientes a la frontera del norte)

Gobernaciones, divisiones y Brigadas	Denominación del cuerpo	Jefes Indios	Oficiales	Indios	Menores	Familias	Puntos donde se concentran
Comandancia Martín García	Indios presos	-	-	181	-	106	Martín García
Comandancia 2ª División	Esc. Indios Namuncurá	-	1	144	-	99	Viedma
Ídem	Indios Valcheta	-	-	100	-	91	Viedma
Ídem	Tribus Saihueque	-	-	539	-	884	Viedma
1ª Brigada 2ª División	Esc. Indios Amigos	-	-	73	-	201	Ñorquin
2ª Brigada 2ª División	Indios Auxiliares	-	-	205	-	402	Fuerte Roca
3ª Brigada 3ª División	Esc. Indios Auxiliares	-	4	160	-	168	Choele Choel
Comandancia 3ª División	Escuadrón Ranqueles	1	5	151	-	82	Villa Mercedes
2ª Brigada 3ª División	Indios Amigos	-	1	39	-	30	Victorica Pampa Ctral.
3ª Brigada 3ª División	Escuadrón Alsina	1	-	97	-	115	General Acha
Ídem	Compañia de Banqueros	1	1	28	-	58	General Acha
TOTAL		**3**	**12**	**1717**	**-**	**2236**	

Fuente: Congreso de la Nación, Cámara de Diputados, Diario de Sesiones, año 1885. p. 517.

Los debates parlamentarios en los años 1885 y 1888

El proyecto de colonización indígena presentado por el Poder Ejecutivo en las sesiones legislativas de 1885 contemplaba la colocación de las tribus indígenas en terrenos de hasta treinta hectáreas por familia de cinco miembros, aumentando a cien esta asignación particular en el caso "de los jefes principales de la tribu, que lo merezcan por su influencia y buena conducta". Además, a cada agrupación se le asignaría una legua cuadrada de pastos comunes mientras que a los caciques Saihueque, Namuncurá y Renquecurá, una legua a cada uno.

Preveía también la entrega de semillas y útiles de labranza, animales para la subsistencia y ganado para cría. Establecía para la administración de cada colonia los cargos de Subcomisario de indios y de Lenguaraz (Intérprete), ambos rentados. El proyecto de ley establecía además la constitución de una comisión integrada por un quinteto elegidos de los propios miembros de la comunidad los que, "a manera de comisión municipal ayude a la sub-comisaría en el fomento de todos los trabajos y propenda al cumplimiento de las órdenes de policías y municipales, dictadas por la autoridad. Esta comisión, de que formará parte, como presidente el principal de la tribu, será rentada como lo expresa el artículo 18".

La nueva normativa propuesta en 1885 por el gobierno de Roca incluía las obligaciones a las que quedaban sujetas las comunidades de colonos indígenas. Las principales eran que cada familia debía construir y habitar su propia casa, enviar a la escuela a sus hijos de entre ocho y doce años de edad, y que siendo adultos sus pobladores debían enrolarse en los escuadrones y regimientos bajo las órdenes del Gobierno para cada colonia.

En su parte final el proyecto precisaba que el Poder Ejecutivo establecería los sueldos tanto de las autoridades y los auxiliares de las comisarías, de la comisión municipal y de los caciques Saihueque y Namuncurá.[234]

---

[234] Congreso de la Nación, Cámara de Diputados, Diario de Sesiones, año 1885, pp. 203 y 204.

Esta iniciativa oficial, si bien novedosa respecto de las medidas llevadas a cabo hasta ese momento, de alguna manera retomaba el modelo aplicado por las autoridades chilenas con los indígenas reducidos luego de la ocupación militar de la Araucanía. Finalizada la campaña militar, el gobierno chileno, ante una serie de alternativas para incorporar a los indios sometidos se inclinó por aquella que consistía en radicar a los jefes de familia y caciques locales, junto a sus hombres de lanza y familias. De esta manera se reconocía al "lonco" de cada localidad con toda la gente que estaba bajo su autoridad, es decir su propia familia, allegados, vecinos y aun otras familias que le eran asignadas. Todos ellos formaban parte de la reducción.

Estas reducciones se constituyeron en Chile de acuerdo a su Ley de Colonización de 1886 y disposiciones modificatorias, y ocuparon una ínfima porción de las tierras que anteriormente ocupaban los mapuches, las que en muchos casos apenas le alcanzaban para su subsistencia. Por otra parte, esta particular forma de colonización implicaba un fuerte aislacionismo de los indígenas, lo que en el fondo significaba una toma de posición no sólo en cuanto al camino más adecuado para acercarlos a la civilización sino, principalmente, respecto a su propia condición dentro de la nación.

El proyecto de colonización indígena presentado por Roca va a despertar la oposición tanto de los miembros de la comisión de Inmigración, Colonización y Tierras Públicas como del diputado —y militar— Lucio V. Mansilla, aunque por razones totalmente diferentes. En efecto, la puesta en consideración del mismo vuelve a desatar en el seno de la legislatura un nuevo e intenso debate acerca de la cuestión, en el cual vuelven a quedar planteadas las diferentes visiones que tienen los legisladores acerca de los indígenas y sobre el destino final a darles.

Así, mientras el Poder Ejecutivo, como señalamos precedentemente, entendía que las colonias que propiciaba debían estar conformada sólo por indígenas, ubicadas lejos de las poblaciones criollas y, además, deberían regirse por una autoridad especialmente creada para tal fin —como era la figura de las Comisarías de Indios—, de manera opuesta los integrantes de la comisión de Inmigración, Colonización y Tierras Públicas integrada entre otros por los diputados Juan Darquier y Francisco Figueroa, opinaban que los mismos debían estar en contacto con las otras poblaciones sin hacer distinción entre indígenas y no indígenas y regidos por una misma autoridad. Es decir, debía eliminarse la primitiva organización tribal e incorporarlos directamente a la vida civilizada radicando a los indígenas con sus familias en las colonias ya existentes.

Esta postura de los integrantes de la comisión es replicada por el diputado Calvo con una mirada totalmente opuesta, pues ve como un inconveniente serio —dados su "peligrosidad" y grado de "salvajismo"— que los indígenas compartieran un mismo espacio con otros pobladores. En su intervención afirma no entender "como se va a hacer esa mezcolanza súbita, entre la especie de animal feroz que es el indio, entregado a sus vicios y a las pasiones sin freno que lo dominan, y las poblaciones infinitamente civilizadas que ya tenemos, pero indefensas en su mayor parte [...]."[235]

Plantea entonces Calvo, en concordancia con el pensamiento del gobierno nacional, que es necesario antes de disolver las tribus y diseminar a las familias indígenas que éstas pasen por una etapa previa con el fin de prepararlas para la vida civilizada, y afirmará que para lograr esa civilización bastaría con el accionar de las misiones católicas y las escuelas:

> [Porque] el indio, en su ignorancia, con sus preocupaciones con sus vicios, no es apto para ser ciudadano y mezclarse en la vida ordinaria.
>
> Si después de esta organización aprende en las escuelas a leer, si aprende a trabajar, si reconoce la propiedad, la respeta y la defiende,

---

[235] Intervención del diputado Calvo. En Congreso de la Nación, Cámara de Diputados, Diario de Sesiones, año 1885, p. 462

> si tiene alguna creencia; si toma los hábitos de la vida culta, entonces está ya preparado para ingresar en las filas de la civilización y venir a llenar su rol de ciudadano argentino".[236]

También en oposición al proyecto oficial, pero desde una posición completamente opuesta, tercia en el debate Lucio V. Mansilla quien afirma que los indios son absolutamente refractarios a toda civilización y, por lo tanto, resulta un contrasentido considerarlos ciudadanos argentinos y aptos para la civilización.

Estas controversias desembocan en un largo y tedioso debate que discurre acerca de la ciudadanía de los indígenas y de los costos del proyecto presentado por el Poder Ejecutivo, esterilizando finalmente las distintas propuestas planteadas y volviendo a poner sobre el tapete —como ocurriera en 1878— el problema de los indios sometidos y su destino final. Y como en aquella oportunidad hiciera el entonces presidente Avellaneda, es ahora el ministro de Relaciones Exteriores a cargo de la cartera de Guerra y Marina, Francisco Ortiz, quien se pregunta y pregunta al conjunto de los diputados en tono perentorio, ¡qué hacer con estos indios!:

> Qué se ha de hacer con estas tribus de indios que vienen a someterse voluntariamente. Este es el problema a resolver: si rechazamos a esos indios, si lo asesinamos, si los mantenemos en guerra perpetua; o si se hacen los sacrificios necesarios para amansarlos, domesticarlos, civilizarlos gradualmente, para que se incorporen a nuestra civilización, haciendo de ellos hombres útiles, en lugar de ladrones, de saltadores, de asesinos.
>
> Este es el problema: ¿qué se hace con estos hombres? Creo que ningún diputado pediría que se los mate.[237]

---

[236] Ídem, p. 502.

[237] Intervención del ministro de Relaciones Exteriores a cargo del Ministerio de Guerra y Marina. En Congreso de la Nación, Cámara de Diputados, Diario de Sesiones, año 1885, p. 519.

La respuesta certera y aguda de Mansilla no tardó en llegar: "Yo no diría eso" –dijo el diputado por Buenos Aires– "pero sí que se los elimine, por el mismo procedimiento seguido hasta aquí. ¿Dónde están los indios de las Pampas? Han desaparecido. Estos otros irán desapareciendo también".[238]

Esta intervención de Mansilla motivó una nueva réplica del ministro quien a propósito de lo dicho por el autor de *Una excursión a los indios ranqueles* expresó:

> Me permitiré recordar al señor diputado que es militar y que ha hecho campañas contra los indios, que la mayor parte [de ellos] han muerto bajo el plomo de nuestros soldados o por la pobreza, por la miseria que ellos se deparaban con su resistencia.
>
> Pero ahora que los indios vienen voluntariamente a pedir un pedazo del suelo que dicen ha sido de ellos, y del cual hemos venido a posesionarnos, [¿]vamos a contestarles ["]¡No, señor; no se les da nada; están condenados a desaparecer, en esta tierra tan rica, tan abundante de todo; están destinados a perecer porque cuesta mucho el mantenerles[!"]?
>
> No podemos decirles eso. Hay un sentimiento de humanidad, de dignidad, y también de nacionalidad, diremos así, que nos lo impide.
>
> [...] Por consiguiente, algo tenemos que hacer a favor de esa raza desheredada, que nosotros mismos hemos arrojado fuera del territorio que antes ocupaban, aunque con razón y con justicia, porque no podíamos mantenerla en la situación en que estaba [...].[239]

Luego de estas intervenciones se pasó a la votación resultando rechazadas las redacciones del artículo primero, tanto la del proyecto enviado por el Poder Ejecutivo como la propuesta por la Comisión de Inmigración, Colonización y Tierras Públicas.

---

[238] Intervención del diputado L. Mansilla. En Congreso de la Nación, Cámara de Diputados, Diario de Sesiones, año 1885, p. 519.

[239] Congreso de la Nación, Cámara de Diputados, Diario de Sesiones, p. 520.

Al reanudarse la sesión días después, luego de un largo cuarto intermedio, algunos diputados presentaron proyectos alternativos con el fin de zanjar la cuestión. Así, el diputado Torcuato Gilbert propuso que se autorice al Poder Ejecutivo a gastar hasta 50.000 pesos en la colocación de los indios sometidos para lo cual se los declarara incluidos en la Ley 1501.[240]

Por su parte, el diputado Argento, tratando de destrabar la situación, propuso una nueva redacción para el artículo primero en sustitución de las dos propuestas —una la del Poder Ejecutivo— que habían sido rechazadas en la sesión anterior, en la que se autorizaba al gobierno nacional a colocar a las distintas agrupaciones indígenas en aquellos puntos del territorio que juzgara más conveniente. Sin embargo, y más allá de las razones expuestas por Argento, tanto su proyecto como el del Gobierno y los presentados por los diputados Gilbert y Calvo fueron todos girados a la Comisión ya referida con lo que nuevamente quedaron frustrados los distintos planes de asimilación de los indígenas sometidos.

Recién tres años más tarde, en las sesiones de 1888, el Congreso volvió a ocuparse de la cuestión indígena cuando se puso a consideración un proyecto de ley que determinaba la distribución de tierras a los sobrevivientes de la tribu del cacique Namuncurá. En el debate que se originó se solicitó la comparecencia del ministro de Guerra y

---

[240] Respecto de la ley N° 1501, sancionada en el transcurso de 1884, la misma se refiere a la donación de tierras nacionales para poblarlas y cultivarlas. De acuerdo a esta norma legal se autoriza al Poder Ejecutivo a reservar y mensurar veinte fracciones compuestas de cincuenta leguas cada una (2500 hectáreas). Cada fracción habría de dividirse en 200 lotes de seiscientos veinticinco hectáreas cada uno, los cuales serían concedidos por el Poder Ejecutivo a todo ciudadano que lo solicitare y bajo una serie de condiciones entre las cuales se incluía la de ocuparlo personalmente, poblarlo y cultivarlo en un plazo no mayor de cinco años, al cabo del cual si el beneficiario había cumplido con los requisitos se le otorgaría el título definitivo de propiedad. En Congreso de la Nación, Cámara de Senadores, año 1884, Leyes sancionadas, p. 1158.

Marina debido a las denunciadas planteadas por el diputado Carballido acerca de abusos cometidos contra los indígenas en algunos establecimientos misioneros y para saber "cual es la situación real y legal en que se encuentran hoy en la república los indígenas sometidos".[241]

Este planteo dio pie para la intervención de Estanislao Zeballos, quien para fundamentar su oposición a la presencia del ministro en el recinto se explayó sobre el problema de los indígenas sometidos, y no sólo reconoció la triste situación por la que atravesaban los indígenas reducidos sino que, además, responsabilizó de esta situación a los anteriores gobiernos a los que consideraba incapaces de dictar una ley general de indios que hubiera resuelto el problema. Zeballos, autor de *Viaje al país de los araucanos*, señaló que:

> Grandes masas de salvajes han sido, como es notorio, arrancadas al desierto y trasplantadas a las ciudades, y entregados los más a las familias, haciendo pedazos dolorosamente los vínculos de la sangre, arrancando los hijos de los brazos a las madres, los otros destinados a los establecimientos públicos; algunos al ejército o a los ingenios, y dejando a los demás que se ganen la vida por el trabajo diario.
>
> Los señores diputados del interior "saben que una parte de la riqueza de las provincias del norte se debe al hábito de extraer los indios del Chaco para trabajar en los ingenios pagándoles salarios reducidos, y dándoles además la comida y telas para vestir.[242]

Sin embargo, y a pesar del tenor de la realidad que acaba de describir, Zeballos no puede sustraerse a su formación y al clima de ideas predominantes y, en un claro mensaje positivista no exento de cierto determinismo racial, sostiene que el hecho denunciado por el diputado Carballido no va a ser el último:

> [Porque] todos los hombres que han tenido ocasión de tratar indios saben que estos tienen odio a la civilización y un profundo despre-

---

[241] Congreso de la Nación, Cámara de Diputados, Diario de Sesiones, año 1888, p. 98.

[242] Ídem.

cio por sus vencedores; y que si sirven lo hacen como el esclavo, obligados por la dura necesidad.

El indio lleva en su corazón el instinto de la rebelión.[243]

Con estos argumentos Estanislao Zeballos se opone a la interpelación del ministro y propone la devolución del proyecto a la comisión respectiva, criterio que es compartido por la mayoría de los diputados presentes.

Cuando nuevamente se debatió el proyecto en las sesiones siguientes fue el diputado Víctor Molina el encargado de fundamentarlo. En primer lugar reseñó los antecedentes históricos respecto de la incorporación de los indígenas a la vida civilizada, citó las medidas adoptadas en Estados Unidos y abogó por los derechos de los naturales. En este sentido Molina planteaba que en nuestro país, luego del proceso independentista, la política de los distintos gobiernos que se sucedieron fue la del exterminio. Por lo tanto, si nada se había hecho para comprobar las condiciones de los indígenas para el trabajo, no era posible –decía entonces– traer ahora a colación su holgazanería y barbarie para conservarlos así en condición inferior.[244]

Luego de esta fundamentación, en rápido trámite la Cámara aprobó en general y particular el proyecto de ley que establecía la formación de una colonia en tierras del Estado ubicadas a orillas del río Negro, con una superficie de seis leguas (15.000 hectáreas). Dentro se otorgaría al cacique Namuncurá una legua, prohibiéndosele enajenarla por el término de diez años. Otras dos parcelas de la misma superficie se reservaban para pastos comunes, mientras que el resto de las tierras debía subdividirse en 300 lotes de 25 hectáreas cada uno para ser concedidos a cada familia indígena.

Por otra parte, tanto el cacique como las familias que componían la comunidad recibían animales, implementos agrícolas y semillas, además de una subvención para su manutención durante el primer

---

[243] Ídem, p. 101.
[244] Ídem, p. 105.

año. Todos los beneficiarios se obligaban a cultivar los lotes concedidos por un plazo de cinco años, al término del cual se les otorgaba la propiedad definitiva. En cuanto al gobierno y supervisión de esta colonia la misma estaría regida por una comisión integrada por cinco miembros designados por el Poder Ejecutivo nacional. Respecto de los aspectos educativos y religiosos la ley preveía la instalación de escuelas en la cantidad que fuera necesaria, así como la construcción de una capilla.[245]

Aunque el proyecto fue rápidamente aprobado por los diputados no ocurrió lo mismo en la Cámara de Senadores, y así tanto Namuncurá como su comunidad en pleno debieron esperar varios años más para ver concretada su petición.

Los argumentos

Como pudimos observar en esta crónica sucinta de los debates que tuvieron lugar en el parlamento nacional ya finalizando la penúltima década el siglo XIX, las distintas visiones y posiciones enfrentadas estaban sostenidas por argumentaciones que resulta pertinente analizar.

En primer lugar, la iniciativa presentada por el Poder Ejecutivo planteando la constitución de colonias indígenas en reemplazo del sistema de distribución utilizado hasta ese momento no generó rechazo en el ámbito legislativo, sino que, por el contrario, contó con el beneplácito casi general de los diputados nacionales quienes veían en el anterior sistema un instrumento que contradecía a la propia Constitución Nacional ya que invalidaba el principio de que en el territorio nacional todos los hombres son libres. Por lo tanto, siendo los indígenas sometidos "distribuidos" bajo la tutoría de quienes los recibían, en la práctica se les privaba de la libertad y de esta manera se contrariaba lo que determinaba la carta magna.

Si el acuerdo era casi unánime en cuanto a la conveniencia de un sistema de colonias en el estilo del propuesto, lo que en cambio resultó

---

[245] Ídem, pp. 105-107.

motivo de arduos debate fueron aspectos relativos a la composición de las colonias y sobre cómo se llevaría a la práctica, sobre cómo efectivamente se implementaría. Mientras el Gobierno y algunos legisladores preveían la formación de colonias con población exclusivamente indígena respetando su organización tribal y la autoridad de los caciques, otros diputados —entre ellos aquellos que formaban la comisión de Colonización e Inmigración— entendían que las colonias así formadas no darían ningún resultado positivo.

En realidad, estas diferentes apreciaciones remitían a dos visiones contrapuestas que se vinculaban con dos aspectos importantes que hacían al problema indígena: el de la integración, es decir, el de la forma más rápida y mejor de civilizarlos, y el de la condición jurídica de los indígenas.

Para el gobierno nacional los indígenas eran argentinos a los que había que integrar a la civilización gradualmente a través de colonias, que ubicadas en inmediaciones de otras colonias o centros poblados los ayudarían a conocer las ventajas de la civilización y así llegaría un momento en que comenzaría la desaparición de la organización tribal, sus miembros se separarían voluntariamente y cada uno de ellos se incorporaría individualmente a la sociedad. En cuanto a su condición jurídica el Gobierno los consideraba ciudadanos porque así lo establecían las leyes, aunque no pudieran ejercer esta condición debido a su estado de barbarie, y recién a partir de integrarse a la civilización podrían acceder al ejercicio de los derechos civiles de los demás habitantes de la república y ser considerados ciudadanos plenos.

En cambio, para los miembros de la Comisión mantener a los indígenas agrupados en tribus era convalidar una forma de organización que —consideraban— había desaparecido del mundo civilizado hacía más de dos mil años y, por lo tanto, sería una regresión convalidar esta forma de colonización. Sostenían que para ser civilizados más rápidamente los indígenas debían ser integrados en nuevas colonias "mixtas" o en colonias ya existentes, ya que su mezcla con la población blanca haría que los primeros tomaran de los segundos sus usos y costumbres con lo cual se aceleraría y garantizaría el tránsito a la vida civilizada.

Pero, además, marcaron una segunda razón de peso para oponerse al proyecto tal cual lo había propuesto el Poder Ejecutivo nacional, y que tenía que ver con el estatus jurídico de los indígenas ya que estos diputados los consideraban plenamente ciudadanos argentinos, y no individuos de distinta raza y condición:

> [Considerando a] los indios no como tales, como individuos de distinta raza y de otra naturaleza, sino como ciudadanos argentinos. Y en esa virtud [la comisión] los ha sujetado a todas las leyes que rigen en la República, sin crearles autoridades especiales, dentro de un mismo estado, diremos así, o dentro de una misma jurisdicción, sin crearles especie de autoridad ad Hoc [...].[246]

El argumento es claro: si el Estado nacional ha logrado imponer su autoridad sobre el conjunto del territorio y estos indígenas respetan esa autoridad, luego no tiene sentido que para ellos haya un estatus diferente al resto de los habitantes del país aunque no alcancen el mismo nivel de civilización.

Terciando en el debate y desde una posición totalmente contrapuesta a los planteos tanto del Ejecutivo nacional como de la Comisión parlamentaria, aparece la postura del diputado Lucio Mansilla quien entiende que los indios son absolutamente refractarios desde el punto de vista biológico a toda forma de civilización y, por lo tanto, considera que es un sarcasmo considerarlos ciudadanos y argentinos. Señala Mansilla:

---

[246] Congreso de la Nación, Cámara de Diputados, Diario de Sesiones, año 1885.

> Sea que prevalezca el concepto del Poder Ejecutivo, sea que
> prevalezca el concepto de la comisión, entiendo —y lo creo por la
> observación directa y por estudio— que el indio de la Pampa ar-
> gentina, como el indio del Chaco, como el indio de toda América
> meridional y septentrional, es refractario al tipo de civilización que
> nosotros tratamos de hacer prevalecer y de difundir en toda la vasta
> extensión de estas dos Américas.[247]

Estas afirmaciones de Mansilla representan de algún modo el pensamiento que en general se tenía del indígena antes de comenzarse con
la ocupación del "desierto", y su planteo no hace más que retrotraer
el debate a la controversia que en otras épocas mantuvo buena parte
de la sociedad argentina: esto es, si el destino final de los indígenas
debía ser el exterminio o si era menester reducirlos e incorporarlos
a la civilización.

Ante esta disyuntiva es que Mansilla afirma que por sus características los indígenas son completa y orgánicamente refractarios a la
civilización. Consecuentemente con estas ideas, se muestra contrario
a aceptar la ciudadanía de ellos ya que, alega, si bien son argentinos
porque nacieron dentro del territorio nacional su nivel de barbarie
los hace de condición distinta a otros ciudadanos. A su entender son
"argentinos rebeldes", y así deben ser considerados.

> [De modo que] todas las ventajas, todos los favores, todas las
> regalías, en una palabra, de que deben gozar en lo sucesivo estos
> mansos corderos hoy, los indios que deseamos incorporar a nuestra
> civilización en calidad de argentinos, serán ilusorias si no viene una
> ley especial del Congreso que complemente la ciudadanía, que
> establezca que un indio, y que, sean cuales sean las razones que
> tuvieron nuestros padres y los legisladores para declarar que son
> argentinos todos los que nacen en el territorio de la República, no
> podemos equiparar el indio a los demás habitantes.[248]

---

[247] Intervención del diputado Lucio V. Mansilla. En Congreso de la Nación,
Cámara de Diputados, Diario de Sesiones, año 1885, p. 501.
[248] Ídem.

No dejan lugar a dudas las palabras de Mansilla: si el indio es un ser salvaje incapaz de ser civilizado no puede ser ciudadano por mas que haya nacido en la Argentina. En este mismo sentido también se expresa el diputado Calvo, para quién los indígenas sólo pueden ser considerados ciudadanos en determinados momentos y circunstancias y cuando cumplen con ciertos requisitos. A pesar de que la ley contemple que todos los nacidos en la Argentina son ciudadanos, para el legislador el indígena no es ciudadano mientras no cumpla con las obligaciones que tienen los ciudadanos, por ejemplo pagar impuestos, formar parte de la Guardia Nacional o llevar las demás cargas de los ciudadanos. Los indígenas que están bajo la tutela del Estado, al no cumplir con estos requisitos no son ciudadanos y recién lo serán cuando después de recibir una conveniente educación cumplan con las cargas y obligaciones mencionadas, y se incorporen a la sociedad civil cumpliendo con sus deberes políticos.

Sin embargo, a pesar de las afirmaciones de los diputados Mansilla y Calvo, la opinión prevaleciente en la Cámara fue que los indios deberían ser considerados ciudadanos con los mismos derechos y deberes que el resto de los habitantes del país, incluidos los inmigrantes.

Precisamente, para señalar el trato diferenciado que recibían los indígenas respecto de los inmigrantes, el diputado Argento intervino en el debate recurriendo a una serie de argumentos que nos parece interesante rescatar y que refieren a la doble contradicción que se planteaba respecto de esa condición de "ciudadano argentino" y el trato diferente.

En el primer caso, marcando las contradicciones en que incurren algunos políticos y funcionarios al negarle el carácter de ciudadano al indígena, señala Argento:

> Si el territorio que han ocupado [...] siempre lo hemos considerado,
> en nuestras cuestiones diplomáticas, como parte integrante del

> territorio de la Nación, todos los allí nacidos [...] son ciudadanos
> argentinos por ese hecho.
>
> Pero si se dice que el indio es extranjero, quiere decir que no ha
> nacido en territorio argentino, luego el territorio no debe perte-
> necernos.[249]

Por lo tanto si el espacio que habían ocupado durante siglos era considerado como parte inalienable del territorio nacional, luego los indígenas que allí habían nacido debían, por este sólo hecho, considerárselos ciudadanos argentinos y, como tales debían gozar de los mismos derechos que el resto de los ciudadanos argentinos. Por eso, planteaba Argento, era muy justa la idea de otorgar una fracción de tierra al indio sometido, pues no puede dejársele sin medio alguno de subsistencia. Debe proveérsele de tierra, elementos de labranza y todo lo que se le da al extranjero. Porque para este legislador, el indígena no es un ser distinto a los demás:

> [El indio] no es un animal irracional; y es hasta una inhumanidad
> que se formen sociedades protectoras de los animales irracionales
> y no podemos nosotros proteger a los que son nuestros prójimos,
> por que el indio es como nosotros: tiene también facultades y de-
> rechos políticos, aunque limitados. Pero son nuestros congéneres,
> son nacionales en nuestro territorio, son nuestros prójimos, son
> nuestros hermanos en Jesucristo. Por consiguiente merecen nuestra
> protección.[250]

Años después, cuando nuevamente se puso en debate en el Congreso la posibilidad de entregar tierras a diversas comunidades indias, el diputado Molina, retomando la línea argumental de Argento, para justificar dicha iniciativa señalaba la condición de ciudadanos argentinos de los indígenas y, por lo tanto, la obligación del Estado de concurrir en auxilio de ellos más aún si se lo hacía con los inmigrantes:

---

[249] Ídem, p. 531.
[250] Ídem.

> La república necesita poblar sus territorios, y si gastamos ingentes sumas en traer la inmigración europea, si le brindamos toda especie de garantías y la más amplia hospitalidad, aun a trueque de que muchos de nuestros huéspedes quieran subvertir los principios constitucionales, fundando escuelas monárquicas costeadas por gobiernos extranjeros; yo no veo por qué no habríamos de hacer un pequeño sacrificio tendiente a civilizar a una parte de nuestros conciudadanos, a fin de que sí ellos, [o] al menos sus hijos puedan llevar dignamente el nombre de argentinos.

Y remataba su intervención afirmando:

> La república tiene, pues, un verdadero interés en poblar su territorio, y debe soportar las cargas de civilizar los indios, por que no es indiferente poblar los territorios con nacionales o poblarlos con extranjeros.[251]

Como hemos visto hasta aquí, los diferentes argumentos que se esgrimieron en el debate acerca de la colonización indígena —salvo aquellos vertidos por Mansilla— refieren a aspectos y cuestiones que tienen que ver con una nueva mirada y una nueva realidad de la problemática indígena. Sin lugar a dudas algo había cambiado en la visión de los legisladores respecto de la etapa anterior, y la posibilidad de entregar tierras a los indígenas a través de determinados caciques para la formación de colonias no parecía algo incongruente que podía estimular los hábitos salvajes sino más bien un instrumento apto para acercar a la "vida civilizada". Incluso se les reconocían a los indígenas los mismos derechos que tenían otros individuos que habitaban el territorio nacional.

En efecto, tanto en el discurso de Argento como en la argumentación esgrimida por otros legisladores, tal el caso de Molina, aparece de manera recurrente el tema de la ciudadanía del indígena, de su nacionalidad, algo que no se había planteado en los años anteriores y menos mientras duró la campaña militar. Esta nueva preocupación

---

[251] Ídem, p. 532.

de los legisladores por la condición jurídica de los indígenas y por sus orígenes, así como por el sistema de colonias agrícolas como forma de integración, tal vez se vincule no sólo con la propia situación de aquellos indios sino también con algunos fenómenos que vive la sociedad argentina de esos momentos, tales como los relacionados con la expansión rural, la definitiva conformación del Estado nacional más la inmigración masiva y las reacciones que ella provoca, todas cuestiones nodales que intentaremos analizar a continuación.

Las cuestiones implícitas

Como se señaló en el apartado anterior, los debates que se plantearon en el seno del Congreso remiten a una serie de problemas y cuestiones conexas que exceden la propia cuestión indígena, y adquieren en la época un relieve especial acaparando el centro de atención no sólo de funcionarios y legisladores sino de buena parte de la sociedad.

Las cuestiones que aparecen implícitas en los argumentos que esgrimen los participantes en los debates se relacionan en algunos casos con problemas que ya habían sido abordados, y que vuelven a tener plena vigencia —tal como la colonización de las nuevas tierras ganadas, en especial la colonización agrícola—, y en otros casos con cuestiones ligadas a la nueva realidad que vivía el país y que se relacionan con el tema de la nacionalidad, de la ciudadanía indígena y de la inmigración masiva y sus efectos sobre la integración nacional.

Respecto de la colonización, y más precisamente respecto de la colonización agrícola, estuvo presente desde muy temprano en el pensamiento de muchos funcionarios, políticos e intelectuales argentinos no sólo como una forma eficaz de ocupar y expandir la frontera sino también como un instrumento de civilización, al entenderse que el tránsito de una economía ganadera a una agrícola era uno de los pasos fundamentales para el ascenso a la civilización.

Esta noción, que ya está presente durante la etapa rosista, sigue mostrándose con fuerza todavía en la década de 1880 y más aún cuando, desaparecido el peligro indígena y siendo necesaria la pronta ocupación y puesta en producción de las nuevas tierras, aparece entonces este tipo de colonización como la más apta. No es de extrañar, entonces, que se sucedan los alegatos a favor de la colonización –tal como lo propone Nicasio Oroño, precisamente para aquellas tierras arrebatadas a los indígenas– o a favor del propio Sarmiento, tomando como paradigma el ejemplo de Chivilcoy donde una masa heterogénea compuesta de paisanos e inmigrantes no sólo había logrado transformar productivamente ese espacio rural sino que consiguen plasmar en la realidad un remedo de democracia rural del estilo norteamericano: la de los *farmers*.[252]

Incluso hasta el mismo José Hernández se muestra favorable a este tipo de colonización, abogando en sus escritos para que se lleve a cabo no sólo con la participación de los inmigrantes sino también asegurándose la de la población rural nativa, y compartir así sus beneficios.

En este clima de ideas la propuesta presentada por el gobierno de Roca resulta totalmente congruente, ya que plantear la integración de los indígenas reducidos a través de la conformación de colonias es ajustarse al modelo propuesto para la expansión productiva de la campaña, pero al hacerlo se convierte en un instrumento que, sin duda, aceleraría la integración de los indígenas a la civilización.

En cuanto a la cuestión de la ciudadanía y del carácter argentino de los indios sometidos que recurrentemente aparece en estos debates, sin duda remite a otras dos cuestiones que están íntimamente ligadas entre sí y que tienen que ver con la definitiva consolidación del Estado y, al mismo tiempo, con el protagonismo que alcanza en la vida nacional el fenómeno de la inmigración masiva que, paradójicamente, es vista por algunos políticos y hombres públicos como un

---

[252] Halperin Donghi, Tulio, *Proyecto y construcción de una nación (1846-1880)*, op. cit., p. 95.

elemento que conspira contra ese fortalecimiento estatal y contra la propia unidad nacional.

En efecto, los inicios de la década de 1880 marcan —entre otros aspectos— la consolidación del Estado nacional. La derrota indígena en el sur del territorio y el sometimiento de Buenos Aires después del fracaso de la sublevación de Carlos Tejedor implicó, en la práctica, que el Estado terminara por ocupar y establecer su autoridad en la casi totalidad de la geografía nacional.

Precisamente, ante esta nueva realidad y en relación con la cuestión indígena, el pensamiento oficial planteaba que si el Estado nacional había ocupado finalmente los territorios indígenas y al ser sus pobladores, los indios, desalojados de sus antiguas moradas y reducidos por la fuerza militar terminan aceptando el poder de ese Estado —y acatando sus leyes—, entonces sólo existen una nación y un Estado, y por lo tanto todos los habitantes que han nacido en el común territorio, incluyendo a los propios indígenas, son considerados argentinos y ciudadanos si cumplen con los requisitos que marca la Constitución.

Pero, además, debemos decir que esta discusión acerca de la ciudadanía indígena se inscribe en un debate todavía mayor, motivado por la preocupación de buena parte de la elite política y de muchos intelectuales sobre la alteración que producía el ingreso masivo de población inmigrante que no se incorporaba al cuerpo político de la nación. En efecto, el temor que desvelaba a Sarmiento, en cuanto a que la Argentina se convirtiera en una república sin ciudadanos, parecía en aquellos años que podía constituirse en una realidad ya que la inmigración alcanzaba picos importantes de ingresos con promedios anuales de 200.000 personas. Es decir que mientras aumentaba la población paralelamente declinaba la proporción de ciudadanos, ya que los inmigrantes, o bien debido a las leyes existentes o bien por su propia decisión, se mantenían al margen de la ciudadanía.

Por lo tanto, si era esa una preocupación compartida que se veía claramente reflejada en los varios proyectos presentados en el parlamento para favorecer la naturalización de los extranjeros, no es extraño entonces que en ese contexto también se debatiera la incorporación de las comunidades indígenas al conjunto de la ciudadanía del país. Para algunos de los legisladores que participaron de aquellos debates y para el presidente Roca, la incorporación de los indígenas a la ciudadanía argentina no sólo se justificaba en el marco de garantizar la igualdad de derechos y obligaciones para el conjunto de los habitantes de la Nación más allá de su origen o nivel de civilización, sino que, además, servía en el marco de la integración nacional como una especie de muro de contención ante el avance incontenible de la inmigración europea. En este sentido resultan reveladoras las palabras del ministro Bernardo de Irigoyen, quien refiriéndose a la cuestión plantea, no sin cierto grado de preocupación: "Tenemos que concurrir con ese elemento a nuestra nacionalidad para no ser absorbidos totalmente por las fuerzas productivas de las naciones que nos invaden con su población".[253]

En buena parte de los políticos, jerarcas del gobierno e intelectuales aparece por entonces la visión de que sin políticas claras de integración el aluvión inmigratorio que trae consigo sus propias culturas e ideologías –que ellos intuyen se expresan en cierta resistencia o desidia en los propios inmigrantes por adquirir la ciudadanía local– amenaza con alterar el orden construido y disgregar a la Nación.

En este sentido debemos decir que, ya desde la década de 1870, se comienza a plantear en buena parte de la elite política argentina el argumento de que los inmigrantes, particularmente los de origen europeo, introducían en el seno de la sociedad una serie de ideas que

[253] Congreso de la Nación, Cámara de Diputados, Diario de Sesiones, Intervención del ministro de Relaciones Exteriores a cargo del Ministerio de Guerra y Marina, año 1885, p. 519.

atentaban contra la integración social y el orden establecido. Se les achaca la responsabilidad primaria de importar la noción de "lucha de clases". Pero, además, esta denuncia de la "acción disgregadora" de parte de los inmigrantes se robustecía en la medida en que muchos de ellos aparecían como reacios a la integración y procurando conservar la cultura y el lenguaje traídos desde sus países de origen, lo que para algunos miembros de la elite entrañaba un verdadero riesgo nacional.

En este orden de ideas se inscribe, como ya hemos visto, el argumento del diputado Víctor Molina respecto del peligro que encerraría para la integridad nacional el accionar disociador, en este caso, de la colonia italiana. Aunque tal vez lo expresado por Molina nos resulte insuficiente para medir cuál es el verdadero grado de intensidad de los sentimientos de hostilidad colectiva que se expresan en estas imágenes substancialmente negativas de los inmigrantes. Las expresiones del diputado no son un testimonio aislado, ya que otros políticos e intelectuales expresaron esa misma preocupación, tanto desde el *asimilacionismo* intransigente Domingo F. Sarmiento o desde la xenofobia sistemática Eugenio Cambaceres.

Sarmiento, refiriéndose a esa misma inmigración italiana de la que habla Molina, le critica su forma de inserción en la sociedad argentina ya que al establecerse con sus propias escuelas, periódicos e intelectuales, la prédica que de ellos emana no hace más que acentuar la nostalgia de los integrantes de esa colectividad y arrastrarlos hacia un nacionalismo claramente disociador. Igual que el diputado, Sarmiento encuentra en el Congreso Pedagógico llevado a cabo por la colectividad italiana un ejemplo de esa desintegración, ya que

–afirma– más que avanzar en cuestiones pedagógicas se ocupa fundamentalmente de la "italianidad" y de la acción así orientada de las escuelas de la esa colectividad para sus hijos. Con un dejo de ironía escribió: "Confesamos ingenuamente que no comprendemos lo que significa educar italianamente a un niño. ¿Educamos nosotros argentinamente? No; educamos como el norteamericano Mann, el alemán Froebel y el italiano Pestalozzi nos han enseñado que deben educarse los niños".[254]

En el párrafo citado se advierte la preocupación de Sarmiento por este nuevo tipo de nacionalismo que, a la par que le resulta extraño e incomprensible, también lo visualiza como un factor que conspira contra la integración nacional.

Por su parte, Cambaceres plantea en su novela *En la sangre*, aparecida en 1887, un fuerte cuestionamiento al fenómeno de la inmigración masiva, expresándolo a lo largo de la trama de la obra con una marcada y virulenta xenofobia, tratando, a través de ésta, de alertar al resto de la sociedad acerca de los peligros que encierra la masiva irrupción de inmigrantes en el seno de la sociedad argentina.

De modo que ante tales "conspiración" y "peligros" significados por la inmigración para la construcción de una nación integrada, no resulta descabellada la revalorización que hicieron algunos legisladores de la figura indígena en contraposición a la de los inmigrantes.

En este contrapunto, los indígenas ya no son considerados como lo eran pocos años antes sólo salvajes asesinos producto del desierto acostumbrados a los actos de barbarie, sino también –y principalmente– como ciudadanos argentinos susceptibles de ser incorporados a la sociedad civil y, por lo tanto, merecedores de recibir por lo menos el

---

[254] Sarmiento, Domingo F., "Las escuelas italianas. Su inutilidad", en su *Condición del extranjero en América*, con prólogo de Ricardo Rojas, Buenos Aires, 1928, p. 100; citado en Halperin Donghi, Tulio, "¿Para que la inmigración? Ideología y política inmigratoria en la Argentina (1800-1914)" en su *El espejo de la historia. Problemas argentinos y perspectivas latinoamericanas*, Buenos Aires, Sudamericana, 1987, p. 216.

mismo trato y consideración por parte del Estado que el que recibían los inmigrantes.

> La respuesta a esta preocupación que surgió en distintos grupos de la elite dirigente y en sectores más amplios de la sociedad argentina [...] se encontró en la nacionalidad, que se consideró no sólo un aglutinante social para contrarrestar la disgregación interna, sino un pilar en el cual afirmar la plena soberanía de la nación frente a una situación externa amenazante.[255]

Por lo tanto –como advierte Lilia A. Bertoni, autora de la cita precedente–, el indígena, ya desaparecido como enemigo y ahora respetuoso de la Constitución y de las leyes es ya un individuo capaz de concurrir a la consolidación de la Nación, al contrario del inmigrante que con su diversidad cultural y el acendrado nacionalismo que cultivan algunas de las colectividades más numerosas, tal el caso de la italiana, conlleva el peligro de la disgregación.

Sin lugar a dudas las iniciativas oficiales junto a los debates parlamentarios que suscitaron, y que hasta aquí han sido analizados, expusieron la aparición de una nueva mirada de parte importante de la sociedad acerca de la cuestión indígena y su "destino final". Sin embargo, los debates parlamentarios no alcanzaron para resolver la cuestión y, por el contrario, la interrupción de esos debates volvió a marcar el destino incierto que el Estado le tenía reservado. Aunque los distintos proyectos de ley que se presentaron incluían diferentes formas de incorporación para los indígenas sometidos, lo cierto es que ninguno de aquellos logró plasmarse en la realidad, y que el final de los debates sólo dejó en un plano enunciativo las intenciones del Gobierno y de la oposición de marcar un rumbo definitivo en la cuestión.

---

[255] Bertoni, Lilia A., "Construir la nacionalidad: héroes, estatuas, fiestas patrias, 1887-1891", en *Boletín del Instituto de Historia Argentina y Americana Dr. Emilio Ravignani*, Buenos Aires, Facultad de Filosofía y Letras - Fondo de Cultura Económica, 3ª serie, 1er. semestre de 1992, N° 5, p. 79.

CAPITULO V
Hacia el destino final

"El mismo indio sanguinario y ladrón, que otrora impidió el avance
de los exploradores en estos parajes y que costó a la patria sangre de
muchos hijos, es el que sigue merodeando en esta zona, a costa de los
pobladores, que, como yo, labran afanosamente su progreso.

Sólo a la Compañía Inglesa de Tierras del Sur, esta indiada ladro-
na le roba por año, aproximadamente, unos dos mil lanares. A
mi, en lo que va del año, ya me han robado más de ochocientas
cabezas [...]"

Testimonio de un hacendado de Paso Chacabuco, Neuquén.[256]

Hacia finales de los años 1880, para la mayor parte de la sociedad
argentina el territorio ganado a los indígenas ya no es el inescrutable
desierto de una década atrás, y los sobrevivientes de las parcialidades
indígenas que aún se asientan en él tampoco son ya las indómitas y
salvajes tribus que asolaban otrora la frontera. Por el contrario sobre
ellos se han construidos nuevas imágenes distintas de las anteriores y, a
la vez, contrapuestas entre sí. De tal manera que algunos los perciben
sólo como a tantos otros habitantes de la campaña; incluso algunos
estudiosos los reconocen como representantes de una civilización con
características propias, diferente a la blanca, pero civilización al fin.[257]

---

[256] Testimonio de un hacendado de apellido Yerio, de Paso Chacabuco, Territorio
del Neuquén, trascripto en Lapalma, Oscar Fermín, *La leyenda del Limay*, Buenos
Aires, Talleres Porter Hnos., 1934, p. 86.
[257] "El congreso, según nuestro modo de entender, no ha comprendido bien el
fondo del tema, es decir, que cada raza tiene una civilización característica de

Así también, el "desierto", a los ojos de esa misma sociedad, se ha convertido en valles y llanuras feraces, la mayoría de las cuales rápidamente han pasado del dominio del Estado a manos privadas mientras que las que no han sido todavía ocupadas sólo esperan ser explotadas por quienes estén dispuestos a ello, aún hasta por los mismos indígenas, los que en la medida que acaten el poder y las leyes de la Nación están en condiciones de acceder a las mismas incluso con algunas ventajas pues se les reconocen ciertos derechos por ser sus primitivos ocupantes.

Por lo tanto, no resulta contradictorio que en los años siguientes políticos, hombres de ciencia y militares que participan de esa mirada aboguen para que las comunidades indígenas vuelvan a estar en contacto con la tierra para, cultivándola, resultar integrados más rápidamente. De la misma manera tampoco resulta extraño que, casi naturalmente, el Congreso de la Nación les vaya otorgando concesiones de tierras a las comunidades que las reclaman, sin poner obstáculos ni condicionamiento alguno. Aunque cabe aclarar que estas cesiones tienen ciertas características: son puntuales, favorecen sólo a unos pocos caciques y sus respectivas parcialidades y no al conjunto de las comunidades indígenas que aún se encuentran en el territorio pampeano patagónico; las tierras entregadas son escasamente productivas en la mayoría de los casos y, por lo tanto, están fuera del interés de los privados. Por lo tanto, estas entregas de tierras ya no persiguen fines civilizadores como en la década anterior, en que se pensaba que el "arado civilizador" sería el instrumento ideal para integrar a los

---

ella, que la de los indios americanos es distinta de la de los europeos intrusos, que según el concepto científico es imposible atraer a una raza no europea a la civilización moderna [...]", en Lehman Nitsche, Roberto, "El problema indígena. Necesidad de destinar territorios reservados para los indígenas de Patagonia, Tierra del Fuego y Chaco según el proceder de los Estados Unidos de Norteamérica", ponencia presentada en el Congreso Científico Internacional de Buenos Aires, en *Anales de la Sociedad Científica Argentina*, Buenos Aires, 1915, tomo LXXX, p. 389.

indígenas, sino simplemente otorgar un espacio físico para que puedan sobrevivir. Y, si bien es cierto que en algunos casos las leyes que autorizan las cesiones invocan la formación de colonias o reservas, estas denominaciones no van más allá del nivel enunciativo.[258]

Esa nueva percepción que hay en algunos sectores del Estado y de la sociedad respecto de los indígenas y de cual es la manera más apropiada para incorporarlos se contrapone con la actitud asumida por otros actores estatales, como los funcionarios judiciales, quienes entendían que la integración sólo podía darse a partir de la ejecución de políticas que tendieran a desbaratar los antiguos cacicatos y modificaran, con la aplicación del Código Civil, las pautas y costumbres culturales que ancestralmente mantenían las comunidades indígenas. Estas políticas se complementaban con el accionar de inspectores de tierras y personal policial que coaccionaban y disciplinaban a las poblaciones indígenas sobrevivientes dispersas en el ámbito rural.

En realidad, este accionar estatal se integraba en una estrategia política que compartían los nuevos dueños de la tierra y aun ciertos sectores de la Iglesia que, desistidos de caracterizar a los pobladores indígenas como salvajes, bárbaros y peligrosos, si estos se avenían a la disciplina laboral los consideraban la nueva fuerza de trabajo que necesitaban las estancias y establecimientos rurales que surgían en el nuevo espacio productivo. Pero que si no se avenían a ello y a formar parte de la fuerza de trabajo los considerarán delincuentes, vagos y ladrones que sobreviven a expensas de los hurtos y depredaciones que llevan adelante en los campos de sus nuevos vecinos. A partir de estos argumentos no sólo impugnan la imagen anterior sino que, además,

---

[258] La denominación "Reserva" que se le da a determinadas cesiones de tierras que el Estado concede a los indígenas poco tiene que ver con su homónima norteamericana. En el caso de nuestro país el término designa a la tierra fiscal entregada a una o varias comunidades indígenas para usufructuarla comunitariamente. Su condición de fiscal le permite al Estado otorgarle otro destino cuando lo crea conveniente. Es decir, los indígenas que usufructúan una reserva gozan de un permiso provisorio y gratuito de ocupación.

estos sectores se resistirán a todas las iniciativas de entrega de tierras que de diversas formas pudiera realizar el Estado, argumentando que no sólo no acelerarían el proceso civilizador sino que, por el contrario, incentivarían las conductas delictivas de los indígenas.

Una vez más, como en las décadas anteriores, el destino final de los indígenas aparece cuestionado, incierto y librado al arbitrio de los funcionarios estatales, como inspectores de tierras, jueces y fiscales cuando no de estancieros y hacendados convertidos en patrones de aquellos antes altivos guerreros, ya entonces devenidos en peones en algunos casos o en simples delincuentes en otras circunstancias.

Una primera alternativa: nuevamente la tierra

Si, como se analizó en el capítulo anterior, la mirada acerca de los indígenas y su destino final comenzó a dar un giro significativo apenas concluida la campaña militar, hacia fines del siglo XIX ese giro siguió profundizándose aunque todavía aparecieran algunos testimonios aislados que seguían obstinadamente sosteniendo el supuesto salvajismo de aquéllos y la necesidad de civilizarlos. Estas visiones son minoritarias y en esta última etapa no sólo se abandona totalmente la idea de civilizar aplicando el sistema de distribución, sino que se impone con mayor firmeza la idea de entregar tierras a los indígenas como una forma válida de integración y como un medio de vida adecuado. En este sentido se expresan las propuestas de intelectuales, políticos y hasta militares como el coronel Enrique Rostagno, quienes plantean:

> Al indio hay que enseñarle a trabajar la tierra de una manera más productiva de la que el puede hacerlo, falto de medios o con elementos primitivos o rudimentarios y su carencia absoluta de conocimientos; pero al trabajar su tierra, la que se le dé en propiedad, para que tenga interés en cuidarla y mejorarla y esa enseñanza tiene que hacerse por medio de escuelas agrícolas elementales, donde se den lecciones experimentales.[259]

---

[259] Ministerio de Guerra, *Fuerzas en operaciones en el Chaco. 1911*, Buenos Aires, Talleres Gráficos Arsenal de Guerra, 1912, pp. 16-17.

En la misma dirección también la Iglesia católica, a través del misionero salesiano José Fagnano, intenta llevar adelante planes de integración de los indígenas a través de la formación de colonias agro-ganaderas y, aunque el escenario ha cambiado ya que ahora la empresa misional está centrada en la isla de Tierra del Fuego y los actores ya no son los primitivos habitantes de la pampa o de los valles patagónicos, sino los onas y alacalufes naturales de la isla, igualmente la conformación de una misión y colonia aparece como la alternativa más viable para la incorporación de los indígenas.[260]

[260] Durante el transcurso de 1892, monseñor Fagnano solicitó la autorización del gobernador Cornero para instalar una Misión en la zona de Río Grande en el Territorio Nacional de Tierra del Fuego; aunque la respuesta formal quedó postergada, igualmente obtuvo el permiso verbal del propio presidente Sáenz Peña para llevar adelante el proyecto. A partir de esta precaria autorización Fagnano cercó unas veinte mil hectáreas en forma de triángulo limitadas por el río Grande y el mar, donde se asentaría la futura Misión Salesiana Nuestra Señora de la Candelaria. Según el sacerdote e historiador fueguino Juan E. Belza, en pocos años los misioneros salesianos "habían levantado en esos límites la friolera de 35 edificios, seis de dos pisos; galpón de esquila, baño de ovejas, puesto del cerro La Leña, puesto Loreto en cabo Domingo, santuario al Redentor en el mismo sitio, matadero, galpón del puerto, horno antiguo, taller de las hermanas, aula y taller de las niñas, casa habitación de las hermanas, enfermería de muje-res, cocina común, y talleres de los varones, lavandería, casa de los salesianos, dormitorio común para varones, varias casillas depósito, horno nuevo, casillas para vigilancia de lotes y alambradas y finalmente la iglesia [...]". En aquellos campos pastaban millares de ovejas, las que según los planes de Fagnano debían ser no sólo la fuente de manutención y desarrollo de la Misión sino también servir para la calificación de los indígenas, los cuales deberían capacitarse hasta poder valerse por sí mismos y lograr su independencia. La Candelaria comenzó a poblarse rápidamente con los indígenas de las cercanías y, a pesar de algunas dificultades iniciales, tuvo un rápido crecimiento desarrollando tanto los indí-genas como los misioneros una intensa actividad.

Sin embargo, a pesar de la visión positiva que deja trasuntar el relato de Belza, con la llegada de otros arrendatarios de tierras empezaron a surgir los primeros inconvenientes para la Misión, que en este caso tuvieron que ver con el carácter provisorio de la potestad que tenían los misioneros sobre aquel espacio físico.

Desde una mirada diferente, pero teniendo el acceso a la tierra por parte de los indígenas como centro de su propuesta, se expresa una ponencia presentada por el antropólogo alemán Robert Lehmann-Nitsche en el Congreso Científico Internacional llevado a cabo en Buenos Aires hacia principios del pasado siglo XX. En ella su autor, luego de describir y comparar los métodos empleados en Estados Unidos y en Argentina respecto del destino final de los indios sometidos, sugiere que en nuestro país se debería adoptar la misma política desarrollada por el país del norte, es decir, la creación de reservas y la cesión de tierras a los indígenas, ya que "esta gente representa sin duda un elemento importante en la explotación de la riqueza del país,

---

Pero, el de la concesión del terreno no fue el único problema que afectó el funcionamiento de la colonia sino que también incidieron, y de manera determinante, el nomadismo de los indígenas, las epidemias que se desataron en su población e incluso los costos de su mantenimiento.

En cuanto al primer caso Belza señala que: "La presencia indígena en la Misión desde 1893 al 96 había despertado un relámpago de grandes esperanzas, achicadas luego por el nomadismo del ona. Lo único que los misioneros lograban establecer relativamente eran niños y mujeres abandonadas. Los demás, aún los que manifestaban ser amigos iban y venían de acuerdo a sus costumbres ancestrales [...]". A este contratiempo debemos sumarle la virulencia de las epidemias de gripe y tuberculosis según el diagnóstico de los médicos, y que cobraron más de doscientas vidas en muy poco tiempo.

Así, afectada por el nomadismo y las enfermedades, en los años siguientes la misión de la Candelaria comenzó a declinar ostensiblemente. Finalmente, luego que falleciera Teresita Horno –la última niña que quedaba establecida en la Misión–, los sacerdotes salesianos cambiaron de estrategia y comenzaron las misiones volantes mientras que La Candelaria se convertía en una especie de factoría para mantener y alimentar a indios y misioneros. La antigua misión quedó como empresa ganadera, desaparecieron escuelas y talleres y los indígenas que allí habitaban, unas diez familias hacia 1912, no recibían enseñanza alguna sino un sueldo según el trabajo que realizaban. Véase Belza, Juan E., *En la isla del fuego. Tomo II: Colonización*, Buenos Aires, Publicaciones del Instituto de Investigaciones Históricas de Tierra del Fuego - Instituto Salesiano de Artes Gráficas, 1975, p. 114 y subsiguientes.

fomento de industrias y del comercio de aquellas regiones, y en la época en que se necesitan brazos constituyen un cuerpo de obreros sumamente baratos y sin pretensiones".[261]

A partir de estas consideraciones Lermann-Nitsche proponía la concesión sempiterna de tierras a los indígenas donde éstos pudieran vivir de acuerdo a sus costumbres y bajo la vigilancia protectora del Estado, contra la presencia de intrusos y para ello mocionaba que el Congreso Científico aprobara un proyecto de declaración que entre otras cosas postulaba:

> La República Argentina debe seguir el ejemplo dado por EE. UU. reservando grandes territorios para la población autóctona donde pueda vivir según sus costumbres, sin ser sometidos a la llamada civilización de una raza distinta que para ella es algo incomprensible [...][262]

La propuesta de Lehman-Nitsche, luego de un interesante e intenso debate en el cual entre otros participan Juan B. Ambrosetti y Florentino Ameghino —y en el que no faltaron las apelaciones de carácter racial para demostrar la supuesta inferioridad de la raza indígena, así como el cuestionamiento a la acción evangelizadora de la Iglesia católica y la explotación que los misioneros realizarían sobre los indígenas—, fue aprobada aunque su redacción final distó profundamente del planteo inicial.[263]

En el mismo sentido se expresaba la revista *Caras y Caretas*, de profusa circulación entre las "familias patricias" de Buenos Aires, señalando los sensibles cambios operados entre estos indígenas respecto

---

[261] Lehman-Nitsche, Roberto, op. cit., p. 387.

[262] Ídem, p. 388.

[263] En efecto, la redacción final de la declaración aprobada por aquel Congreso Científico planteó que en los países habitados por razas indígenas se organicen sociedades protectoras de las mismas, y que en los países habitados por indios salvajes se fomenten las exploraciones geográficas que tengan por objeto descubrir regiones habitadas por aquellos, para atraerlos a la civilización moderna.

de aquellos del inicio de la campaña militar, cambios que se percibían en el grado de sumisión adquirido y sus nuevos hábitos sedentarios.

> Está de moda la venida de pequeños soberanos indígenas a la metrópoli. Tenemos entre nosotros á Nancucha Nahuelquir, cacique araucano mapuche, y a Bibiana García, caciquesa de los restos de la otrora grande y poderosa tribu del desgraciado Catriel. Uno y otra vienen al foco de la civilización argentina con un fin pacífico de plausible sumisión. Vienen a pedir campos para fundar de manera estable sus hogares, antes vagabundos, en sitio fijo y sobre tierra propia [...].[264]

Incluso al describirlos los caracteriza como "indios civilizados: leen escriben, tienen toros mestizos Durham y carneros cuarterones. Educan a sus hijos en el colegio de Patagones y desean vivir tranquilamente, con la tranquilidad que da la posesión legítima".[265]

Junto a estas propuestas, pero fundadas en razones diferentes, se inscriben las iniciativas oficiales que el Estado, a través del Congreso de la Nación, emprende en aquellos años. Tales iniciativas se explican en el marco de una política que privilegiaba tanto la entrega de tierras en forma directa a determinadas comunidades indígenas como la formación de reservas y colonias.

A diferencia de lo que sucedía en los años que acabamos de analizar, estas adjudicaciones no generaron en el parlamento los fogosos y ríspidos debates de otrora, todas se resolvían rápidamente en el ámbito legislativo y la fundamentación de ello se apoyaba en tres razones principales. La primera era que las tribus que accedían al beneficio eran "mansas", es decir que ya estaban domesticadas y, por lo tanto, no representaban ningún peligro para el resto de la población de la campaña. Como lo señaló el senador por Tucumán Francisco L. García: "La tribu a que se refiere este proyecto, hace tiempo que vive en pacífica posesión de la pequeña extensión de tierras que hoy se

---

[264] Revista *Caras y Caretas*, Buenos Aires, 24 de junio de 1899, año I N° 38.
[265] Ídem.

trata de concederles, y entregadas a faenas agrícolas, ha dado prueba de mansedumbre, que conviene fomentar".[266]

La segunda razón principal tenía que ver con el efectivo control y autoridad que el Estado ejercía sobre los territorios conquistados. Autoridad que era reconocida por los propios indígenas al peticionar al gobierno la entrega de tierras. Estos pedidos simbolizaban, de algún modo, el respeto de los caciques por las leyes y la soberanía de la Nación, y además resultaban indicativos del grado de civilización que habían alcanzado. Esta línea argumental la sostiene el senador Del Pino quien, a propósito de una solicitud de concesión de tierras por parte del cacique Namuncurá, señaló:

> Da la coincidencia de que el cacique señor de la pampa o del desierto, como se le llame en el mensaje, lo tenemos presente en nuestra barra, cuya circunstancia es un motivo más para formular esta moción a nombre también de nuestra civilización, de nuestras instituciones que triunfaron sobre el salvaje, que en estos momentos se inclina ante la justicia y ante esa civilización que por fin se ha impuesto en todo nuestro territorio.[267]

En la misma dirección se expresa el senador Mitre cuando sostiene: "Indudablemente revela un gran progreso el hecho de que un antiguo cacique de la pampa venga a gestionar la propiedad de la tierra de la que fue antes soberano, y reconozca la soberanía de la Nación en toda la tierra argentina".[268]

Finalmente, la tercera razón principal se fundamenta curiosamente en el argumento de que las tierras solicitadas habían sido propiedad de los indígenas antes de la ocupación militar, y teniendo en cuenta que

---

[266] Congreso de la Nación, Cámara de Senadores, Diario de Sesiones, año 1894, p. 789.

[267] Intervención del senador Del Pino en la sesión del 16 de agosto de 1894. En Congreso de la Nación, Cámara de Senadores, Diario de Sesiones, año 1894, p. 304.

[268] Intervención del senador Mitre en la sesión del 16 de agosto de 1894. En Congreso de la Nación, Cámara de Senadores, Diario de Sesiones, año 1894, p. 308.

con la misma se había cumplido los objetivos de suprimir las fronteras interiores, recuperar ese espacio para la producción y eliminar los peligros de la guerra, resultaba lógico para algunos legisladores que en este nuevo contexto parte de esas tierras volvieran a manos de sus primitivos dueños. Es nuevamente el senador Mitre quien sostiene esta postura al afirmar:

> Es un principio universal de todas las naciones conquistadoras, diré así, de los territorios salvajes y desiertos, reconocer a sus antiguos poseedores como propietarios. La gran república de los Estados Unidos, con todo su poder, ha consagrado esto como un principio; y aún cuando ocupó por las armas el territorio, reconoció que los antiguos poseedores eran propietarios de él. Así como tienen tratados con las naciones extranjeras, los Estados Unidos tienen un gran volumen como de mil páginas, de tratados hechos con los indios, en que después de dominar por las armas de la civilización el territorio se les adjudica en propiedad un área de terreno para que puedan vivir en el. Ese es el sistema que también ha seguido la Francia en Argelia, reconociendo la posesión a las antiguas tribus. Este caso es más complicado, no son precisamente los antiguos propietarios de la Pampa los que vienen a gestionar hoy la propiedad de la tierra ante la soberanía nacional; son otras razas, otras tribus que han venido y han invadido la Pampa; tienen un hecho que es la posesión o sea como antiguos propietarios o sea como poseedores de la tierra, es un acto sino de estricta justicia, por lo menos de equidad, que se le reconozca el derecho de ella.[269]

Como podemos observar, en esta serie de razones que esgrime el discurso oficial ya no aparece el fin civilizador de la agricultura, es que la crisis económica que se desata a principios de los años 1890 también marca el fin de la utopía agraria; del fin civilizador del arado, de la posibilidad que los "cien Chivilcoy" que había soñado Sarmiento concretaran la vasta república de pequeños propietarios agrícolas conformados con los saldos migratorios. En la medida en que la

---

[269] Ídem, p. 309.

frontera agrícola alcanzaba sus límites geográficos definitivos se hacía más evidente que el régimen de la tierra estaba dominado por la gran propiedad, resultando limitado el acceso a la misma de parte de los pequeños agricultores. La concentración de la propiedad marca los límites de estos proyectos y la obsesión por la misión civilizadora de la agricultura aparece cada vez menos en el discurso oficial, no sólo en lo que hace al rol del inmigrante sino también para los indígenas.

Por eso, en las argumentaciones que se esgrimen para justificar estas entregas de tierra están ausentes las menciones a la agricultura y al trabajo agrícola. Y si en algunas de estas cesiones se incluye la formación de colonias, como son los casos con los sobrevivientes de la tribu de Catriel o las reservas de tehuelches que habitaban en Santa Cruz, estas formas de organización son puramente enunciativas ya que en la práctica las mismas no difieren en gran medida de aquellas que se entregan sin esa finalidad, siendo en este sentido la acción del Estado totalmente inexistente.

A partir de estas razones, desde fines de los años 1880 y durante la década siguiente, el gobierno nacional mediante una serie de leyes y decretos entrega lotes de tierras fiscales a algunos prominentes caciques y sus respectivas parcialidades que así lo solicitan.

Así resultan beneficiados, entre otros, los caciques Curruhuinca[270] y sus parciales, Namuncurá[271] y los sobrevivientes de su comunidad,

---

[270] Según Gregorio Álvarez, "con merecidos propósitos de arraigo de la población y, en cumplimiento de un comienzo de pacificación y justicia, el P. E. autorizó el 18 de enero de 1888 al cacique Curruhuinca y a los integrantes de su comunidad, para ocupar durante 10 años, tres leguas de tierra en el lugar denominado Chapelco [...]", en Álvarez, Gregorio, "Historia de la Provincia de Neuquén desde 1862 hasta 1930", en Historia Argentina Contemporánea, publicación de la Academia Nacional de la Historia, El Ateneo, Buenos Aires, 1967; en fascículo s. e.: Alvarez, Gregorio, *Historia contemporánea de la Provincia del Neuquén (desde 1862 hasta 1930)*, Buenos Aires, 1978.

[271] A través de la Ley N° 3092 del 27 de agosto de 1894, finalmente se otorga una concesión de tierras al cacique Namuncurá y su tribu, la que consiste en ocho leguas de campo sobre la margen derecha del río Negro, en el paraje

Luis Baigorrita[272], los antiguos Pichihuinca y Tripailaf[273] y hasta el legendario Saihueque.[274] Junto a estas entregas se concreta también la

---

denominado Chimpay. Del total de las mismas la ley prevé que tres serán de propiedad del cacique y las cinco restantes distribuidas proporcionalmente entre las familias que componen la tribu. Por último se especifica que los títulos se expedirán gratuitamente y la mensura se hará por cuenta del tesoro de la Nación. Congreso de la Nación, Cámara de Senadores, Diario de Sesiones, año 1894, p. 1245.

[272] En 1899 el Poder Ejecutivo Nacional, previo acuerdo con el Congreso de la Nación, concede una fracción de campo en la Pampa Central al cacique Luis Baigorrita y su comunidad.

[273] Mediante la Ley N° 3154 se le entregan tres leguas de campo a cada uno de los caciques y sus respectivas familias en el territorio de la Pampa Central. En *Anales de Legislación Argentina. Complemento Años 1889-1919*, Buenos Aires, La Ley, 1954, p. 298.

[274] A fines de 1895 y dando respuesta a una solicitud de entrega de tierras que hace el cacique Saihueque a través del perito Francisco P. Moreno, el presidente Roca firma una resolución que dice: "1° El gobernador del territorio del Chubut pondrá en posesión al cacique Saihueque y su tribu, de la mitad Este del lote 11, mitad Este del lote12, mitad Este del 20, mitad Oeste del 19 y todo el lote 21 de la fracción A, sección II de dicho territorio. 2° Solicitar oportunamente del Honorable Congreso la autorización necesaria para otorgar en propiedad dichos terrenos al cacique Saihueque y su tribu […]". Registro Nacional, año 1895. El tratamiento por parte del congreso de esta solicitud se da recién en 1898, y luego de un corto debate se aprueba la siguiente ley que concede definitivamente una fracción de tierra al Cacique Saihueque y a los miembros de su comunidad: "Artículo 1° Autorizase al Poder Ejecutivo para conceder, en propiedad, al cacique Don Valentín Saihueque y su tribu, doce leguas Kilométricas de tierras en el Territorio del Chubut. Artículo 2° El Poder Ejecutivo determinará la ubicación y otorgará los títulos de propiedad en la forma siguiente: cuatro leguas para Don Valentín Saihueque, y las ocho restantes distribuidas proporcionalmente entre las familias de la tribu.

formación de la reserva Camusu Aike[275], y de una colonia pastoril con la comunidad del cacique Miguel Ñancuche Nahuelquir.[276] Finalmente se formalizan, en los primeros años del siglo XX, la creación de la ya

---

Artículo 3° Los títulos se expedirán gratuitamente y la subdivisión de la tierra se hará por cuenta de la Nación, con la determinación de los límites de cada título. Artículo 4° Estas tierras no podrán ser enajenadas hasta después de cinco años de la fecha del otorgamiento de las respectivas escrituras de propiedad […]", en Congreso de la Nación, Cámara de Senadores, Diario de Sesiones, año 1899, p. 1301.

[275] Mediante un decreto del 11 de enero de 1898 el Gobierno nacional crea la reserva Camusu Aike en la zona sur del río Santa Cruz con la intención de contener a los indígenas de origen tehuelche y de incorporarlos a la producción agrícola-ganadera, ya que, como sostiene Elsa Barbería, "desde el punto de vista del ganadero y del Gobierno los desplazamiento de los tehuelches, en función de la caza, entorpecía el normal desenvolvimiento de los establecimientos, además del robo de hacienda […]". Véase Barbería, Elsa M., *Los dueños de la tierra en la Patagonia Austral, 1880-1920*, Río Gallegos, Universidad Nacional de la Patagonia Austral, 1995.

[276] Mediante un decreto del 5 de julio de 1899, el Gobierno nacional autoriza al cacique Miguel Ñancuche Nahuelquir y su tribu a formar bajo el nombre de Cushamen una colonia pastoril, regida por la ley de octubre de 1884, disponiendo para ello de una fracción de 125.000 hectáreas dividida en 200 lotes de 625 hectáreas cada uno en el límite noroeste de la actual Provincia de Chubut. Los trámites para obtener estas tierras habían sido avalados por algunos representantes del Estado y de la Iglesia, entre ellos el perito Francisco Moreno, Clemente Onelli y los sacerdotes salesianos Melanesio y Vaccina. Véase Finkelstein, Debora, "Los habitantes de la Colonia Pastoril Aborigen de Cushamen y sus espacios de vida", en Novella, María, Débora Finkelstein, Gabriela Macchi y Jorge Oriola, *Historias de la cordillera chubutense*, Esquel, 2007, tomo II.

dicha colonia con los sobrevivientes de la tribu de Catriel,[277] y una cesión de tierras a los aborígenes de la comunidad de Nahuelpan.[278]

Repercusiones, impugnaciones y resultados

Sin embargo, estas políticas desarrolladas por el gobierno nacional no gozaron de un consenso generalizado sino que, por el contrario, encontraron firmes detractores en ciertos sectores de la sociedad, particularmente empresarios ganaderos y algunos eclesiásticos de la propia Iglesia católica. En efecto, la cesión de tierras que a través del Congreso se efectuaba para la formación de colonias o reservas —o simplemente para el asentamiento de los sobrevivientes de algunas comunidades indígenas— es fuertemente impugnada por aquellos que ven en esta medida no sólo un retroceso en el camino del indígena a la vida civilizada sino la posibilidad de que estos, considerados como bandoleros depredadores, aumenten su nivel delictivo en tanto cuentan con una base de operaciones para realizar sus correrías y, a la vez, ya no necesitan estar empleados para poder subsistir.

---

[277] En el cambio de los siglos del XIX al XX, la entonces jefa de lo que quedaba de la comunidad del cacique Catriel, la "reyna" Duguthayen (Bibiana García, para el Registro Civil), realizó una serie de gestiones ante el Gobierno nacional solicitando la adjudicación de tierras para la instalación de una colonia, concretándose al fin lo pedido mediante un decreto presidencial en 1903. La concesión fue de 50 leguas y estaba ubicada sobre la costa del río Colorado en jurisdicción del entonces Territorio de Río Negro. Según Curapil Curruhuinca y Luis Roux, a la tribu de los descendientes de Catriel se le unieron parte de la comunidad de Namuncurá *"desolada y errática, y de otros caciques, atraídos por la posibilidad de establecerse con un apoyo legal"*. Véase Curruhuica, Curapil y Luis Roux, *Las matanzas del Neuquén: crónicas mapuches*, Buenos Aires, Plus Ultra, 1984.

[278] Mediante un decreto del 3 de julio de 1908 se aprueban las operaciones concretadas por la Dirección General de Tierras y Colonias para el replanteo y trazado de terrenos destinados a los indígenas de Nahuelpan, y asimismo el deslinde de un pueblo en el valle de Esquel. Se dispone también que la Dirección General de Tierras y Colonias deberá terminar convenientemente esas operaciones. Publicado en el Registro Nacional el 4 de julio de 1908.

Así por ejemplo, los ganaderos que circundaban la reserva de Camusu Aike, miembros de una oficial "Comisión Honoraria de Reducción de Indios del Territorio de Santa Cruz", conocida entonces como "Patronato", y que también integraban el Gobernador y el Juez letrado del territorio, a propósito de la cesión de tierras que las autoridades nacionales habían hecho a los indios tehuelches sin ningún tipo de condicionamiento, plantearon que la misma resultaba un escollo para su ingreso a la civilización y un problema para la seguridad de sus propiedades:

> [Porque] el indio, por más que se adapte a la civilización, es un incapaz de hecho y así debe ser considerado en derecho […] la experiencia demuestra que carecen de las nociones más elementales, ya sea en cuestiones civiles, económicas y penales y serán siempre víctimas del alcohol y de su ignorancia.

Sostenían que la mejor solución pasaba por conformar –con parte de las tierras de la reserva– un establecimiento ganadero bajo la dirección de ellos mismos, los hacendados, en el que a partir de la educación primaria, el trabajo en forma civilizada, el cumplimiento del servicio militar, y sus relaciones económicas y civiles con los vecinos podrían habilitarlos para demostrar su capacidad y, "será entonces el caso que tengan, al igual que los demás habitantes, los mismos derechos, y puedan obtener en propiedad un área de campo en las mismas condiciones que cualquier otro individuo". También alegaban que estas acciones debían llevarse adelante con premura porque, según los miembros de esta Comisión Honoraria, los indígenas formaban parte de "una raza que se va, es un acto de humanidad, por lo tanto, evitar que se vayan de prisa y que sufran los rigores del frío y del hambre".[279]

Finalmente la propuesta no logra concretarse por la negativa de los propios tehuelches a someterse a la autoridad de los hacendados,

---

[279] Archivo Consejo Agrario Provincial de Santa Cruz, Dirección de Tierras y Colonias, Expediente N° 7584, año 1910. Citado por Barbería, Elsa, op. cit., p. 295.

dado el recelo que les causaba el "Patronato" y la mayoría de sus miembros, a los cuales veían más interesados en apropiarse de las tierras de la reserva que de su educación. Por el contrario, esos mismos miembros de la Comisión alegaban que la negativa de los tehuelches se fundaba en que,

> [...] la vigilancia no les permitirá dar rienda suelta a sus pasiones y vicios, y por lo tanto, se sienten oprimidos en sus malas costumbres y echan de menos la bebida y la libertad para robar las ovejas del vecino [...] poco o nada pueden producir los indios en ese campo, para compensar los gastos que el gobierno hace en su favor.[280]

Detrás de estas afirmaciones en realidad se escondía el velado propósito de estos y otros hacendados de querer disciplinar a una potencial fuerza de trabajo, donde la mano de obra era particularmente muy escasa y se volvía un problema insoluble en las épocas de esquila. Para ello se apelaba a diferentes métodos "disciplinarios", como la exigencia de exhibir guías para circular y comercializar ganado, tener papeleta de conchabo o prohibir las boleadas o guanaqueadas.

> Si la ley se cumpliese los indígenas tendrían que trabajar con más consistencia [...] serían más industriosos y respetables ciudadanos de lo que ahora son [...] la boleada es la causa de tanta vagancia [...].[281]

Respecto de la imagen que de los indígenas tenían los estancieros y ganaderos que compartían su mismo hábitat, tan reveladoras o más aún que las opiniones citadas del gerente Preston resultan las que se transcriben a continuación, vertidas por un hacendado del entonces Territorio del Neuquén quien no ahorra calificativos ni razones para demostrar la indolencia, así como la capacidad delictiva y depredadora que ostentan sus vecinos.

---

[280] Consejo Agrario Provincial de Santa Cruz, Dirección de Tierras y Colonias, Expediente N° 1779, año 1914. Citado por Barbería, Elsa., op. cit., p. 295.

[281] Carta de Francisco Preston, gerente de la Compañía de Tierras Sud Argentino. En Archivo Histórico de la Provincia de Río Negro, Policía, UD 2001-1898.

> Esos árboles, que formaban verdaderos bosques, fueron quemados
> por los indios que todavía pueblan estas zonas. Para hacerse de leña,
> el indio haragán y dañino les prendía fuego y después lo volteaba
> de un tirón de cincha.
>
> [...] Un rancho de paja y barro, escondido en la quebrada más
> profunda y un caballo atado al palenque, denuncian la vivienda del
> indio. Es su refugio, el de su prole y sus perros. De allí sólo sale para
> cometer depredaciones en la hacienda de los pobladores de la zona
> y para el lejano boliche, donde cambiará los cueros y la lana de los
> animales hurtados por alcohol, galleta y tabaco [...].[282]

Y para que no queden dudas sobre su pensamiento, también arremete contra las políticas proteccionistas invocadas desde Buenos Aires por aquellos que consideran a los indígenas del sur argentino expuestos al riesgo de una muy posible explotación. Para que los porteños entiendan que es equivocada esa presunción, se dirige a ellos:

> [Propongo a] estos espíritus humanitarios, que tan cómodamente
> en la Capital Federal baten el parche del proteccionismo a indios
> de la Patagonia, que vengan acá a estudiar, en el mismo terreno, a
> estos campeones del merodeo, de la haraganería y de la devastación;
> que vengan a conocer a estos buitres, como nosotros lo llamamos,
> porque se parecen a estas aves de rapiña en su voracidad.[283]

En el mismo sentido se expresaba el periódico católico y salesiano *Flores del Campo*. Lo hacía a raíz de denuncias publicadas sobre incidentes ocurridos en Junín de los Andes y que tenían como protagonistas a los indígenas asentados en esa localidad. En su comentario, el periódico, cuestionaba las concesiones de tierras hechas por el Congreso a las comunidades indígenas porque las mismas —decía—, no sólo no incluían ninguna cláusula que especificara la integración de los indios a la religión católica para que de ese modo pudieran adquirir hábitos

---

[282] Testimonio del hacendado de apellido Yerio, de Paso Chacabuco, en el entonces Territorio del Neuquén, trascripto en Lapalma, Oscar Fermín, op. cit., p. 87.
[283] Ídem.

de trabajo, moralidad y buenas costumbres, sino que contrariamente dichas cesiones les proporcionaban bases de operaciones para sus correrías y depredaciones a las haciendas vecinas. Para los redactores de *Flores del Campo* era menester volver a lo que determinaba la Constitución Nacional para integrar a los indígenas a la vida civilizada, esto es convertirlos a la religión católica y establecer misiones especiales protegidas por las autoridades nacionales, porque así "a la vez que se aleja un peligro para los establecimientos cercanos a las concesiones de los indígenas, se cumpliría un precepto terminante de la constitución".[284]

Una vez más, aunque en la oportunidad desde la óptica religiosa, volvía a estar presente esa imagen que asimila indígena y delito. Sin embargo, vale aclararlo, ese no era el pensamiento de toda la Iglesia y ni siquiera el del conjunto de los salesianos. Para la misma época el sacerdote misionero Domingo Milanesio seguía insistiendo, ante distintos estamentos del Gobierno y quien quisiera escucharlo, con que el acceso a la tierra por parte de los indígenas era el único camino posible para salvarlos de la exclusión social y de un destino de miseria y abandono, y a la vez resolver el secular problema que significaba para el Estado y la sociedad toda el destino final de los indígenas sometidos.

En efecto, en una larga carta que le envió a las autoridades nacionales, el sacerdote se explayaba –apoyado en su propia experiencia de más de tres décadas como misionero entre las comunidades indígenas de los territorios de La Pampa, Neuquén, Río Negro y Chubut–, acerca de cuáles deberían ser las acciones a seguir por el Estado para integrar más rápidamente a los indígenas y a la vez mejorar su situación.

Según Milanesio, los indígenas necesitaban tres cosas: trabajo, tranquilidad e instrucción. Por lo tanto, resultaba indispensable que el Estado les diera tierras en donde vivir y la seguridad de que nadie los

---

[284] Periódico *Flores del Campo*, Carmen de Patagones, año 1905, p. 763.

molestará expulsándolos de sus posesiones. Esto también aseguraría la posibilidad de una educación apta para "corregir sus vicios y hábitos inveterados en la inercia y la rapiña".

A partir de consideraciones así este salesiano proponía que el Gobierno determinara con prontitud en que tierras pensaba asentar a las agrupaciones indígenas que todavía no estaban establecidas, cuyos integrantes sumaban varios miles e imprescindiblemente necesitaban un pedazo de tierra porque:

> Hoy día van perdiendo poco a poco los hábitos primitivos. Antiguamente, la caza, la pesca, el comercio de sus tejidos, pieles y plumas, les daba para vivir con cierta holgura. Además, el dominio absoluto de las tierras les permitía trasladarse en busca de pastos y carnes con las boleadas. Pero en el presente no pueden hacerlo, porque todas tienen dueño.
>
> ¿Quién no ve entonces, que sería un crimen y una injusticia abandonar a estos pobres seres que son nuestros hermanos e hijos de un mismo Padre, Dios y Señor de todos? [...] Los indios volverían, así, a sus antiguos vicios, expuestos por la necesidad a la vagancia, pobres, ignorantes, desnudos hambrientos, privados hasta del derecho de levantar una choza para abrigarse, y sin un retazo de tierra que les dé un mendrugo para ellos y sus hijos. [...] ¿Y quién no teme que estimulados por la injusticia, por los rencores y deseos de venganza, y acosados por el hambre, no puedan ofrecer serios peligros a la tranquilidad de la República? Los bosques de la cordillera son inmensos e impenetrables, ellos conocen sus refugios y sus madrigueras, y pueden ser temibles en sus guaridas.[285]

Melanesio concluía esta larga comunicación al ministro del Interior solicitándole que se arbitraran los medios para suspender las ventas de tierras fiscales en los territorios de Río Negro y del Neuquén hasta tanto se determinara fehacientemente que áreas serían reservadas por el gobierno nacional para ubicar a las comunidades indígenas dispersas.

---

[285] Paesa, Pascual, *El patiru Domingo. La Cruz en el ocaso mapuche*. Rosario, Colegio San José, 1964. pp. 527-528.

A pesar de la patética apelación del misionero salesiano la respuesta de las autoridades nacionales, más allá de los casos ya descriptos, no sólo fue el silencio sino que, por el contrario, tal cual lo veremos más adelante, éstas apelaron a otros modos y a otros instrumentos de integración.

Pero si el destino de los indígenas que no habían accedido a las concesiones de tierra era incierto, igualmente lo era para aquellos que habían podido llegar a ella. Aunque su futuro era imaginado como promisorio, de acuerdo a los testimonios que trascendieron acerca de su devenir se puede afirmar que años después algunas de estas experiencias oficiales marchaban hacia un seguro fracaso, tal lo acontecido con la reserva Camusu Aike y con la colonia Catriel.

Sobre el primero de los casos debemos decir que la situación de la reserva en los años siguientes a su instalación no sólo no prosperó sino que, por el contrario, pronto entró en un franco proceso de decadencia. Rápidamente comenzó a despoblarse pasando de cerca de quinientos habitantes en 1908 —de acuerdo a testimonios del gobernador Candiotti— a sólo 259 en 1912, según las cifras arrojadas por el censo de ese año. Privados de lograr un mínimo sustento a partir de la caza ante la negativa de los funcionarios y propietarios de permitirles guanaquear, buscaron sobrevivir fuera de la reserva o se emplearon en trabajos estacionales, principalmente como peones o carreteros durante la temporada de esquila.[286]

Respecto de la evolución de la colonia Catriel, en 1911 un inspector de tierras que recorrió la misma informó que tan sólo cuatro familias habían cumplido las condiciones estipuladas en la concesión y, por lo tanto, estaban en condiciones de recibir los títulos de propiedad definitiva. Lo informado por este funcionario fue determinante para cambiar la situación legal de la colonia que, a partir de ese año, dejó de tener el carácter exclusivo de indígena y se abrió a otros colonos, quienes rápidamente se apropiaron de los terrenos existentes mientras

---

[286] Barbería, Elsa., op. cit., p. 297.

que los pocos indios que todavía permanecían en los alrededores pasaron a desempeñarse como peones y jornaleros en las explotaciones agropecuarias que se iban conformando. De esta manera terminaba uno de los últimos intentos de colonización llevado a cabo en el sur argentino con aquellos indígenas que unas décadas antes habían sido reducidos luego de la campaña militar.

Los últimos instrumentos de integración: la Escuela, la Justicia y otros agentes estatales

Si como se ha dicho en los capítulos anteriores, la mirada acerca de los indígenas y de su destino final comenzó a dar un giro significativo apenas concluida la campaña militar, en las décadas sucesivas ese giro siguió profundizándose en la medida que la incorporación de los indígenas al aparato productivo y la institucionalización de la sociedad argentina aparecen como procesos en vías de conclusión, aunque ahora para concretar la efectiva asimilación otros actores aparecen en escena como ser la Escuela, tanto pública como confesional, la Justicia a través de sus funcionarios y de la policía, y también otras agencias estatales como la Dirección de Tierras a través del rol que cumplen sus Inspectores de tierras.

Todos esos actores desarrollarán una destacada actuación en términos de contribuir a lograr una fuerte homogeneización cultural, disciplinas social y laboral y, a la vez, sentar las bases de la presencia estatal en los confines del territorio nacional, consolidando la idea de "argentinidad".

La Escuela

La puesta en vigencia en 1884 de la Ley 1420 de Educación Común, cuyos principios regían sólo para las escuelas que dependían del gobierno nacional, como las Escuelas Normales de su órbita y las primarias radicadas en la Capital Federal y en los territorios y las colonias nacionales, supuso el intento de las elites dirigentes de homogeneizar culturalmente al conjunto de los habitantes del país integrándolos nacionalmente.

La concreción de este planteo, como sostiene Brígida Baeza (2008), "significaba que todos los potenciales alumnos debían abandonar sus propios modos de socialización, así como sus 'héroes', y figuras míticas. El propósito homogeneizador debía aplanar las diferencias hasta convertirlas en invisibles y carentes de manifestaciones".

Complementariamente, la escuela era la encargada de uniformar tradiciones, historia y lengua a partir de contenidos comunes que fijaba el Consejo Nacional de Educación. Estos elementos articulaban un discurso patriótico que reproducían, desde los funcionarios escolares hasta los propios maestros, y que a la postre se convertiría en un discurso hegemónico cuyo objetivo manifiesto era nivelar las "desigualdades" de quienes necesariamente, tarde o temprano, debían convertirse en ciudadanos de la nación argentina.

Trasladado al ámbito patagónico la escolarización rápidamente avanzó en este proceso de homogeneización, y a la vez contribuyó grandemente a integrar estos territorios a la soberanía de la nación eliminando en términos culturales la competencia de otras soberanías, particularmente la detentada por los pueblos originarios.

En este sentido, las comunidades indígenas y aquellos campesinos de origen chileno que repasaban la cordillera para asentarse en territorio argentino, en tanto mantenían sus hábitos y costumbres ponían en peligro la unidad cultural y política e, implícitamente, jaqueaban la propia soberanía del Estado nacional. La "chilenización de las costumbres" denunciada por maestros, directores e inspectores de escuelas era considerada como uno de los mayores peligros y obstáculos para la soberanía.[287]

---

[287] Teobaldo, Mirta, Amelia García y María A. Nicoletti, *Hoy nos visita el inspector. Historia e historias de la inspección y supervisión escolar en Río Negro y Neuquén, 1884-1992*, General Roca, UNComa - PubliFadecs, 2005, p. 26.

La manera de contrarrestar esa "chilenización" fue a través de la educación impartida desde las escuelas contribuyendo a forjar el sentimiento nacional en el sur del país, y específicamente en la frontera andina.

Pero también las instituciones escolares fueron operando como espacios de homogeneización en las poblaciones indígenas, básicamente desde la imposición de un modelo moralizador de costumbres y valores, con una base netamente nacionalista.

En ese marco, la imagen estereotipada que de los indígenas tenían los educadores no difería sustancialmente de aquella que décadas anteriores aparecía como predominante en la sociedad argentina, particularmente en las elites políticas. Desde ese punto de vista fuertemente impregnado de contenidos etnocentristas, los integrantes de las comunidades indígenas eran vistos como bárbaros y salvajes y en un estadio inferior de civilización respecto de otros pobladores extranjeros que compartían el espacio patagónico.

> Tres son los elementos que constituyen la población de esta comarca: el británico, el chileno y el indio. Estos tres elementos no se confunden aún, tienen sus peculiaridades que los separan y distinguen, siendo lo único común la ocupación en la ganadería.
>
> El inglés con su casa de adobe, ventana con vidrios, carros llamados vagones y sus corrales de alambre.
>
> El chileno con su casa al estilo de su patria, de fuertes trozos de madera, entrelazados de vigas, de una solidez a toda prueba y su chacrita que flanquea la vivienda, donde cosecha trigo y papas y cultiva sus cebollas (chalotas), verduras, etc.
>
> Por último aparece el indio en su ruca (toldo) de pieles y palos con ganchos, todo sucio...
>
> Forma un contraste notable, para el viajero que se dirige al centro de la Colonia 16 de Octubre, bajando por el vallecito Boquete Nahuel Pan, de los toldos miserables del indio, donde vense niños sucios, haraposos, pelo largo y en desorden, pasa a las moradas del galense

> cuyos niños son bien limpios y arreglados. Diríase que tiene a la vista
> la civilización y la barbarie sin derramarse la una en la otra.
>
> [… Los indios] carecen de las nociones más elementales, descono-
> cen la gratitud y el respeto bajo todas sus manifestaciones y tienen
> un carácter rencoroso, indolente y desconfiado […].[288]

A partir de esta caracterización, estereotipada y prejuiciosa, el accionar docente estuvo entonces dirigido a borrar todo vestigio de la cultura anterior reemplazando a ésta por los contenidos curriculares emanados del Consejo de Educación, a los que se sumaban las materias morales e incluso las higienistas, todo lo cual concurría a facilitar la tarea de la asimilación y nacionalización de los educandos, futuros ciudadanos.

Sin embargo, a pesar del fuerte interés de los funcionarios estatales por avanzar rápidamente en la homogeneización cultural a partir de la escuela pública y los lineamientos que la Ley 1420 planteaba para ella, es preciso señalar que el aislamiento y la propia realidad social del espacio patagónico hizo de difícil cumplimiento este objetivo siendo un impedimento real la escasez de la oferta educativa en términos de establecimientos y de maestros.

En la práctica, este vacío fue cubierto por la Iglesia católica que —coincidentemente, como ya hemos visto—, también consideraba a los indígenas salvajes, y además "infieles". Por la tanto la tarea de los misioneros salesianos fue avanzar en una práctica educativa que, además de incluir la formación en el dogma católico, sirvió para modificar los aspectos culturales, uniformar y homogeneizar.

Para llevar adelante estos propósitos, como sostiene Andrea Nicoletti:

---

[288] En "Territorios Nacionales. Como avanzan las primeras luces en el desierto austral". Revista *El Monitor de la Educación Común, órgano del Consejo Nacional de Educación*, N° 408, año XXVII, tomo XXIII. C.E.E. Buenos Aires, 31.12.1906, pp. 645 a 646.

La obra educativa salesiana no se restringió a la visita misionera y a la educación escolar, sino que actuó como una suerte de "complejo social" que abarcaba la recreación y catequesis de los niños y niñas de la calle en los oratorios festivos, la contención de los huérfanos en los orfanatos, la reinserción de jóvenes delincuentes, la asistencia a los enfermos en hospitales, la educación musical con la formación de bandas, la capacitación técnica y laboral a través de talleres, etc. [289]

En definitiva este doble accionar de la educación tanto pública como confesional, más allá de las controversias que subsistían entre ambas por el clima ideológico de la época, resultó en la práctica un camino apto para la transformación cultural de los pueblos indígenas. Es decir, esta suerte de alianza educacional implícita sirvió para completar el proceso de homogeneización, condición primera para la formación del ser nacional y objetivo prioritario en la construcción de la nación.

La Justicia

La necesidad de imponer un nuevo orden social y político a los pobladores originarios del sur del territorio argentino tuvo en las instituciones judiciales y policiales instrumentos significativos para llevar adelante ese proceso.

En la medida que se iban definiendo los principios organizadores de la nueva sociedad a implantarse, la afirmación de principios básicos —como el de propiedad privada en cuanto criterio de distribución de los recursos— estuvo íntimamente ligada al objetivo de empujar a la población indígena a participar en las nuevas reglas económicas que se imponían.

---

[289] Nicoletti, Andrea, *Indígenas y misioneros en la Patagonia. Huellas de los salesianos en la cultura y religiosidad de los pueblos originarios*, Buenos Aires, Ediciones Continente, 2008, p. 101.

Pero esta presencia del aparato judicial en el intento de modificar las costumbres y tradiciones de los indígenas se amplía a otros planos, tal cual lo señala María E. Argeri:

> La estrategia del poder judicial, a cargo de abogados imbuidos de concepción cívica, fue hacer del indio un trabajador o un propietario independiente, y un *pater familiae* con capacidad para controlar a los incapaces de su núcleo familiar. Sobre la base de estos objetivos se buscaba que aceptaran los principios de la propiedad privada y la patria potestad.[290]

Así, la actuación de la Justicia imponiendo algunos principios como la igualdad ante la ley, la obligación del matrimonio civil entre las familias aborígenes y el ejercicio de la patria potestad no sólo forzó la integración, sino que debilitó a las antiguas comunidades indígenas y obligó a sus miembros a modificar profundamente viejas pautas culturales que tenían que ver con costumbres ancestrales, y aceptar lo que las leyes determinaban.

Tal el caso de la institución del matrimonio donde la Justicia fue particularmente severa. Las uniones maritales al estilo indígena y los vínculos familiares no se reconocieron de hecho, por lo que cualquier familia aborigen que deseaba o necesitaba llevar a cabo cualquier tipo de petición o tramitación ante las autoridades estatales ineludiblemente debía regularizar su situación matrimonial en los términos que fijaba la ley.

Lo mismo sucedía con la aplicación de la patria potestad, que llevó a la desorganización de los grupos domésticos originales y favoreciendo al mismo tiempo el depósito de menores, ya que el accionar del aparato judicial se volvió implacable sobre aquellas familias indígenas que no contaban con un varón como referente.

---

[290] Argeri, María E., *De guerreros a delincuentes. La desarticulación de las jefaturas indígenas y el poder judicial. Norpatagonia, 1880-1930*, Madrid, Consejo Superior de Investigaciones Científicas, 2005, p. 299.

En las familias que estaban organizadas en torno a mujeres solas
o grupos de mujeres relacionadas por parentesco, la fuerza de
la policía y la justicia se ejerció despiadadamente. Se alegaba la
incapacidad para ejercer tutela sobre su prole y se destacaba que
nunca habían estado casadas legalmente –y por tanto en condición
de sujeción a un varón, lo que las incapacitaba legalmente–, que
eran libertinas que habían pasado toda su existencia "viciadas" por
el amancebamiento, permitiendo que muchos varones ajenos a la
familia se asentasen como "agregados" permanentes o circunstan-
ciales en los ranchos.[291]

En ese marco destacado precedentemente por Argeri, las mujeres así acusadas de libertinaje perdían a sus hijos, a los que la justicia
alojaba en casas "decentes" bajo la tutela de los Jueces de Menores o
del Ministerio Público. De tal forma, los menores indígenas de ambos
sexos eran alejados del núcleo familiar y llevados a otras casas donde
los tutores generalmente los empleaban como peones o sirvientes.

Al mismo tiempo la institución policial como auxiliar de la Justicia
también cumple un rol importante en este proceso de transformación
y homogeneización, aunque muchas veces sus métodos traspasan el
marco legal e incurren en no pocos abusos y exacciones.

> El poblador cruza campo sin hallar salteador alguno, pero no es difí-
> cil que se tope con un agente del orden que le exija la presentación
> de su libreta de enrolamiento o el certificado de propiedad del caba-
> llo que monta, para exigirle $ 10 en defecto de esa documentación
> con las amenazas del inmediato arresto por sospecha [...].[292]

Estas exacciones muchas veces son acompañadas de abusos que
aparecen denunciados por la prensa regional en casi toda la etapa estudiada, como el siguiente caso ocurrido en territorio rionegrino:

> Un alto funcionario policial tiene en El Cuy una majada de ovejas
> adquirida pacientemente con "su trabajo" [...] y es muy singular que

---

[291] Argeri, María E., op. cit., p. 243

[292] Diario *La Nueva Era*, Carmen de Patagones, 14.4.1912.

> se hagan arreadas a pacíficos indígenas de esos lugares donde pacen
> ovejas "oficiales" [...] Arrean con documentos y con todo cuanto
> encuentran en las casas [...] Esos pobres indígenas que reclaman
> justicia con lágrimas en los ojos [...].[293]

En definitiva, la Justicia y sus auxiliares cumplían un rol destacado
en el proceso de integración, haciendo cumplir el principio de igualdad ante la ley a partir de concebir a los aborígenes como ciudadanos
con plenos derechos y obligaciones. Esto en la práctica implicaba la
necesidad de que estos mismos indígenas terminaran de modificar
sus pautas culturales y las reemplazaran por las provenientes de la
sociedad mayoritaria a través de la aceptación de las leyes.

Otras agencias estatales

Mientras algunos caciques y sus comunidades recibían concesiones de tierras, como hemos visto en apartados anteriores, una vez
que cesaron las persecuciones militares y se estabilizó la situación
cientos de antiguos guerreros y sus familias volvieron a repoblar las
áreas rurales del espacio patagónico. Provenían de diferentes lugares
y orígenes: algunos fueron los que inicialmente habían formado parte
de las fuerzas auxiliares del ejército expedicionario y, licenciados,
iniciaban una nueva etapa ocupando una parcela en campos fiscales
del territorio. Otros, en cambio, fueron los que huyendo hacia provincias vecinas o hacia Chile habían logrado evadir en su momento
el acoso militar, y ante la finalización de éste regresaron ocupando
también tierras fiscales o de propietarios absentistas. Finalmente, un
nuevo actor indígena se hacía presente y era aquel que migrando desde
el país trasandino o desde territorios aledaños se integró al mismo
espacio rural, inicialmente como mediero de los nombrados más
arriba y luego, con el pasar del tiempo, pasar a ser ocupante efectivo
y manejar su propia hacienda.

---

[293] Diario *La Nueva Era*, Carmen de Patagones, 6.3.1910.

Esta presencia indígena ya es significativa en el final de la etapa estudiada y se va incrementando en los años siguientes, lo que no pasa desapercibido para los agentes estatales, particularmente para aquellos –como los inspectores de tierras– responsables de ejecutar las políticas agrarias. Así, algunos de estos inspectores, en las memorias periódicas que redactan hacen notar esta importante participación indígena en el total de la población rural afincada, y al mismo tiempo explican su origen:

> Contemporáneamente a esta nueva y escasa población, franqueó las fronteras el indígena chileno en busca de campos argentinos, [a] los que encontrándolos buenos y baldíos, no tardaron en ocupar en forma precaria pero con segura promesa de lucrativo porvenir, circunstancias que sirvieron de vehículo para atraer e incorporar a nuestro suelo el crecido número de este elemento que hoy se registra en la zona y en todo el territorio de Río Negro. En estas circunstancias que someramente expongo es como se pobló esta zona, prevaleciendo aún el indígena que representa el 60% de sus habitantes.[294]

En términos cuantitativos esta supremacía indígena se verifica en los datos poblacionales que este mismo inspector registra para Pilcaniyeu y Comallo durante los años 1919 y 1920. Según su relevamiento, el número de 3247 pobladores comarcales se componía con 794 argentinos, 307 chilenos, 1720 indígenas incluyendo los 574 trasandinos, y 426 inmigrantes provenientes de otros países.[295]

El agente estatal, en su registro, había consignado de manera diferenciada 1147 indígenas "locales" y 574 "chilenos", lo que no habrá sido casual ni un exceso de celo profesional respecto de las categorías censales, sino que tendría que ver con razones más profundas que remiten a la formalidad de las concesiones de tierras fiscales a los

---

[294] Archivo Histórico de la Provincia de Río Negro, Comisión Inspectora de Tierras del Territorio Nacional de Río Negro, años 1919 - 1920, p. 30.

[295] Ibídem, p. 29

indígenas y a las cuestiones de la nacionalidad. En términos generales, la nacionalidad atribuida a los diferentes grupos indígenas por parte de los agentes estatales provenía de la afirmación del criterio de territorialidad como pertenencia originaria a una determinada comunidad imaginada.

En este marco, los inspectores de tierras cumplían una función significativa en ese proceso ya que prácticamente determinaban, con sus respectivos informes, los destinos de las poblaciones indígenas asentadas en tierras fiscales. Así, si estos funcionarios entendían que el poblador asentado reunía las condiciones de argentinidad, laboriosidad, moralidad y suficientes años de radicación en la tierra se les otorgaba el permiso precario de ocupación, privilegiando a aquellos que antes de 1990 hubieran formado parte del Ejército o, especialmente, si lo hubieran hecho de la Marina de Guerra.[296]

Pero si en cambio, a juicio del inspector, no reunían algunas de las condiciones antes expuestas el dictamen era negativo; tales fueron los casos de una peticionante aborigen a la que el funcionario calificó negativamente dado que "sus escasos conocimientos no la habilitan para poder contratar"[297], o el de un indígena de origen chileno: "por la actitud asumida por este poblador, que en su calidad de extranjero beneficiado con la generosa hospitalidad que le brinda el país ha debido observar cuidadosamente las leyes del mismo [...]. No debería aconsejar arrendamiento a su favor".[298]

Quienes eran vistos como indígenas chilenos se convertían, cuanto menos, en objeto de las más variadas sospechas. Además de atribuírseles la responsabilidad de los robos de ganado producidos en el ámbito rural, se los veía firmemente identificados con la nacionalidad chilena y, en consecuencia, eran juzgados como "elementos extranjeros" que socavaban la soberanía argentina en el territorio patagónico.

---

[296] Ibídem, años 1926 - 1927, pp. 47, 165, 207, 210, 286 y 340.

[297] Ibídem, tomo 435, años 1926 - 1927, p. 335.

[298] Ibídem, tomo 431, años 1926 - 1927, p. 147.

La adopción de tales criterios por parte de los representantes de las comisiones inspectoras de tierras implicó que las poblaciones indígenas tuvieran que adoptar estrategias que se ajustaban a los requerimientos de estos representantes del poder dominante, lo que en la práctica significaba tener que privilegiar el nuevo estatus de argentino o chileno por sobre su anterior y común pertenencia étnica.

Sin embargo, esta imposición coercitiva por parte de los agentes estatales a los indígenas de una adscripción nacional no consolidó en ellos nacionalidad ni identidad política. Adversamente dio lugar en algunas ocasiones a situaciones insólitas, como la ocurrida con pobladores indígenas de Colonia Valcheta que así fue relatada por un comisionado de la Inspección de Tierras:

> Son descendientes de las tribus tehuelches dividiéndose en dos nacionalidades: argentinos y chilenos, estas nacionalidades ellos mismos las adoptan, de acuerdo a las simpatías que tienen por una u otra nación. Nos hemos encontrado con muchos casos de pobladores indígenas que decían eran chilenos y al pedirle que justificaran su identidad personal nos [proporcionaban] como principal documento la libreta de enrolamiento expedida por las autoridades argentinas.[299]

Pero más grave que esta imposición política respecto de la nacionalidad resultaba, para la población indígena, la mirada negativa de los hombres de gobierno y de los inspectores de tierra acerca de la capacidad del indígena como productor independiente. Mirada que se extiende aún en las primeras décadas del siglo XX. Y sin lugar a dudas esta es una de las razones principales para que la distribución de tierras entre los pobladores indígenas de los territorios nacionales de la Patagonia no recibiera un firme impulso. En este sentido, resultan claramente ilustrativas las expresiones formuladas en 1918 por Isidro Maza, por entonces ministro de Agricultura del gobierno nacional:

---

[299] Ibídem, años 1919 - 1920, p. 15-16.

> Lo más indicado e inmediato es destinar varios lotes fiscales con el
> fin de reunirlos y radicarlos definitivamente, pero sin otorgarles la
> tierra en propiedad, concediéndoselas a título precario por tratarse,
> en general, de sujetos retardados intelectualmente que carecen en
> la práctica de la comprensión exacta de las obligaciones contraídas
> individual y colectivamente.[300]

Si estas eran las opiniones existentes en las altas esferas gubernamentales sobre las capacidades productivas de los indígenas, las
expuestas por los funcionarios menores de las oficinas de la Dirección
de Tierras aparecían fuertemente coincidentes. Durante la inspección
de tierras realizada en Río Negro entre los años 1919 y 1920, un comisionado se ocupaba de hacer conocer su opinión en relación a los
objetivos que consideraba debían guiar la distribución de las tierras
fiscales. La población indígena del territorio no aparecía, en la mirada
del comisionado inspector, como la destinataria más adecuada de las
tierras públicas:

> Su sistema de vida y de obra obedecen *(sic)* necesariamente a su
> rudimentario intelecto y al ambiente semisalvaje que lo envuelve
> y lo absorbe, vive y muere en la indigencia y su rol como elemento
> de progreso en tales condiciones queda descartado de hecho. Sin
> haberlo preparado de antemano, su valor es poco menos que nulo
> para afrontar las responsabilidades inherentes a cualesquiera *(sic)*
> adjudicación de tierras, pues su incompetencia lo llevará fatalmente
> al fracaso. Sus hábitos y costumbres se escollan con los más elemen
> tales principios sociológicos; la falta de nociones económicas, de
> ahorro y de riqueza, lo mismo que la carencia de todo sentimiento
> tendiente a mejorar, lo excluye como candidato al arrendamiento
> de acuerdo a la ley vigente, porque la influencia de la civilización
> aún no ha logrado despertarlo del letargo que lo aniquila.[301]

---

[300] Memoria del Ministerio de Agricultura, año 1918. Citado en Delrío, Walter, *Memoria de una expropiación. Sometimiento e incorporación indígena en la Patagonia, 1872-1943*, Bernal, Editorial de la Universidad Nacional de Quilmes, 2005.

[301] Archivo Histórico de la Provincia de Río Negro, Comisión Inspectora de Tierras del Territorio Nacional de Río Negro, años 1919 y 1920, pp. 30-31.

En la visión de estos agentes estatales el otorgamiento de tierras a los indígenas era poco recomendable porque de esta manera se favorecía la pervivencia del "estigma inmanente y tenaz del tipo primitivo y salvaje"[302] y, además, quizá ese estigma podría hipotéticamente ser trasmisible a la población rural no indígena perjudicando gravemente sus capacidades productivas.

De esta manera, si bien la población y puesta en producción de los nuevos territorios ocupados por el Estado nacional continuaron siendo vistos como necesidades imperiosas durante las primeras décadas del siglo XX, el papel que el mismo Estado le asigno a los pobladores indígenas en tal proceso no fue otro que el de una fuerza de trabajo escasamente calificada, cuyo principal demandante serían las estancias y los nuevos establecimientos rurales que se iban desarrollando en esta vasta geografía.

Por lo tanto, estos indígenas no recibieron apoyo para su consolidación como productores dentro de la economía regional ni les fue asegurada su permanencia en las tierras fiscales que ocupaban, aun cuando en la mayoría de los casos se tratara de suelos muy marginales. Todo esto dejó a los pobladores indígenas en una situación de extrema vulnerabilidad frente a otros actores sociales, situación que se agravaría durante la década siguiente.

La segunda alternativa: mano de obra disciplinada y barata, o incorregible delincuente

Hacia el fin del período estudiado lo que resultaba evidente era que en el pensamiento de muchos funcionarios estatales los indígenas no eran sujetos capaces de incorporarse a la economía nacional como productores independientes. Por el contrario, el único destino que se entendía posible para la población indígena era el de su mera transformación en brazos que cubrieran esa demanda de las unidades productivas rurales.

---

[302] Ibídem.

Es decir, el único modo considerado para la incorporación de la población indígena a la sociedad patagónica no fue otro que el de su conversión en fuerza de trabajo asalariada. Sin embargo, para que tal conversión pudiera concretarse se hacía necesario impedir que la población indígena se mantuviera en una economía de subsistencia que le posibilitaba evitar ser captado por el mercado de trabajo.

Con ese objetivo fue que desde el Estado se desarrollaron medidas tendientes a impedir la reproducción de aquellas prácticas de subsistencia, obligando de tal modo a los indígenas a vender su fuerza de trabajo para poder sobrevivir. Una de las más claras en esa dirección fueron las reglamentaciones establecidas en torno al uso de los recursos naturales. En los códigos rurales establecidos por los primeros gobiernos territoriales se restringía severamente el derecho de caza, especialmente las "guanaqueadas". Esto se complementó, durante la década de 1920, cuando el gobierno nacional dictó varios decretos relativos a la reglamentación de todo tipo de caza. Si a estas medidas restrictivas les sumamos la plena ocupación de los campos, los conflictos con los ganaderos y la disminución notoria de guanacos y avestruces –producto de la caza indiscriminada hecha por los pobladores blancos– el resultado fue la imposibilidad de reproducción de aquella economía de subsistencia, obligando a gran parte de la población indígena a buscar trabajo conchabándose en las estancias o migrando a los centros urbanos.

Al mismo tiempo, el Estado recrudece las acciones dirigidas a coaccionar y disciplinar esta potencial mano de obra. De este modo, en el mundo rural donde los indígenas aparecen como la población mayoritaria se recrean las figuras del vago y de la vagancia como sujetos y prácticas que debían ser perseguidas y castigadas en aras de erradicar la delincuencia y preservar la moral.

De acuerdo a la mirada de las autoridades, la vagancia no solo mantenía en situación improductiva a una parte importante de la población sino que también implicaba un riesgo potencial para las propiedades de los demás habitantes de esa porción del territorio nacional, dada la existencia de un importante número de individuos que transitaban el espacio rural sin establecerse en ningún lugar. Así, al señalar la necesidad de "evitar la vagancia, tan perjudicial a los valiosos intereses que se encuentran hoy esparcidos en los departamentos y teniendo en cuenta por otra parte el licenciamiento de las tribus indígenas sometidas el gobierno interino", en febrero de 1888 la Gobernación de Río Negro dictó un decreto en el que se establecía la obligación de conchabarse a "todo individuo mayor de 17 años que no tuviera bienes suficientes" (Art. I), el castigo en el servicio de trabajos públicos para quienes no cumplieran el requerimiento (Art. III), y la formalización por parte de la institución policial del registro de individuos conchabados en cada departamento (Art. VIII).[303]

En particular el artículo sexto del decreto daba un gran poder al empleador, en la medida que de éste dependía la elaboración de las certificaciones con la que los conchabados debían justificar su condición. Aquellos que carecían de esa documentación enfrentaban el riesgo de ser detenidos por la policía del territorio y condenados a realizar trabajos públicos por períodos que, con frecuencia, excedían los establecidos por la propia normativa.

En el caso del Territorio Nacional del Neuquén sus autoridades utilizaron como instrumento legal el código Rural de la Provincia de Buenos Aires, sancionado en 1865. En su sección tercera, si bien no se hace referencia al sistema de conchabo, se establece una serie de mecanismos restrictivos como la obligación del peón de estar empleado mediante un contrato extendido por el Juez de Paz y la necesidad de portar un certificado del patrón para trasladarse fuera de los límites jurisdiccionales de sus competencias, como los previstos para los reseros que no arreaban ganado por cuenta propia. Al ser el

---

[303] Citado por Bellini Curzio, Mercedes y otros, *Historia de Río Negro en documentos*, Serie Estudios y documentos N° 5 del Centro de Investigaciones Científicas de Río Negro, Secretaría de Planeamiento, Viedma, 1977, p. 108.

vago definido como aquel que carece de domicilio fijo y de medios conocidos de vida, y que perjudica la moral por sus vicios y mala conducta, era pasible de ser condenado al servicio de las armas o a trabajos públicos.

La entrada en vigencia en 1894 del Código Rural para los Territorios Nacionales, si bien modificó el marco jurídico de las relaciones de trabajo ya que establecía que "Las autoridades locales no podrán dictar reglamentos sobre la vagancia, limitándose a la observación de las personas, que por falta de medios de vida, aparezcan sospechosas de infracción"[304], igualmente fijaba mecanismos similares a los de las "boleta de conchabo". Será el caso de los arreadores de ganado, quienes debían matricularse ante autoridades municipales o de juzgados de paz que los proveían de una boleta sellada y numerada de renovación anual, obligación de la que estaban excluidos los conductores de ganado por cuenta propia. El propietario del arreo debía dar fe de la buena conducta del arriero, y éste debía llevar, además de su propia boleta y la del ganado que conducía, la de los peones a su cargo.[305]

Sin lugar a dudas, durante todo este período –aunque con algunas modificaciones– estuvieron presentes en al ámbito rural mecanismos de coacción que, tras la fachada de combatir el abigeato y resguardar la moral, en la práctica servían para disciplinar y canalizar hacia el mercado una oferta estable de mano de obra, así como controlar y reprimir a aquellos individuos mayoritariamente indígenas que intentaban subsistir sin tener que recurrir a la venta de su propia fuerza de trabajo.[306]

En definitiva este triple corsé impuesto por las dificultades para acceder a la tierra, la imposibilidad de mantenerse en una economía

---

[304] *Argentina. Territorios Nacionales. Leyes y decretos para su administración y resoluciones varias aplicables en los mismos.* Buenos Aires, L. R. González y Cía., 1914, Código Rural para los Territorios Nacionales, p. 161.

[305] Ídem, pp. 141-142.

[306] Mases, Enrique y otros, *El mundo del trabajo. Neuquén 1884-1930*, Neuquén, GEHiSo, 1994.

de subsistencia y la coacción disciplinaria ejercida por las autoridades territoriales aceleraron el proceso de proletarización de los pueblos indígenas que, salvo la excepción de algunas comunidades que logran instalarse y perdurar como tales en el mundo rural, va a engrosar la oferta de mano de obra del incipiente mercado de trabajo regional.

Pero volverá a emerger la figura del indígena como un sujeto indolente y vicioso, como un individuo vago y ladrón, en la medida que los instrumentos para disciplinar no logren su cometido y ellos se resistan al nuevo rol al que se los obliga.

Así, en el discurso de las autoridades y funcionarios estatales se instalan y reproducen estereotipos de conductas inmorales y delictivas que se presumen propias del indígena. Uno de ellos referido a una constante inclinación por los "malos entretenimientos" constituidos por los juegos de azar. En la visión de las autoridades, los indígenas destinaban a los mismos un tiempo y una energía excesivos, lo que, de algún modo, permitía explicar la precariedad material en que vivían las familias indígenas. Por ejemplo, en 1920 un inspector de tierras se ocupaba de dar a conocer sus reflexiones sobre la población indígena de una extensa región del suroeste rionegrina:

> Respecto al mal que determina el abuso de la libertad que entraña a la vez el abandono que engendra la vida licenciosa y fácil, citaré un caso categórico que afianza mi crítica: hay una pericia encomiable en el trazado de pistas para carreras de caballos, que en su impecable perfil y su meticulosa conservación contrasta radicalmente con la vivienda del indígena por su aspecto miserable, y sucio en la que el insecto se hospeda, el desaseo convive en asquerosa promiscuidad con su familia haraposa e indolente bajo el mismo techo bajo en que se asila el perro, el gato y el "guachito" (cordero que fue accidentalmente abandonado por la madre).[307]

Además de esa inclinación al juego, también se asignaba a la población indígena una particular adicción al consumo excesivo de alcohol

---

[307] Archivo Histórico de la Provincia de Río Negro, Comisión Inspectora de Tierras del Territorio Nacional de Río Negro, años 1919 - 1920, p. 31.

que, además de minar sus capacidades laborales, los llevaba a depender cada vez más estrechamente de los bolicheros, los proveedores habituales en el mundo rural. En 1904, durante su paso por las cercanías de Valcheta, otro inspector de tierras destacaba una de las costumbres predilectas de los pobladores indígenas de la zona:

> [Concurrir] a las Pulperías los domingos o días de reunión a entregarse a su goce predilecto en el cual son fomentados por los Pulperos, verdaderos culpables por ser extranjeros en su totalidad y civilizados, pero que ávidos de riquezas y poco escrupulosos no desdeñan a explotar este filón para ir haciéndose poco a poco dueños de todos sus bienes.[308]

Si los indígenas eran incapaces de controlar su consumo de alcohol, y esto era aprovechado por los comerciantes para avanzar en el endeudamiento de aquéllos, los funcionarios de la Comisión Inspectora de Tierras entendían que "estos excesos, cuya avidez lleva hasta descuidar sus haciendas con la pérdida consiguiente de ellas en muchos casos, deben reprimirse enérgicamente por las autoridades correspondientes, prohibiendo la venta de alcoholes en aquellas zonas en que la densidad del elemento indígena reclame su medida".[309]

Pero donde esas imágenes negativas del indígena se concentraban con mayor intensidad era en la representación de aquél como un sujeto persistentemente inclinado al delito. En tal sentido, algunos testimonios de la época no dudan en atribuir a los indígenas una singular idiosincrasia marcada por su entrega "al vicio, a la indolencia y a su instinto al robo".[310]

---

[308] Archivo Histórico de la Provincia de Río Negro, Comisión Inspectora de Tierras del Territorio Nacional de Río Negro, Colonia Valcheta, año 1904, pp. 9-10.

[309] Archivo Histórico de la Provincia de Río Negro, Comisión Inspectora de Tierras del Territorio Nacional de Río Negro, años 1919 - 1920, p. 31.

[310] Ibídem, tomo VI, p. 157.

Hemos sostenido para el caso del Territorio Nacional de Río Negro (Mases y Gallucci, 2007), pero que válidamente puede extenderse para todo el espacio patagónico:

> La importancia que adquirió la figura del abigeato en el mundo rural rionegrino no reside tanto en la amenaza que el mismo supuso para los productores ganaderos –especialmente entre fines del siglo XIX y comienzos del XX, cuando todavía los derechos de propiedad estaban consolidándose en el territorio–, sino en la estrecha ligadura que desde los discursos dominantes se estableció entre los robos de ganado y los pobladores indígenas, imputándoles a éstos la responsabilidad de aquellos.[311]

La tesis resulta claramente ilustrada en los procesos judiciales desarrollados a partir de las denuncias de abigeato presentadas por hacendados y estancieros, procesos en los que un fuerte determinismo racial impregna tanto las declaraciones de las víctimas como las actuaciones de los funcionarios judiciales. Esto se puede comprobar al observar que prácticamente en todos los casos pesaba sobre los indígenas acusados de abigeato la presunción de culpabilidad, teniendo sus defensores que demostrar la inocencia de los inculpados durante el proceso judicial.

Aun cuando en muchas ocasiones estos resultaban finalmente absueltos –en varios casos las "pruebas" de la acusación no iban más allá de un simple testimonio del propietario perjudicado–, ello no siempre evitaba que pasaran bajo encierro lapsos bastantes extensos. Los siguientes ejemplos permiten ilustrar mejor la íntima relación entre las imágenes etnocéntricas construidas sobre los indígenas y los procedimientos arbitrarios de los que ellos eran víctimas frecuentes.

---

[311] Mases, Enrique y Lisandro Gallucci, "La travesía de los sometidos. Los indígenas en el territorio de Río Negro, 1884-1955", en Ruffini, Martha y Ricardo Massera, *Horizontes en perspectiva. Contribuciones para la historia de Río Negro, 1884-1955*, Viedma, Fundación Ameghino - Legislatura de Río Negro, 2007. Vol. 1, pp. 141-142.

Como el sucedido en 1895 con el indígena Mariano Aylef, a quien el alcalde de Valcheta acusaba de haber carneado un animal ajeno. Frente a esto, Aylef fundó su defensa afirmando que "el animal era de su propiedad y que al exigirle el alcalde el cuero para probar que era suyo, le manifestó que lo tenía en su toldo y pidiéndole al alcalde que se cerciorara de la verdad, éste se negó a ir, poniéndolo acto continuo preso"[312]. Aylef fue enviado en calidad de detenido a Viedma, donde permaneció injustamente recluido por varios meses en la cárcel local hasta que fue finalmente sobreseído por el juez letrado, quien además de entender que no existía mérito para la persistencia del pleito advirtió la irregularidad del proceso.

Un caso similar ocurrió en 1889 cuando un vecino de Viedma denunció la sustracción de algunas cabezas de ganado de su propiedad, señalando que "pone esto en conocimiento de la Policía pues sospecha que los autores sean algunos de los tantos indígenas que viven a orillas del Pueblo".[313] En ambas denuncias los indígenas fueron el primero y principal objeto de sospechas, lo que deja ver la existencia de un verdadero estigma sobre ellos.

Pero, lo interesante de estos casos es que inclusive los argumentos esgrimidos por la parte defensora se movían dentro del mismo conjunto de presupuestos racistas. Así el defensor oficial, para el caso Aylef, antes de fundamentar la inocencia del acusado, en su alegato introduce como atenuante "la ignorancia en que los indígenas de las tribus reducidas están", agregando seguidamente que "la mala comprensión del idioma y por completo de las leyes y obligaciones como ciudadanos los coloca en una perspectiva errante por su misma ignorancia y que en lugar de tratarse de una persona racional debe ser calificado como ignorante sin conciencia de la falta que comete".[314]

---

[312] Archivo Histórico de Río Negro, Sección Archivo de Justicia Letrada del Territorio de Río Negro, expediente N° 1185, año 1895, F. 4.

[313] Ibídem, expediente N° 1283, año 1889, F. 4.

[314] Ídem, pp. 14 y 14v.

La asociación estereotipada de indígena y delincuente no se hallaba sólo en las argumentaciones judiciales, sino que circulaba en gran parte de la prensa que, además, era un instrumento mucho más eficaz para la reproducción ampliada de ese estigma cargado sobre los pobladores originarios. En 1911 el periódico *La Nueva Era*, de Patagones, denunciaba que "abundan cuatreros que roban una punta de ovejas y la venden en parajes apartados, o indígenas que viven de las ovejas que consiguen hurtarles a los vecinos". [315]

En otras oportunidades, a la inclinación delictiva atribuida a los indígenas se agregaba como agravante su origen "extranjero". Así, en las páginas del mismo periódico pero un año antes, se exponía que en la región oeste de Río Negro "hace estragos el cuatrerismo" y que ello se debía a que "hay una población movediza de indígenas chilenos que son un verdadero azote para el criador honesto de quienes ellos viven, robándole, saqueándole a mansalva". [316]

La presunción de tales atributos como rasgos propios de la población indígena también era compartida por funcionarios jerárquicos del gobierno nacional. Hacia 1912, desde el mismísimo Ministerio del Interior se describía que las tierras fiscales –para el caso el territorio rionegrino– estaban dominadas por intrusos "entre los que predomina el elemento indígena que, por atavismo, por el hábito de la bebida y por su falta de educación para el trabajo, es vago e inclinado a la delincuencia. La casi totalidad de esta vasta superficie está dedicada al pastoreo en campo abierto." [317] Esto, de alguna manera, tanto era fundado como corroborado por la opinión de otros agentes estatales como los inspectores de tierras. Precisamente uno de estos, en 1920, luego de su recorrido por las cercanías del paraje Nahuel Niyeo caracterizó a los indígenas allí residentes como "incapaces de tener aspiraciones y con los peores vicios que puede tener una persona; sucios, haraganes,

---

[315] Periódico *La Nueva Era*, Carmen de Patagones, 22.10.1911.

[316] Periódico *La Nueva Era*, Carmen de Patagones, 28.2.1909.

[317] Memorias del Ministerio del Interior, año 1912. Citado en Bellini Curzio, M. y otros, op. cit., p. 120.

borrachos y ladrones". Tras señalar que "nada justifica el abandono en que viven", y que no eran más que "pobladores nómadas [que] viven de acuerdo a las necesidades del presente", el inspector cerraba su comentario calificándolos como "rateros por naturaleza [que] parece que llevasen este vicio en su sangre, de ahí que el abigeato se encuentre tan difundido en las zonas".[318]

Como se aprecia, los caracteres atribuidos como naturales de la población indígena por parte de funcionarios estatales resultaban funcionales, inclusive, para explicar el fenómeno del cuatrerismo. De acuerdo a esa mirada, los indígenas seguían siendo uno de los más poderosos obstáculos en el desarrollo económico del territorio y, todavía más, su desaparición era considerada inevitable frente al avance del progreso. Por lo tanto, era necesario que rápidamente se produjeran los cambios respecto de su cultura y de sus formas tradicionales de vida. Y si, como hemos visto, ellos mismos se resistían a los cambios entonces actuaba el aparato judicial, pero ahora sancionándolos por no acatar las normas legales, considerándolos delincuentes y condenándolos en nombre del conjunto social y de "la civilización".

A propósito de esta realidad, no resulta extraño que el que fuera Fiscal del Juzgado Nacional de General Roca, el abogado Oscar F. Lapalma, reflejara de esta manera en *La leyenda del Limay* (1934) la situación de muchos aborígenes que habitaban el territorio patagónico:

> Pero también pienso en el otro aspecto del drama. Pienso en esa raza vencida por el impulso civilizador de la raza blanca. Pienso en ese ser inferior, condenado a desaparecer inexorablemente; en ese heredero del salvaje de viejas tolderías, hoy más miserable de cuando vivía en libertad en las praderas, porque se halla degenerado por el alcohol, las enfermedades, la miseria y la acción corruptora de los traficantes de cueros y lanas mal habidos. Y esto es un drama trágico. Pero hay más. Las cárceles de los territorios de la Patagonia están diezmando a los últimos indígenas. La reclusión les mina

---

[318] Archivo de la Provincia de Río Negro, Comisión Inspectora de Tierras del Territorio Nacional de Río Negro, año 1919 - 1920, pp. 16-17.

sus débiles organismos, y de ellas, si no salen tuberculosos, salen pervertidos definitivamente.

Los pobladores, al ocupar las tierras fiscales y alambrarlas, han destruidos los avestruces y guanacos, que constituían el alimento del indígena. Entonces, éste ha recurrido a las haciendas lanar y vacuna para alimentarse. Se ha hecho ladrón, porque ha sido vencido por la civilización triunfante y porque no tiene, como nosotros, el concepto quiritario de la propiedad individual. Si el proceso de colonización de estos territorios hubiera sido más lento, quizás el indio se hubiese salvado. Posiblemente se hubiese adaptado al nuevo estado de cosas, prestando su mano de obra y su trabajo al hacendado que lo necesitaba para vigilar sus ganados; pero habituado por decenas de siglos a la vida selvática y nómade, no ha podido transformarse de golpe, y ha sucumbido. El Código Penal no lo exime de responsabilidad, y las cárceles no dan abasto para alojar la enorme población indígena que se vuelca en ellas. Tal es el aspecto más trágico del drama que quería exhibir.[319]

Si bien es cierto que las apreciaciones de por Lapalma están impregnadas de matices deterministas y de una cuota no menor de racismo, no es menos cierto que reflejan un pronóstico que se presentaba como inexorable para los sobrevivientes de las comunidades indígenas que todavía poblaban el norte de la Patagonia en las primeras décadas del siglo XX. Un pronóstico que, enmarcado en los cánones legales, eliminaba toda posibilidad de continuar con la vida anterior so pena de ser considerados delincuentes y sancionados penalmente.

La nueva situación ofrecía pocas posibilidades para sobrevivir: emplearse como peones y jornaleros en establecimientos rurales o en los nacientes núcleos urbanos, instalarse en las parcelas fiscales que el Gobierno había entregado a algunas pocas comunidades indígenas o quedar en otras como intrusos, con la inestabilidad y los riesgos que conllevaba, dedicándose a la cría extensiva y trashumante de ganado

---

[319] Lapalma, Oscar Fermín, op. cit., pp. 86-87.

menor, la agricultura de subsistencia y ocasionalmente incorporarse al mercado de trabajo.

Pareciera entonces que, finalmente, tras un controvertido camino los indígenas habían encontrado su destino final: aciago, miserable, marginal pero destino al fin.

CAPÍTULO VI
Conclusión

> "Cuando llegaban los barcos con familias indígenas prisione-
> ras, las damas porteñas concurrían en masa a buscar sirvientes,
> pequeñas y grandes, lo que produjo la separación de padres e
> hijos. El Gobierno carecía de un plan orgánico y maduro y digno
> de la causa en juego. Pero carecía también de recursos ¿Debieron
> crearse colonias escuelas para el indio? ¿Convendría mejorarle
> étnicamente mezclándole con otras razas en vez de mantenerlo
> separado? Lo cierto es que el indio fue entregado a sus propios
> recursos en centros lejanos, en donde siguió vegetando como
> pudo [...]"

> Ernesto Stieben, *De Garay a Roca*. [320]

Las afirmaciones y preguntas de Stieben en el epígrafe parecen no estar alejadas de la realidad, por lo menos si las contrastamos con los resultados expuestos hasta aquí.

En efecto, de lo analizado resulta evidente que a lo largo del perío-do estudiado no hubo por parte de los gobiernos que se sucedieron una política unívoca respecto del destino final que debían tener los indíge-nas reducidos, y cual debía ser la forma más adecuada de integración. Por el contrario, las diferentes soluciones ensayadas cabalgaron sobre las necesidades del momento y, como señalara Estanislao Zeballos, nadie se preocupó desde la esfera oficial por concebir y aplicar una política general que contemplara el destino final que deberían tener los indígenas sometidos.

---

[320] Stieben, Ernesto, *De Garay a Roca. La guerra con el indio de las pampas*, Buenos Aires, Rodolfo Marinelli, 1941, p. 360.

Susana Botte, refiriéndose precisamente a las diferentes políticas estatales desarrolladas en relación con los indígenas reducidos, plantea que:

> Ante la superposición en el tiempo de los diferentes sistemas de colocación (misiones religiosas, reducciones, colonias propiamente dichas), y las contradicciones entre los diferentes proyectos, es posible afirmar que la colocación de los indígenas es una cuestión que careció de la claridad de objetivos y de recursos a emplearse para alcanzarlos, propias de las etapas del avance sobre las fronteras y del sometimiento (de los mismos indígenas), simplemente porque la presencia objetiva de los indígenas y la necesidad de reducirlos, nunca constituyeron una necesidad en sí misma, sino que quedaron como saldo no deseado y embarazoso después de la concreción de aquello que sí constituía un proyecto: el de rescatar el desierto de la barbarie.[321]

La caracterización que hace Botte es correcta, pero estas políticas contradictorias no son fruto sólo de la falta de interés o de lo escasamente prioritario del tema en los gobiernos que se fueron sucediendo a lo largo de todo este período, sino también, y fundamentalmente, porque el proceso de incorporación de los indígenas está dado dentro de un contexto mayor que se vincula con el propio devenir de la sociedad y el Estado en la Argentina. En este sentido resulta evidente que la resolución de la cuestión indígena se intenta producir en el marco del proceso de construcción de una sociedad capitalista y de consolidación del Estado nacional, principalmente en cuanto a su autoridad y soberanía.

Si tenemos en cuenta que en el pensamiento de aquellas elites gobernantes el concepto de Estado aparece asociado al de Nación, y que además, siguiendo el modelo norteamericano sólo se concebía

---

[321] Botte, Susana, "Análisis de la cuestión indígena en la historia legislativa y parlamentaria argentina en el período 1853-1890", en Dirección de Información Parlamentaria del Congreso de la Nación, Buenos Aires, 1991, p. 45; también en www1.hcdn.gov.ar/dependencias/dip/documentos/DG038.02.02-2.pdf

a la nación como soberana,[322] resultaba inconcebible que pudiera existir dentro del territorio de la nación otra soberanía extraña al propio Estado. Dicho de otra manera, resultaba inaceptable para aquellas elites que una parte del territorio que se consideraba parte de la Nación no estuviera baja la férrea autoridad del Estado, ya que como advierte Manuel Pizarro, ministro de Justicia, Instrucción y Culto del presidente Roca, "el territorio, como la ciudadanía, como la nacionalidad, es uno solo".[323]

Pero también la equiparación de la Nación con el Estado significaba que no se pueden tener derechos políticos en la Nación, es decir ser ciudadanos, reconociéndose como parte de una nacionalidad diferente o a partir de una representación político-jurídica institucionalizada por pertenencia étnica, ya que la concepción decimonónica del Estado burgués es fuertemente unificadora y a la vez negadora de la diversidad sociocultural interna.[324]De tal manera, entonces, todas aquellas manifestaciones socioculturales que contradecían o no estaban incluidas en este modelo —y el componente indígena no lo estaba— debían desaparecer como tales a favor de la característica principal que ofrece la Nación-Estado como modelo único de civili-

---

[322] A propósito de la influencia norteamericana vale como ejemplo lo sucedido en 1880. En ocasión de debatirse en el Congreso de la Nación la cesión de la Ciudad de Buenos Aires al Gobierno federal, Manuel Pizarro, senador por Santa Fe, aporta una serie de principios fundamentales de la obra de Tiffany (renombrado constitucionalista estadounidense); entre ellos el que dice: "No puede haber soberanías separadas e independientes dentro de los mismos límites o jurisdicción, ni puede haber dos orígenes distintos y separados de autoridad soberana dentro de la misma jurisdicción [...]". Véase Congreso de la Nación, Cámara de Senadores, Diario de Sesiones, año 1880, p. 245.

[323] Congreso de la Nación, Cámara de Senadores, Diario de Sesiones, año 1881, p. 366.

[324] Lenton, Diana, "La imagen del discurso oficial sobre el indígena de Pampa y Patagonia y sus variaciones a lo largo del proceso histórico de relacionamiento: 1880-1930". Tesis de Licenciatura. Universidad de Buenos Aires, Facultad de Filosofía y Letras, año 1994 (policopiado), p. 16.

zación: la homogeneidad cultural. Como señala Dolores Juliano, "el desconocimiento, desvalorización y alejamiento de las comunidades indígenas son utilizadas para negar en la práctica el derecho de estos grupos a sobrevivir como tales".[325]

Por lo tanto, las políticas implementadas en aquel primer momento se relacionan con esa realidad y aunque generen ríspidas discusiones, fundamentalmente con la Iglesia, las mismas no van a variar ya que la elite gobernante, ante las principales dos preguntas planteadas acerca de quiénes debían civilizar a los indígenas y cuáles eran los métodos adecuados para cumplir con esa finalidad, tienen una respuesta inapelable: sólo el Estado es quien puede llevar a cabo esa misión, y para ello, en esta primera etapa de confrontación, resultan su fuerza armada el instrumento estatal más idóneo para unificar el territorio y el sistema de distribución el método más adecuado para la incorporación de los indígenas sometidos. Ambos, fuerza armada y distribución, importantes para garantizar de una sola vez dos necesidades vitales que tiene el Estado nación en construcción: la homogeneización territorial y cultural.

Resulta claro así que la muerte de Adolfo Alsina y su reemplazo por el general Julio A. Roca no sólo significaron un cambio en la política de fronteras sino también una profunda modificación en cuanto al tratamiento de la más amplia cuestión indígena, ya que la operación de gradual inserción del indio tal cual la planteaba el ex ministro de Guerra iba a ser, como señala Blengino, "anulada por la exigencia temporal del progreso y subordinada a una estrategia militar".[326]

Resulta significativo al respecto el papel rector que el Gobierno le adjudica al Ejército, no sólo en cuanto a la ocupación territorial sino también en la lucha entre civilización y barbarie. Y mientras el senador

---

[325] Juliano, Dolores, "El discreto encanto de la adscripción étnica voluntaria", en Ringuelet, R. (Comp.), *Procesos de contacto interétnico*, Buenos Aires, Búsqueda, 1987.

[326] Blengino, Vanni, "La zanja de la Pampa y la Gran Muralla China", op. cit., p. 146.

Absalón Rojas opina que el Ejército sería el encargado de producir la expansión territorial de la civilización sobre la barbarie,[327] el ya presidente Roca en su mensaje de apertura de las sesiones legislativas en 1882 expresa que "la misión del Ejército es proteger la población de los territorios antes abandonados al salvaje y de que se apodera hoy la civilización en beneficio de la riqueza Nacional", y remata afirmando que "el Ejército es la vanguardia de la civilización argentina".[328]

De esta manera el destino final de los indígenas queda atado, por lo menos hasta la finalización de la campaña militar, a las decisiones que toma el mando militar que los considera no sólo un producto del desierto, salvaje y bárbaro, sino también un enemigo peligroso al cual hay que derrotar y reducir. Por lo tanto, para esta mirada militar el sistema de distribución empleado resulta sumamente conveniente, ya que tanto concluye la desaparición de un obstáculo para la civilización como de un contrincante bélico.

La tesitura impuesta por esta misma mirada en gran parte también explica el porqué de los fracasos de otros intentos alternativos de asimilación, como los llevados adelante por los misioneros salesianos. En efecto, difícilmente en ese período, signado por la primacía de una visión impregnada por las ideas de la época y fundamentalmente por la concepción militar, hubiera espacio para una propuesta alternativa y menos para aquellas intentadas por los salesianos, ya que si bien la cruz y la espada pueden aparecer como complementarias y coincidentes tanto en el hecho de la conquista —espiritual una, militar la otra— como en el de la necesidad de ocupar el espacio indígena al que se considera un "desierto", cruz y espada se vuelvan contradictorias y antagónicas cuando se trata de civilizar a los indígenas. Antagonizan ambas instituciones representativas —ambas, de la cruz y de la

---

[327] Congreso de la Nación, Cámara de Senadores, Diario de Sesiones, año 1879, p. 123.

[328] Discurso del presidente Julio A. Roca de apertura de las sesiones legislativas del año 1882. En Congreso de la Nación, Cámara de Senadores, Diario de Sesiones, año 1882, p. 78.

espada—, cuando se asumen las dos como respuestas únicas a aquellas preguntas acerca de quiénes debían civilizar y cuáles eran los métodos adecuados para ello.

En este sentido las palabras de Santiago Estrada, director del diario católico *La América del Sud*, resultan por demás reveladoras del singular conflicto:

> Es de lamentar, Señores, que entre la cruz y la espada la decisión sea a favor de esta última. La guerra puede exterminar, no convertir y civilizar al salvaje. Donde el soldado reemplaza al misionero nuestra sociedad no tiene casi auxilio que prestar. Nos veremos limitados a aliviar al prisionero ya que no podemos contribuir a que se lleve el evangelio a la Pampa.(…)"[329]

Sin embargo, el fin de las campañas militares parece ser también el final oficial de esa metodología. Eliminadas definitivamente las fronteras interiores y distribuidos los indígenas en diferentes ámbitos de civilización, la mirada de parte de la elite gobernante va variando. Aunque algunos de de sus integrantes todavía justifican la exclusión del indígena debido a una manifiesta "inferioridad racial", otros, incluido el propio Roca, creen que debe dejarse de lado la metodología utilizada hasta entonces y que hay que utilizar otros caminos para lograr la integración de la comunidad indígena a la civilización, y se menciona el sistema de colonias fundando su decisión en razones económicas, pero, principalmente, atendiendo al papel civilizador de la agricultura. Por lo tanto, la formación de colonias agrícolas con los sobrevivientes de las parcialidades indígenas que aún permanecen en el espacio ocupado aparece como una forma congruente de integración. Para los sostenedores de esta propuesta la acción civilizadora que encierra la actividad agrícola debe abarcar al conjunto de la población, e incluir a los indígenas pues es necesario garantizar el acceso de los mismos a la tierra ya sea conformando colonias agrícolas o como ocurrirá más

---

[329] Periódico *La América del Sur*, Buenos Aires, 5.3.1879, p. 1.

adelante a través de reservas, o directamente el otorgamiento de la propiedad de parcelas mediante concesiones o cesiones.

Pero, según Pedro Santos Martínez (*La asimilación de los indios sometidos*, 1972), en este significativo viraje en la política oficial no sólo hay que tener en cuenta los motivos económicos y los que acabamos de mencionar sino, principalmente, la influencia que en esos momentos ejercieron políticas similares llevadas a cabo por el gobierno de Estados Unidos, entre ellas la sanción de la Ley Dawes.[330]

Más allá de estas influencias y de las razones que determinaron estos cambios en las políticas de integración, lo que caracteriza a esa etapa es la imagen ambigua que se tenía de los indígenas y que ello se correspondía con los cambios estructurales y las redefiniciones sociales y políticas que se producían en el país. En efecto, en toda esta etapa, cuando se consideraba la cuestión indígena, la misma aparecía siempre ligada a otros problemas apremiantes para la elite gobernante vinculados con las mutaciones que se producían en la sociedad argentina relacionadas con el fenómeno de la inmigración, y con las consecuencias que traía aparejada su pasividad en el propio proceso de integración nacional, y aún en el orden social. Todo esto presupone razones por demás significativas para modificar la visión que hasta ahí tenía buena parte de funcionarios y políticos respecto de la cuestión indígena, y la apelación al mismo como ciudadano y argentino en inevitable comparación con el inmigrante.

Sin embargo, a medida que va desapareciendo el peligro de disgregación nacional se va diluyendo esta apelación y, por otra parte,

---

[330] La llamada Ley Dawes, de EE. UU., sancionada en 1887es, según algunos autores como Samuel Morrison y Henry Commager, la primera tentativa seria del Gobierno de Estados Unidos de *"civilizar a los indios"*, ya que esta norma legal planteaba "enseñarles las prácticas de la agricultura y de la vida social e incorporarlos al cuerpo político de la nación. Ordenaba la disolución de las tribus como entidades legales y la distribución de las tierras tribales entre los miembros de las Tribus [...]". En Morrison, S. y H. Commager, *Historia de los Estados Unidos de Norteamérica*. México, FCE, 1951. Tomo II, pp. 236-237.

también la crisis de 1890 va marcando el fin de la utopía agraria, lo que contribuye a señalar la conclusión de esta etapa[331] dejando paso, en los años siguientes y hasta el final del período, a nuevas imágenes distintas de las anteriores y, a la vez, contrapuestas entre sí.

En efecto, mientras que algunos legisladores, funcionarios e intelectuales perciben que los indígenas ya no son salvajes y bárbaros productos del desierto sino habitantes, como tantos otros de la campaña, que se integran a ella a través de la actividad en parcelas fiscales a las que se hace acreedor, otras instituciones y agencias estatales abordan la homogeneización y ciudadanización. Son la Escuela, la Justicia y la Dirección de Tierras –a través de maestros, jueces y fiscales, policías e inspectores de tierras– que realizan acciones significativas con el fin de completar el proceso de homogeneización cultural, de ciudadanización y de integración social y laboral, intentando convertir al indígena en mano de obra disciplinada que abastezca el mercado de trabajo que se pretende en los nuevos territorios ocupados.

En el caso de la concesión a las tribus y familias indígenas de parcelas ahora fiscales ya no están presentes en los legisladores y funcionarios los discursos civilizadores y de desarrollo social y productivo, porque la idea que prima es que ya no constituyen un peligro porque viven pacíficamente acatando las leyes y la autoridad que emana del Estado y, además, les asiste el derecho a la posesión de esas tierras por ser antiguos usufructuarios.

---

[331] Como corolario del fin de los intentos de *civilizar* a los indígenas a través de las colonias agrícolas, en 1898 se sanciona la norma legal que reorganiza los distintos ministerios que componen el Poder Ejecutivo Nacional y, entre otras disposiciones, esta ley señala que al Ministerio del Interior le corresponden el "gobierno y administración de los Territorios Nacionales y la Reducción de Indios", mientras que al recientemente creado Ministerio de Agricultura le compete "la colonización, la internación y distribución de inmigrantes y las Tierras Publicas". Congreso de la Nación, Cámara de Senadores, año 1898, pp. 143 y 312.

Pero, como ya se ha señalado, el referido era sólo uno de los destinos posibles –el de menor peso– al efecto de que los indígenas resultaran incorporados a la sociedad y a la Nación. El otro destino, el preferido por la elite que domina al Estado –el de mayor peso, por cierto– era que los indígenas sobrevivientes se transformaran en individuos trabajadores que tendrían que satisfacer las crecientes necesidades de mano de obra que se suscitaban. Para eso era necesario que el indígena se convirtiera en un trabajador disciplinado y, con ese objetivo, se pusieron en práctica diversas formas de coacción.

El presidente Roque Sáenz Peña planteaba en 1912 al parlamento nacional que a favor del buen trato y conservación de los indios obligaban no sólo un mandato constitucional y razones de humanidad, sino otras leyes muy interesantes de orden económico, afirmando finalmente que "el indígena es un elemento inapreciable para ciertas industrias, porque está aclimatado y supone la mano de obra barata, en condiciones de difícil competencia".[332]

Estas condiciones inigualables de competencia que señala Sáenz Peña tenían que ver con la sobreexplotación laboral a la que eran sometidos no sólo por los particulares en estancias y otros establecimientos rurales sino también en ocasiones por el propio Estado, como en el caso de las primitivas obras de irrigación en el valle del río Negro.[333]

Ante el creciente volumen de incorporación de mano de obra indígena al mercado laboral, y la situación de sobreexplotación, el Poder Ejecutivo en 1904 incluyó en su Proyecto de Ley Nacional del Trabajo un apartado dedicado a los trabajadores indígenas, con el objetivo de regular su actividad en todos sus aspectos, lo que

---

[332] Congreso de la Nación, Cámara de Senadores, Diario de Sesiones, año 1912, p. 32.

[333] En 1884 en la construcción del primer canal de riego de la colonia General Roca fueron empleados soldados e indígenas sometidos que estaban alojados en el Fuerte General Roca, esa fue la razón de su denominación "canal de los milicos".

implicaba su reconocimiento como hombres libres y sujetos de derechos y obligaciones.

Pero, consecuentemente, si este indígena libre y sujeto también de obligaciones se resistía al destino que se le había fijado, "reaparecían" los rasgos delictivos de su conducta y es visto, si no como un salvaje, sí como un vago y un ladrón. Es decir, como un delincuente, y entonces será la Justicia, como antes había sido el Ejército, a través de sus funcionarios y auxiliares, la que asume el rol represivo y disciplinario.

En la medida en que se fueron cumpliendo las distintas etapas de consolidación de la sociedad capitalista y del Estado nación –y la ideología que los sustenta acentúa su hegemonía–, el análisis de la cuestión indígena fue variando no solamente entre intelectuales y políticos sino también entre militares, ya que a aquellas primeras definiciones expresadas por Vintter o Roca –los indios son salvajes y bárbaros imposibles de civilizar y no merecedores de la tierra que habitan–, le sucedieron en los inicios del siglo XX otras expresiones, como las del coronel Enrique Rostagno, señalando que enseñarle a trabajar la tierra a los indígenas, dándosela en propiedad, es la mejor solución.

Mientras tanto la problemática y los problemas de los indígenas reducidos van pasando de Ministerio en Ministerio, de despacho en despacho, según quiénes en la esfera gubernamental se ocupen de sus "destinos". Este cambiante escenario se repite en los ámbitos legislativos y a lo largo del período estudiado los indígenas aparecen como objetos principales de un espectro muy amplio de leyes, las más contradictorias entre sí. Abarcan desde las que dispusieron hacerles la guerra y aniquilarlos, pasando por las que promovían la organización en colonias y cedían tierras, hasta las que en pos de la modernidad los incorporan al mercado de fuerza de trabajo garantizándoles derechos y obligaciones como a cualquier trabajador.

Las políticas llevadas adelante por los presidentes Nicolás Avellaneda y Julio A. Roca acabaron con un aspecto de la cuestión indígena, el que tenía que ver con la ocupación del espacio y con la desaparición de las fronteras interiores. Pero, en lo referente al destino final de los indígenas el conflicto no se resolvió y, contrariamente, la ausencia de una política global expresada en una ley general que contemplara la situación del indígena sometido acentuó la gravedad del problema.

En este sentido, como ya lo señaláramos, la política seguida por los gobiernos de turno estuvo signada y determinada la mayoría de las veces por la improvisación y la coyuntura política y social que le tocaba transitar en cada momento de la construcción del Estado nacional. Esto determinó que al final del período estudiado sólo algunos pocos caciques con los sobrevivientes de sus parcialidades pudieran volver a reinstalarse en sus primitivos hábitat, mientras que el resto —es decir la mayoría de las comunidades indígenas que habían poblado el espacio pampeano-patagónico en vísperas de la ofensiva final—, como bien señalaba Mansilla, fueron desapareciendo como tales y con ellas lo hicieron sus tradiciones, sus costumbres y hasta su lengua.

Es decir, las políticas empleadas tendientes a transformar e integrar al indio bárbaro en un ciudadano de la nación implicaron en la práctica su total disolución como tal en la sociedad mayoritaria.

El resultado final fue la paulatina invisibilización, tanto en la historia oficial como en el imaginario popular, de quienes habían sido protagonistas principales de una parte significativa de nuestra historia.

Así, segmentos de comunidades indígenas como los salineros de Namuncurá, los pampas de Pincen o los ranqueles de Baigorrita, entre tantos otros, si pudieron sobrevivir pronto se convirtieron en anónimos habitantes de las grandes ciudades, peones en las campaña de Entre Ríos, Buenos Aires o Tucumán, en chacras y estancias que surgían en los territorios recientemente ocupados por el Estado y que habían sido de su ancestral dominio. Si, en cambio, no lograron superar el desarraigo, el trastrueque de valores y el desmembramiento familiar, rápidamente tanto la viruela como las condiciones de vida a las que fueron sometidos los convirtieron en víctimas de una dolorosa historia aún no concluida.

ANEXO DOCUMENTAL

Hermana Martina, quien hacia 1945 todavía prestaba servicios en el internado católico "Nuestro hogar", de Olivos, Provincia de Buenos Aires. En 1878 fue trasladada a la Ciudad de Buenos Aires junto con su familia ranquel de la tribu del cacique Catriel, pero disgregada ésta por el régimen de "distribución" la niña fue entregada como criada al matrimonio compuesto por Genara Pessa y Manuel Delgado, padres de otras dos niñas. Fallecidos Manuel y Genara sus hijas y la criada india ingresan a la congregación Hermanas de Nuestra Señora de la Merced del Divino Maestro. Ver nuestra Nota número 156. Fotografía perteneciente al Archivo Gráfico de la Nación.

I) Una nómina –incompleta– de indígenas distribuidos en Buenos Aires en la que constan sus nombres, filiación y edad, y el nombre y profesión del tutor o encargado del mismo

Indígena	Edad	Tutor o encargado	Profesión
Carlos	12	Marcelo Acosta	
Luisa Huinca	17	Julio Acuña	
Antonia Nemeillan	42	Emilia Aguirre	
María Cornelio Alais	14	Manuel P. Alais	
Luisa Machado	05	Pedro V. Alfaro	
Marcelina Petrona	09	Francisco J. Almeida	
Juan Antonio Linares	12	Carlos Alsina	Hacendado
Martín Islas[1]	40	Eulogia M. de Alvarez	
María	35	Ídem	
Francisco Islas	14	Ídem	
Julio Estevan Islas	10	Ídem	
Antonio Islas	06	Ídem	
Pascual Martín Islas	02	Ídem	
María Elvira	04	Trinidad Alvarez	
Josefa	s/d	Ídem	
Peregrina[2]	02	Ídem	
Vicente Alcira	2 meses	Felipe Amoedo	
Juan	s/d	Manuel A. Amoedo	
Mercedes Petral	12	José María Arechaga	
Luisa Anasagasti	11	Manuel Anasagasti	Hacendado
Isabel	13	Jacinto L. Arauz	Diputado Nacional
Juan Antonio	07	Juan Argerich	
María de los Ángeles	10	José Arias	Militar
Martín	10	Ídem	
Francisco del Corazón de Jesús	11	Manuel Arosa	
Francisco Solano Arrache	11	Francisco Arrache	Sacerdote
Juan Carlos	10	Laura Atucha	
Luis Felipe	05	Ídem	
Pascual Arroyo	40	Octavio Avenillas	
Rosario Dien	20	Carlos Azzarri	
María	40	Ídem	

Emilio	03	Guillermo Ball	
María Rosa	05	Isabel Basavilbaso	
Manuel Villegas	12	Francisco Baudrix	Militar
Carlos Huenchual	07	Ídem	Ídem
Rosario Moreno	38	Darío Becar	Militar
Ramón Romero del Corazón de Jesús	01	Ídem	Ídem
María Belando	10	Ezequiel Belando	
Mercedes	14	Elena Belau	
Manuel Cavosa	22	Carmen Belgrano	
Rosa	06	Máximo Benguria	
Julio Berdier	06	Manuel Berdier	Militar
Felisa	11	Liberata R. de Bernanrdo	
Francisco	09	Ídem	
Josefa Raudan	60	Julio Besada	
Cornelia Mañandel[3]	30	Ídem	
María Rosa	21	Guillermo J. Binden	
Bernardo	06	Ídem	
María Dolores	07	Enrique Blanco	
Petrona Bonifacio	55	Belisario Bonifacio	Corredor de Bolsa
Eugenia Bonifacio	13	Ídem	Ídem
María Antonia Emma Bonorino	11	Antonio Bonorino	
Ángela de las Mercedes	08	Laureano Bonorino	Empleado público
Luisa de las Mercedes Amaya	05	Remedios A. de Bosch	
Susana Botet	03	Ignacio Botet	Abogado
Luis Marcos del Socorro	11	Francisco Boyé	
Tomasa Guillegal	s/d	Ramón Bravo	Militar
José Guillermo[4]	13	Ídem	
Avelino Rosas	20	Ídem	
Lorenza	19	Ídem	
Ana Eduardo Rosas[5]	10 mese	Ídem	
Milliocal	s/d	Ídem	
Eduardo Moniga[6]	06	Ídem	
Juan José Brizuela	15	Félix Brizuela	
Carolina Flores	30	Luis Bustamante	

Luisa Bustos	24	Francisco Bustos	
Bernardino María Flores[7]	01 mes	Ídem	
Josefa Llancá	70	Teresa G. de Buyenos	
Salvador	06	Mariano Cabal	
Micaela	03	Miguel M. Cabrera	
Juana María	25	Máxima Calderón	
Ignacia	13	Julio Campos	Militar
María Benita	11	Manuel Campos	Hacendado
Alberto Julián	08	Ídem	
María	06	Ídem	
Gervasio Gusado	s/d	Trifón Cárdenas	Militar
Victoria Saimillá	30	Ídem	
María Encarnación[8]	03	Ídem	
Mariano Crespo	s/d	Ídem	
Remigio Crespo[9]	12	Ídem	
Matías Antar	08	Cirila Carriego	
María Cristina	02	Ventura Carrizo	
María Josefa Magdalena	02	Emilio Castro	Empleado público
Mariano José	08	Juana V. de Castro	
Flora Castro	09	Rufina Castro	
Joaquina Concepción (Ayuhuancuy)	70	Inés R. de Cayol	
María Petrona Cazares	22	Clotilde G. de Cazares	
Andrés Antemil	s/d	Francisco Cisterna	Militar
Josefa	s/d	Ídem	
Fernando Andrés Antemil[10]	13	Ídem	
Francisco Claret	06	José Claret	Sastre
Cornelia Codina	04	Ídem	
María Rosario	20	Adolfo Conde	
Rosario	06	Ídem	
Melchora Ponce	30	Pedro Caniva	
Julián Aníbal Araujo	05	Emilio Córdova	Empleado público
María	19	Marcelo Cornet	
Silvia María Coronell	14	Victoria S. de Coronell	
Manuela Castro[11]	07	Juan Corradi	Médico
Juana Castro[12]	06	Ídem	
Francisco	17	Ídem	

Benito	07	Lisímaco Correa Luna	Militar
Juan	07	José Crespo	Diputado Nacional
Juan José Cross (Corrié)	10	Juan Bautista Cross	Médico
Margarita Aingart	30	Manuel Chávez	
Valentina Chávez	05	Olegaria Chávez	
Dominga	05	Manuela Daber	
Antonio Daviez	11	Arturo Daviez	
José Daviez	06	Ídem	
Roque Panitri	07	Victoriano de la Canal	Hacendado
Petrona	05	Lino de la Torre	
Leonor	04	Ídem	
María A. Del Campo	15	Emiliano Del Campo	Comisario Pagador de Marina
María Delgado	08	Manuel Delgado	
Ignacia Agapita	s/d	Juan Dionisio Dhers	Rentista
Dionisia Varela	18	Ídem	
Petrona Andrada	28	Balvina Díaz	
Pedro Andrada[13]	01	Ídem	
Gilberto Díaz	09	Manuel J. Díaz	
María	45	Miguel A. Díaz	
Fermina	20	Ídem	
María Josefa del Tránsito	10	Luisa S. de Dibur	
Gerónimo Doyhenard	23	Lorenzo Doyhenard	Empleado público
Pedro Beltrán Doyhenard	01	Ídem	
Manuel	06	Carlos Durand	Médico
María Célica[14]	11	Eduardo Durand	Hacendado
Juana Lorenzo	28	Pedro Echevarria	
Carmen Lorenzo[15]	1 mes	Ídem	
Josefina Ponce	30	Saturnino Echeverria	
José Santos Río Negro	05	Adolfo Elías	
Manuel Elías	11	Ídem	
Juan Namuncurá	07	Victoria Elías	
Electicia del Carmen	03	José Luis Elordi	Militar
Lucia	05	Mariano Escalada	
Raquel	07	Edmundo Escola	Militar
Gregoria Arroyo	13	Severo Ezpeleta	Militar

María Ignacia Ezpeleta	06	Ídem	Ídem
María Teresa	06	Santiago Estrada	Periodista
Ana Etchechurry	40	Manuel Etchechurry	
Zenón Pereira	13	Ídem	
Francisco Valdez	12	Ídem	
Micaela Fabre (Quintuipan)	37	Tomasa A. de Fabre	
Francisco Fabre	07	Ídem	
Manuela	15	Jorge Farfield	Empleado público
Concepción	12	Martina Fernández	
María Zulema Barros (Antuñana)[16]	14	Mercedes Fernández	
María Sara Fernández	13	Ídem	
Isabel del Carmen	13	Paula V. de Fernández	
Diego Fernández Oro	12	Manuel Fernández Oro	Militar
Celia Mercedes	09	Ídem	Ídem
Genaro Fernández Oro	07	Ídem	Ídem
Lidia Font	06	Juan F. Font	Hacendado
Mariano Molina	06	Ídem	Ídem
Lorenzo Franco	50	Mercedes V. Franco	
Tomasa Espinoza	30	Ídem	
Dolores[17]	13	Dionisio Fredes	Comerciante
Clemente Ferreira	07	Casildo Ferreira	
Petrona Martínez Ferreira	05	Ídem	
María Belén	04	Salustiano Gallup	Hacendado
Pelagio Chinchin	12	José Gambini	
Margarita Cheo	10	Ídem	
Paula	09	Ídem	
Juana María	15	Ángel Garay	Abogado
Juana Lucia	14	Ídem	
Cristian Morales	07	Antonio García	
Manuel María García	06	Eduardo García	
José	03	Julio García	Militar
Manuela	32	Manuela García	
Aníbal	08	Saturnino E. García	
Sara García (María Teresa Urien)	06	Zoraida García	
Luisa	05	Juan García Fernández	Médico

Pedro Juan Cruz	11	Juan Cruz Giles	
José Diego Rodríguez	08	Francisco Grigera	
Mercedes	27	Máxima Godoy	
María Margarita Gómez	04	Ciriaco Gómez	Hacendado
Catalina Rageillan	68	María Gómez	
Manuela Ayempi	38	Dolores González	
María Dolores González	04	Emilio González	
Auxilia Josefa Tuquillan	28	Ídem	
Ignacia González	24	Malvina E. González	
María González	13	Paula González	
Emilio Gras	04	Martín Gras	Militar
María Magdalena Guerello	14	Luis Guerello	
Manuela Lidia	06	Manuel Guerrico	Hacendado
Mercedes	04	Martín Guerrico	Militar
María Flora Güiraldes	05	José A. Güiraldes	Hacendado
Marta Gutiérrez	04	Enriqueta Gutiérrez	
José Rafael Harra	s/d	Francisco Harra	
Francisco del Corazón de Jesús	02	María Heredia	
Ricardo López Jordan	01	Ramón Idoyaga	Hacendado
Manuel Idoyaga	46	Ídem	
Ignacia Pichical	28	Ídem	
Remigio[18]	07	Valentina A. de Igarzabal	
Lorenzo Huinca	45	María L. Iparraguirre	
Juan Fardel	s/d	Julio Jardel	
Luciana Rosa	s/d	Mercedes Rosa de Lacarra	
Mercedes Araus Namuncurá	35	Inés Lamadrid	
Esteban	06	Manuel H. Langeheim	Abogado
Juan	04	Ídem	
Isabel Rañiqueo	60	Facundo Larguia	Médico
Eugenio Ayllan Platero	20	Ídem	
Valentín Larguia	s/d	Tomás Larguia	
Casimira	11	Encarnación C. de Lalan	

Rosa María Ester Diferí	06	Dominga Lastra	
María	10	Silveria Matorras de Leaube	
Juan Miel	07	Juan Laborda	
Marcisa Pacheco	14	Pedro Lara	
Margarita García	s/d	Pascuaza Leguizamón	
Juana María García[19]	15	Ídem	
José María Leguizamón	01	Ídem	
Ángela Jurnet	14	Juana Lespes	
Ana María Jurnet	09	Ídem	
José	05	Nicolás Levalle	Militar
Juana	06	Ídem	
Lorenza Elisa Pizarro	2 meses	Teolindo J. Linares	
Francisco Pizarro	15	Ídem	
Canoi	s/d	Gabino Lobato	Militar
Pedro[20]	06	Ídem	
Filomena Elena	s/d	Cecilio López	
Juan Colman	06	Francisco López	
Julia López	06	Miguel López	
Nazaria	14	María J. Lucero	
María Luisa Luna	08	Pantaleón A. Luna	
María Rosa Lima	04	Carlos Madariaga	
Hilario	04	Julián Maldonado	
Vicente	12	Ramón Manzanares	Militar
Juan José Almirón	12	Félix Marana	
José María	06	Rómulo Marcenari	Diputado Nacional
Micaela del Carmen	20	Victoria Márquez	
Josué Corrué	27	Horacio Martínez	
José Pilar Lucero[21]	39	José María Martínez	
Rosa Huilcan	29	Ídem	
Manuel Lucero	07	Ídem	
Juana Lucero	02	Ídem	
Juana Rumeypan	70	Manuel J. Martínez	
María Isabel Martínez	35	Ídem	
Micaela[22]	s/d	Pascual Martínez	
Pedro	s/d	Ídem	
Rosa Martínez	1 mes	Ídem	
María Juana	08	Ventura Martínez	Militar

Juan Apóstol	01	Ídem	
Juan José	04	Ídem	
Juana	30	Ídem	
María Josefa	15	Ídem	
Luisa Matto	09	Manuela Matto	
Martín Godmaqui	s/d	Pedro Mayo[23]	Médico
Pablo Silvio Nahuel-chao	12	Julio C. Medeiro	Médico
Alberto Antuala del Corazón de Jesús	08	Federico Melián	
María Agustina del Corazón de Jesús	50	Ídem	
María del Carmen del Corazón de Jesús	30	Ídem	
María Rosa del Corazón de Jesús	14	Ídem	
Fermina	30	Agustín Méndez	
Manuel	06	Nicanor Méndez	Empresario
Agustina del Carmen Mendieta	14	Mateo Mendieta	Hacendado
Manuel Pedro Roseta	06	Rosa V. Millar	
Ana María Lefteyman	12	Rosa V. Millar	
Inés	05	Ernesto Moine	Comerciante
María Juana Peña	18	Candelaria Moldes	
Eva Bermejo	15	Antonio Molina	
Martín Eliseo	03	Petrona Eliseo de Mon	
Dominga	01	Ídem	
Ángela	12	José A. Mones Ruiz	
Carlos Monteros	03	Matilde Monteros	
Laura Montovio	s/d	Nicanor Montovio	
Catalina	07	Ídem	
María Irene	05	Adolfo More	
María Moritán	09	Rosa C. de Moritán	
José Pedro	10	Virginia M. de Muñoz	
María Isabel	07	Magdalena Murga	
Josefa Juana Nadal	12	Marcial Nadal	Militar
Paulina Flores Llancumcal	11	Ídem	Ídem
Pilar	06	Ídem	Ídem
Enriqueta Flores Manqueche	12	Ídem	Ídem

Carmen Noceti	12	Nicolás Noceti	Comerciante
Manuela Aurora	05	Bernabé Núñez	Militar
Isabel	20	Grimaldo Núñez	
Emiliana	06	Rosario P. de Ochagoria	
Dolores O'Gorman	14	Tomás O´Gorman	Militar
Manuela	11	Lucila Orman	
Mercedes Nigeyman	24	Micaela Ortega	
Andrés José Carlos Ortiz	6 meses	Carlos A. Ortiz	
Luisa	06	Ana María Osorio	
María del Rosario Elvira	10	José G. Palacios	
María Luisa	13	Rodolfo Palacios	
Manuel Palma	10	Zenón Palma	
María	04	Melitón Panelo	
Matilde Pardo	04	Carolina Pardo	
José	06	Pedro Parkinson	Empleado público
Luisa Paso (Antonia Pechinay)	32	Ángel Paso	
Narciso Paso[24]	6 meses	Ídem	
Bartolina Huenteghur	22	Josefa T. de Paz	
Jacinta María Martina	12	Jorge Payró	
Joaquín Gil Miguel Payró	12	Ídem	
Petrona Hegeyman	56	Juan Mariano Paso	
Eduardo Pechman (Seferino Iancapan)	s/d	Guillermo Pechman	Militar
Isabel	03	Elvira Bentos de Pellicer	
Agustina Bentos	06	Ídem	
Ventura	01	Ídem	
Juan Bentos	07	Ídem	
Petrona	29	Ídem	
Juan Cayupan	06	Pedro David Peña	Militar
Petrona	14	Josefa Oliden de Peralta Martínez	
Josefa del Corazón de Jesús	10	Ídem	
Felipe Pérez	08	Lucia de Pérez	

Juana Fernández del Carmen Pérez	06	María Pérez	
Manuel	07	Nicandro Pesao	Empleado público
María	10	Octavio S. Pico	
Agustina del Carmen	30	Zoilo Pintos	
Manuel Huenchuan[25]	24	Pedro Piñeyro	Hacendado
Rosa Indalecia Flores[26]	20	Ídem	
José N.	s/d	Ídem	
José Santos	s/d	Ídem	
Julio N.	s/d	Ídem	
José Alberto	06	Josefa G. de Pita	
María Eugenia Puig	05	Francisco Puig	
Inés	04	Vicente Quesada	Diputado Provincial
Carmela Mahuirgaur	24	Dionisio Quiroga	Militar
María Luisa[27]	01	Ídem	
Chemencio Nemesio Huenupan	06	Ídem	
Carmen Quintuycahuell	37	Ídem	
Saturnino Quiroga	22	Ídem	
José Fraga Nahuez	11	Ídem	
Domingo Quiroga	11	Ídem	
María Manuela Ralso	02	Victoriana A. de Ralso	
Martín Emilio Ralso	01	Ídem	
María Marcelina	03	Irene Fernández de Ramauge	
Juan José	08	Joaquín Ramos	Comerciante
Adela	45	Radolia Ramos	
Lucia Inés Ramos Mejía	03	Inés Ramos Mejía	
María Juana del Corazón de Jesús	10	Esteban Rams	Militar
Carlos María	03	Ídem	
Francisco	06	Domingo Reinoso	Empleado público
María Elena	07	Anacleto Resta	
Ana	12	Florencio Revoredo	
Belisario Cuello[28]	35	Carmen Reyes	
Josefa Godoy	30	Ídem	

José Cuello	06	Ídem	
Julio Martínez	11	Francisco Reynolds	Militar
Rosario Garmendia	07	Ídem	
Fernando Reynolds	08	Ídem	
Josefa Maquillan	30	Ídem	
Rufina Ríos	45	Raimundo Ríos	
Julio Chachao	05	Juan Robirosa	
Nicolás	04	Mauricio Roca	Comerciante
Carmen	03	Ídem	
Damiana del Rosario	14	Ídem	
Margarita	07	Sira B. de Rocha	
Inés Rodríguez	03	Antonio Rodríguez	
María Pascuala Rodríguez	40	Carlos Rodríguez	Senador Nacional
Alfonso Rodríguez	08	Ídem	
Feliciano Rodríguez	09	Ídem	
María Auca Lambert	10	Juana L. de Rodríguez	
Juana María	35	Luisa Méndez de Rodríguez	
María Ibáñez	06	Manuel Rodríguez	Militar
María Manuela Nugeyman	13	Martina G. de Rojo	
María de los Dolores	05	Melchora Núñez de Rolón	
Marta	18	Esteban A. Romero	
Victorio	06	Domingo J. Roverano	
María Luisa	07	Ídem	
Juraqueo Emilio Rouquad	04	Emilio Rouquad	
Sandalio	09	Natal Rufino	Hacendado
Manuela Concepción del Corazón de Jesús	08	Manuel Rubial	Militar
Ernestina de la Pampa	04	Ernesto Ruiz	
Martín Fierro	7 meses	Carlos Rus	Profesor
Pedro	02	Luis M. Saavedra	Hacendado
Eduardo María Salas	03	Martín Salas	Militar
Juana	30	Casta Salce	
Juana Salce	12	Ídem	
Manuela Blas	40	Bernardino Sánchez	
Mercedes Blas[29]	1 mes	Ídem	
Francisco Sánchez	03	Juana M. Sánchez	

Victorio[30]	s/d	Miguel G. Sánchez	
Francisca	s/d	Ídem	
María Laura	02	Ídem	
José Gonzáles	25	Margarita Ana Sanguinetti	
Rosa Guerrico	11	Luisa W. de Saravia	
Victoriana Comineiquin	26	Víctor M. Saravia	Empleado Publico
Hortensia Sarmiento	09	Guillermo Sarmiento	Militar
Antonio	10	Rosario Sarmiento	
Ignacia Vélez	27	Adolfo Sauce	
Ignacio Adolfo	07	Ídem	
María del Carmen Sciurano	08	Eduardo Sciurano	Marino
Carlos Roberto	05	Antonio Cervantes	
Margarita Zunivillan	29	María Sierra	
Manuela González	16	Juana Silva	
Petrona Rojas	21	Manuel Silveira	
Jerónima Rojas[31]	02	Ídem	
Alejandra Silveira	6 meses	Ídem	
María	60	Ídem	
Petrona Leana	28	Ídem	
Silverio Smith	14	Carlos Smith	Militar
Laurentino Cranwell	29	Ídem	
Rosa Smith	12	Ídem	
María Teresa	14	Manuel Soler	
Lucia Spuch	05	Martín Spuch	Médico
Vicente Suárez	02	Roque M. Suárez	
Fermín Sumblad	05	Enrique Sumblad	Hacendado
Juan Enrique Thorne	04	Enrique Thorne	
María Teresa Tobal	18	Federico Tobal	Abogado
Agustina Torres	03	Ricardo Torres	
Delia Trápaga	21	Domingo Trápaga	
Manuel Silverio Moldes[32]	05	Andrés Ugarriza	Médico
José Canaguil	48	Saturnino Unzué	Hacendado

Antonio	25	Ídem	
Bartola	47	Ídem	
Eugenio Bustos	28	Ídem	
Estevan Cauales	28	Ídem	
Juan Racedo	30	Ídem	
José Platero	48	Ídem	
Antonio Mielma	35	Ídem	
Juan Luciano	38	Ídem	
Antonio	40	Ídem	
Carmela	45	Ídem	
Petrona	48	Ídem	
Tomasa Mani	23	Ídem	
Isabel	26	Ídem	
Petrona	38	Ídem	
Martín Pinco	44	Ídem	
Aurora	52	Ídem	
Aloisa	36	Ídem	
Encarnación	36	Ídem	
Carmela	29	Ídem	
María Petrona	54	Ídem	
José Chico	01	Ídem	
Antonio	03	Ídem	
Payneman	01	Ídem	
María Antonia	01	Ídem	
Fernanda Bustos	02	Ídem	
Eleuterio	02	Ídem	
Herminia Muceor	02	Ídem	
Rosita	03	Ídem	
Humitahuel	02	Ídem	
Cheyquelan	02	Ídem	
Catalina	03	Ídem	
Natalio	04	Ídem	

Navan	38	Ídem	
José Mármol	23	Ídem	
Antonio Peña	32	Ídem	
Manuel Dias	36	Ídem	
Santos Peres	38	Ídem	
Margarita Pichilcá	25	Felix Urquiola	Hacendado
Antonio	04	Ídem	
Manuela María del Corazón de Jesús	36	Domingo Uzin	
Manuela Valdez	s/d	Cipriano Valdez	
Juana Varela	50	Rufino Varela	Periodista
Martina Montuí[33]	46	Juan Vázquez	
José Montuí	15	Ídem	
María Montuí	16	Ídem	
Manuel Montuí	07	Ídem	
María Sabina Velar	06	Emilio Velar	
Carmen Juana Cannaveri	07	María Luisa Cannaveri de Vera	
José	s/d	José N. Verduga	
Eduardo	s/d	Ídem	
José Alberto	09	Ídem	
María Viviana	17	Juan Martín Veill	Comerciante
Petrona Reigeman	56	Carmen Viola	
José	s/d	Dolores Victorica	
Juana	s/d	Ídem	
José	07	Ídem	
Lucia	05	Enrique Victorica	Militar
Adelaida Liberata Victorica	07	Ídem	
José Eduardo Victorica	08	Ídem	
Venancio Esperanza Pequeillan (Juana Aranguren)	23	Baldomero Videla	Hacendado
Pío José Nahuel[34]	01	Ídem	

María de las Mercedes	02	Alcides Villafañe	
Angel Carmen Basilla	20	Baldomero Walls	Sastre
Carmen Walls	06	León Walls	Periodista
Ana María	04	Clementina de Wilks	
María	50	Alejandro Walter	
Jorge	05	Ana Wright	
Luciana	15	Mercedes Zelaya	
María Isabel López	23	Manuel Zemborain	Empleado público

Notas

[1] Martín es esposo de María y padre de Francisco, Julio Estevan, Antonio, Pascual y Martín.

[2] Peregrina es hija de Josefa.

[3] Es hija de Josefa Raudan.

[4] Es hijo de Tomasa Guillegal.

[5] Es hijo de Avelino Rosas y de Lorenza.

[6] Es hija de Milliocal.

[7] Es hijo de Carolina Flores.

[8] Hija del matrimonio formado por Gervasio Gusado y Victoria Saimallá.

[9] Es hijo de Mariano Crespo.

[10] Hijo del matrimonio formado por Andrés Antemil y Josefa.

[11] Lleva el apellido de la esposa de Juan Corradi.

[12] Ídem.

[13] Hijo de Petrona Andrada.

[14] Por dictamen del Juez Juan Gastón Federico Sobral, producido el 8 de agosto de 1929, su nombre y apellido pasaron a ser Célica Morales.

[15] Es hija de Juana Lorenzo.

[16] Lleva el apellido del Tte. cnel. Eleuterio Barros, yerno de la Sra. Mercedes Fernández, y Jefe de la Segunda Línea de la Frontera Oeste.

[17] Cautiva cristiana rescatada.

[18] Este niño le fue entregado al Sargento Mayor Dionisio Alvarez y quedó a cargo de su madrina Valentina Alvarez de Igarzábal, tía del referido militar.

[19] Es hijo de Margarita González.

[20] Es hijo de Canoi.

[21] Es esposo de Rosa Huilcan y padre de Manuel Lucero y de Juana Lucero.

[22] Micaela es esposa de Pedro y la madre de Rosa Martínez.

[23] Para esta época el médico Pedro Mayo se desempeñaba como Cirujano de la Armada.

[24] Es hija de Luisa Paso (Antonia Pechinay).

[25] Es un cautivo cristiano rescatado.

[26] Ídem.

[27] Es la hija de Carmela Mahuirgaur Millatnur.

[28] Es esposo de Josefa Godoy y padre de José Cuello.

[29] Es hija de Manuela Blas.

[30] Es el esposo de Francisca y el padre de María Laura.

[31] Es hija de Petrona Rojas.

[32] El 12 de noviembre de 1914, por dictamen del Juez Julián V. Pera, su nombre y apellido pasaron a ser Manuel Silverio Macedo.

[33] Es la madre de José Montuí, María Montuí y Manuel Montuí.

[34] Es el hijo de Venancio Esperanza Pequeillan (Juana Aranguren).

Fuente: Esta nómina incompleta fue realizada con datos obtenidos de los libros de bautismos católicos de iglesias parroquiales existentes entonces en Buenos Aires, a los que se sumaron noticias periodísticas y otras aparecidas en textos de la época así como información existente en el Archivo Histórico del Ejército, en el Archivo General de la Nación y el Archivo Histórico de la Provincia de Río Negro.

II) Aplicando la "ley de fuga"

Al Señor Comandante Junín, Diciembre 15 / 880
D. Baldomero Lamela

Presente

El que firma tiene el honor, de transcribir la nota que acabo de recibir del Oficial de Policía Don Elías García y cuyo tener es el siguiente.- Al Señor Juez de Paz del Partido D. Isidoro de la Sota – Presente

Señor Juez – Cumplo con el deber de dar cuenta a V. que dando cumplimiento a las ordenes recibidas me dirigí en dirección a Chivilcoy, acompañado de un soldado de esta Policía y conduciendo preso al indio llamado –Nahuel Chico– y al llegar al paraje conocido por los álamos de Garay y estando el que firma bajado a una distancia de donde se encontraba el soldado y el preso mencionado, vió que este último, disparaba perseguido por el soldado en dirección a la población de D. Ramón García.

Acto continuo, subí a caballo y marché a gran galope en dirección a donde disparaba el preso y llegado que fue al paraje o lugar donde se encontraba aquél, le intimé la orden de pararse, a lo cual no obedeció lo cual me obligó un tiro de revolver con objeto de intimidarlo, pero sin intento de dirigirlo a su cuerpo, pero por desgracia la bala siguiendo otra dirección que la que deseaba darle, fue a herir el cuerpo del preso indicado. Esta causa y la de liberarse de sus guardadores, hizo que el indio se detuviese y al llegar yo a su lado fui atacado por aquél, cuchillo en mano, lo que me obligó a hacer uso de mis armas, poniéndome a la defensiva, pero el ataque brusco y seguido que me trajo aquél con sus armas hizo que al de evitar aquellos, y no ser víctima de sus instintos feroces, le disparase otro tiro de revolver, el cual fue a incrustarse en un 'paraje' que le ocasionó la muerte.

No pudiendo por las causas expuestas dar cumplimiento a las ordenes de este juzgado tengo el honor de comunicarlo a los fines y efectos consiguientes.

Dios Guarde a V.- Elías García

Lo que me apresuro a dar cuenta a V. lo comunicado por el oficial.

Dios Guarde a V.

Isidoro de la Sota
Juez de Paz

* * *

Al Sr. Inspector General de Armas Junín, Diciembre 16 / 80
General Don Joaquín Viejobueno

Con fecha 15 del corriente mes, recibí del Juez de Paz de la localidad, la nota que se adjunta a V.S.

Como verá Vd. Por ella, ha sido muerto un indio llamado Nahuel Chico, que remitía a disposición de V.S. con motivo de haber sido devuelto por la persona a quien le fue entregado con su familia, por su conducta inaguantable y actitud amenazadora para todos aquellos que se le acercaban.

Lo que pongo en conocimiento de V.S. para los fines consiguientes.

Dios Guarde a V.S.

Baldomero Lamela[334]

---

[334] Ministerio de Defensa, Dirección de Estudios Históricos del Ejército, Archivo General del Ejército, Organización Nacional, caja 78, legajo 20633.

III) Jóvenes, probablemente mujeres, "distribuidos" en 1884 para "el servicio del que sirvan"

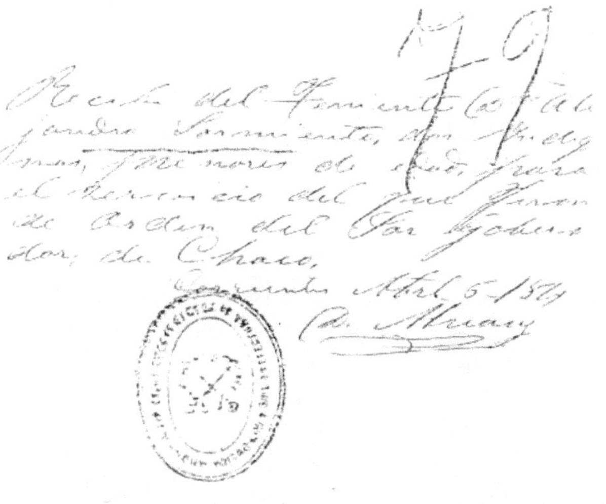

Documento extendido en la ciudad de Corrientes en abril de 1884 al teniente de ejército Alejandro Sarmiento, quien prestaba servicios en el Territorio del Chaco, acreditando la entrega de dos jóvenes aborígenes para el servicio personal del firmante. Archivo General de la Nación.

IV) Dos actas del Libro de Bautismos de 1879 de la Parroquia del entonces Partido de Belgrano

Acta de la inscripción realizada en enero de 1879 por Benjamín Carranza, vicario parroquial del Partido de Belgrano (actual barrio homónimo de la Ciudad Autónoma de Buenos Aires), del bautismo del niño **Martín Eliceo**, de quien se dice cuenta con tres años de edad y es "hijo natural traído de las pampas argentinas y de padres desconocidos". La madrina del niño y obvia solicitante del bautismo, Petrona Eliceo de Mom, de veintiocho años, da como su domicilio y el del niño la finca con el número 205 de la calle 25 de Mayo, probablemente la que actualmente nace en el centro administrativo y bancario porteño y que no pertenecía al aludido Partido de Belgrano. Archivo del autor.

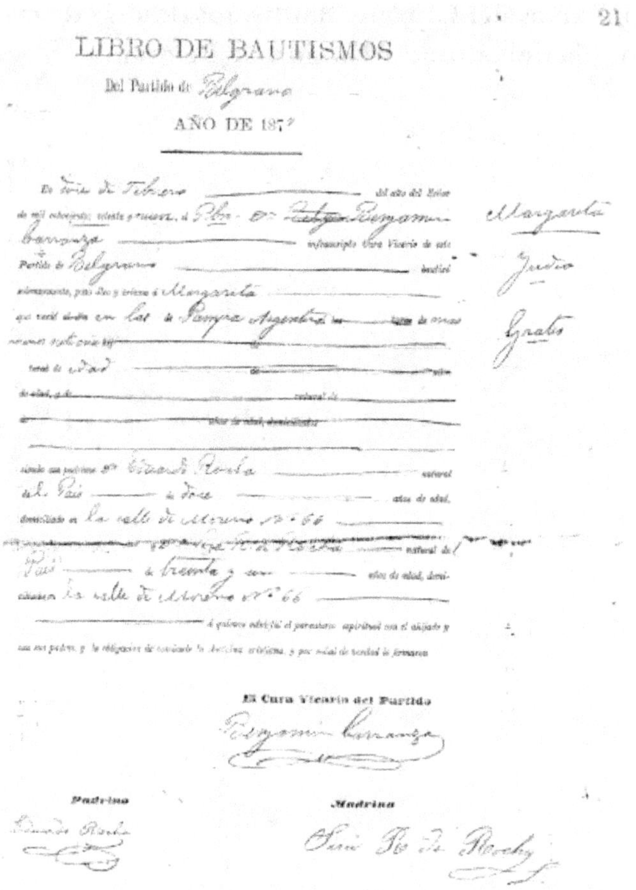

21

LIBRO DE BAUTISMOS

Del Partido de Belgrano

AÑO DE 1879

En treinta de Febrero del año del Señor de mil ochocientos setenta y nueve, ... Carranza infrascripto Cura Vicario de este Partido de Belgrano bauticé solemnemente, puse óleo y crisma á Margarita que nació en las Pampas Argentinas ... más o menos siete años ...

siendo sus padrinos Dn Eduardo Rocha natural del País de doce años de edad, domiciliado en la calle de Moreno Nº 66 ... natural del País de treinta y uno años de edad, domiciliada en la calle de Moreno Nº 66 á quienes advertí el parentesco espiritual con el ahijado y sus padres, y la obligación de enseñarle la doctrina cristiana, y por señal de verdad lo firmaron

Margarita

Juvio

Grato

El Cura Vicario del Partido

Benjamin Carranza

Padrino

Eduardo Rocha

Madrina

Acta de la inscripción realizada en febrero de 1879 por el mismo vicario parroquial del Partido de Belgrano (actual barrio homónimo de la Ciudad Autónoma de Buenos Aires), Carranza, del bautismo de la niña Margarita, de “más o menos siete años” de edad y que nació “en las Pampas Argentinas”. Figuran como padrinos un niño de doce años, Eduardo Rocha, y al parecer su madre de treinta y uno (no se distingue el nombre), todos con domicilio en la finca del número 66 de una calle Moreno que no puede asegurarse perteneciera al aludido Partido de Belgrano. Archivo del autor.

Índice de cuadros

Bibliografía

Fuentes inéditas

Archivo General de la Nación.
Sala III. Contaduría
Archivo Roca
Ministerio del Interior
Sociedad de Beneficencia
Sala VII. Sección Documentación Donada. Archivo del General Lorenzo Vintter.
Sala VII. Sección Documentación Donada. Archivo de José E. Uriburu.
Ministerio de Defensa. Archivo General del Ejército. Oficina de Legajos.
Legajos Personales.
Lista de Revista de Unidades, 1878-1885.
Ministerio de Defensa. Dirección de Estudios Históricos del Ejército. División Archivo
Campaña contra los indios. Cajas 23 a 45.
Organización Nacional. Cajas 60 a 85.
Archivo Histórico de la Provincia de Río Negro. Informes de las Comisiones Inspectoras de la Dirección de Tierras.
Archivo Histórico de la Provincia de Río Negro. Justicia Letrada del Territorio de Río Negro. Expedientes varios.
Archivo Histórico Salesiano de Buenos Aires.
Archivo de la Curia Metropolitana
Libros de Bautismos de la Parroquias existentes en Buenos Aires entre los años 1878 y 1885.
Archivo Histórico de la Provincia de Buenos Aires.

Fuentes editadas

Alsina, Adolfo (1997), *La Nueva Línea de Fronteras, Memoria Especial del Ministerio de Guerra y Marina. Año 1877*, Buenos Aires, Eudeba.

Andrada, Ángel (Comp.) (1927), *Leyes nacionales. Decretos y demás resoluciones que se refieren a la administración y gobierno de la Capital Federal y Territorios Nacionales de la República Argentina*, Buenos Aires, Talleres Gráficos Argentinos de Rosso. Tomos I y II.

Bellini Curzio, M. y otros (1977), *Historia de Río Negro en documentos*. Serie estudios y documentos. N° 5. Viedma, Centro de Investigaciones Científicas de Río Negro, Secretaría de Planeamiento.

Buenos Aires, Provincia de, Ministerio de Gobierno (1981), *Anuario Estadístico de la Provincia de Buenos Aires*, Buenos Aires, Edición oficial.

Congreso de la Nación (1911?), *Diario de Sesiones. Cámara de Senadores y Diputados (1874 a 1911)*. Buenos Aires, Ed. Oficial.

Cordeiro, R. y C. Viale (Comp.) (1917), *Compilación Ordenada de Leyes, Decretos y Mensajes del Período Constitucional de la Provincia de Tucumán; que comienza en el año 1852*. San Miguel de Tucumán, Ed. Oficial.

Domínguez, Ercilio (Comp.) (1932?) *Colección de Leyes y Decretos Militares concernientes al Ejército y Armada de la República Argentina (1898 a 1932)*. Buenos Aires. Ed. Oficial.

Espinosa, Mariano A. (1939), *La Conquista del Desierto. Diario del Capellán de la Expedición de 1879 Monseñor Antonio Espinosa, más tarde Arzobispo de Buenos Aires*. Buenos Aires, Comisión Nacional Monumento al Tte. general Julio A. Roca.

Galíndez, Bartolomé (comp.) (1940), *Documentos relacionados con las expediciones a Santa Cruz y Río Negro, ordenada una y realizada otra por el Ministro de Guerra y Marina General Julio A. Roca*. Prólogo y recopilación de Bartolomé Galíndez. Buenos Aires, Comisión Nacional Monumento al Tte. general Julio A. Roca.

García, Pedro A. (1974), *Diario de un viaje a Salinas Grandes, en los Campos del Sud de Buenos Aires*. Buenos Aires, Eudeba.

Lupo, Remigio (1938), *La Conquista del Desierto. Crónicas enviadas desde el Cuartel General de la Expedición en 1879*. Buenos Aires, Comisión Nacional Monumento al Tte. general Julio A. Roca.

Mabragaña, Heraclio (1910), *Los Mensajes*. Buenos Aires, Comisión Nacional del Centenario.

Ministerio de Guerra y Marina de la Nación (1895?), *Memoria del Departamento de Guerra y Marina. Años 1876-1895*.

Ministerio de Guerra y Marina de la Nación (1912), *Fuerza en operaciones en el Chaco. 1911. Informe*. Buenos Aires, Talleres Gráficos Arsenal de Guerra, 1912.

Ministerio del Interior de la Nación (1910?), *Memorias del Ministerio del Interior. Años 1895-1910*.

Ministerio de Justicia, Culto e Instrucción Pública de la Nación (1880?), *Memoria del Departamento de Justicia, Culto e Instrucción Pública*. Buenos Aires, Ed. Oficial, 1879-1880.

Olascoaga, Manuel J. (1880), *Estudio Topográfico de la Pampa y Río Negro*. Buenos Aires, Ostwald y Martínez.

Racedo, Eduardo (1940), *La Conquista del Desierto. Diario de la III División*. Buenos Aires, Comisión Nacional Pro Monumento al Tte. general Julio A. Roca.

Registro Nacional. Años 1878-1930.

Rosas, Juan M. de (1965), *Diario de la Expedición al Desierto (1833-34)*. Buenos Aires, Pampa y Cielo.

Salesiana, Congregación (1931), *Memoire Biografiche di D. Giovanni Bosco*, Turín, SEI, Vol. XII.

Tucumán, Provincia de, Ministerio de Justicia (1877), *Reglamento General de Policía*.

Villegas, Conrado (1974), *Expedición al Gran Lago Nahuel Huapi en el año 1881*. Buenos Aires, Eudeba.

Libros y artículos

AA.VV. (1972), *Reseña Histórica del Ejército Argentino*. Buenos Aires, Círculo Militar, Biblioteca del Oficial. V. 631-32; 635-36 y 639-40.

AA.VV. (1973), *Política Seguida con el Aborigen*. Buenos Aires, Círculo Militar, Biblioteca del Oficial. T. V.

AA.VV. (1929), *Las Misiones Salesianas de la Patagonia. Su Labor durante los Primeros 50 Años. Homenaje a los Misioneros, a sus Cooperadores y Bienhechores*. Buenos Aires.

ACADEMIA NACIONAL DE LA HISTORIA (1967), *Historia Argentina Contemporánea 1862-1930*. Buenos Aires, El Ateneo.

ALBARRACÍN, Santiago (1886), *Estudios Generales sobre los Ríos Negro, Limay y Collon Curá y el Lago Nahuel Huapi*. Buenos Aires, Juan A. Alsina.

ALMEIDA, Juan L. (1968), "Orkeke en Buenos Aires", en revista *Todo es Historia*. Buenos Aires, Honegger, febrero de 1968 N° 10.

ÁLVAREZ, Gregorio (1978), *Historia Contemporánea de la Provincia del Neuquén (desde 1862 hasta 1930)*. Buenos Aires.

ANGUEIRA, María del C. (1994), "Otro proyecto político alternativo para la gestación del Estado Argentino: Álvaro Barros y los orígenes de Olavarria", en *Revista de Historia*. Neuquén, Universidad Nacional del Comahue, N°4.

ARCE, José (1960), *Roca, su vida, su obra*. Buenos Aires, Ministerio de Educación y Justicia.

ARGERI, María E. (1997), "De Guerreros a delincuentes. Una frontera étnica para la exclusión social. Territorio del Río Negro, a principios del siglo XX", ponencia presentada en la IX Jornadas Inter Escuelas Departamentos de Historia, Santa Rosa, septiembre.

————— (2005), *De guerreros a delincuentes. La desarticulación de las jefaturas indígenas y el poder judicial. Norpatagonia. 1880-1930*. Madrid, Consejo Superior de Investigaciones Científicas.

ARTAYETA, Enrique A. (1974), *Biografía del Perito Dr. Francisco P. Moreno*. Buenos Aires, Almafuerte.

ASFOURA, Olga (1979), "Pampas y ranqueles en la Provincia de Tucumán", en *Congreso Nacional de Historia sobre la Conquista del Desierto. General Roca. Noviembre de 1979*. Buenos Aires, Academia Nacional de la Historia. Tomo III

AVELLANEDA, Julio (1977), *El Baúl de Avellaneda. Correspondencia 1861-1885*. Buenos Aires, Emecé.

BAEZA, Brígida (2008), "La escuela y la emergencia de "imprimir" nacionalidad en niños/as de la frontera chileno-argentina de Patagonia Central. El papel de los docentes como productores identitarios", en OSSANA, E. (director) y M. PIERINI (coord.) *Docentes y alumnos. Protagonistas, organización y conflictos en las experiencias educativas patagónicas*. Historia de la Educación en la Patagonia Austral. Tomo II. Buenos Aires, UNPA.

BARATA, Humberto (1978), *Presencia Salesiana en las Islas Malvinas*. Buenos Aires, Don Bosco.

BARBERÍA, Elsa (1995), *Los dueños de la tierra en la Patagonia austral: 1888-1920*. Río Gallegos, Universidad Federal de la Patagonia Austral.

BARROS, Álvaro (1871), *Abusos y ruina de la campaña. Apuntes de un viajero argentino*. Buenos Aires, Imprenta y Litografía a vapor de la Sociedad Anónima

——————— (1975), *Fronteras y territorios federales de las pampas del sur*. Buenos Aires, Hachette.

——————— (1975), *Indios, fronteras y seguridad interior*. Buenos Aires, Solar / Hachette.

BECHIS, Marta (1998), "Fuerzas indígenas en la política criolla del siglo XIX", en GOLDMAN, N. y R. SALVATORE (comp.) (1998), *Caudillismo rioplatense. Nuevas miradas a un viejo problema*. Buenos Aires, Eudeba.

——————— (1998), "La etnia mapuche en el siglo XIX. Su ideologización en las Pampas y sus intentos nacionalistas", en *Revista de Estudios Trasandinos*, Asociación Chileno-Argentina de Estudios Históricos e Integración Cultural. Santiago de Chile, diciembre. Año II. N° 3.

BELZA, Juan E. (SDB) (1975), *En la isla del fuego. 2° Colonización*. Buenos Aires, Instituto de Investigaciones Históricas de Tierra del Fuego.

——————— (1979), "La Expedición al Desierto y el amanecer de las Misiones Salesianas Patagónicas", en AA. VV. *La Expedición al Desierto y los Salesianos, 1879*. Buenos Aires, Don Bosco.

——————— (1979), "Detalles poco divulgado de la actuación del Capellán Santiago Costamagna en la expedición al desierto de 1879", en *Congreso Nacional de Historia sobre la Conquista del Desierto*. General Roca, Academia Nacional de la Historia, noviembre de 1979. Tomo III.

BERTONI, Ana L. (1992), "Construir la nacionalidad: héroes, estatuas, fiestas patrias, 1887-1891", en *Boletín del Instituto de Historia Argentina y Americana Dr. Emilio Ravignani*, Buenos Aires, Facultad de Filosofía y Letras - Fondo de Cultura Económica. 3ra Serie, primer semestre. N° 5.

BERTONI, Ana L. y L. A. ROMERO (1985), "Aspectos comparativos de la inmigración europea en el Cono Sur: La Utopía Agraria", en *La Inmigración en América Latina. Primeras Jornadas Internacionales sobre la Migración en América*. Serie Inmigración. Volumen II. México, Instituto Panamericano de Geografía e Historia.

BIEDMA, José J. (1931 [1924]), *Crónicas Militares*. Buenos Aires, Talleres Gráficos del Instituto Geográfico Militar.

BINAYAN CARMONA, Narciso (1963), "Los Repartos de Indios", en *Primer Congreso del Área Araucana Argentina*, Neuquén, 1961. Buenos Aires, Provincia del Neuquén y Junta de Estudios Araucanos, Tomo II.

BLANC BLOCQUEL, A. y otros (1987), "Conformación del mercado de trabajo en la Provincia de Santa Fe (1870-1900), algunas aproximaciones", en *Anuario*, Rosario, Escuela de Historia, N° 12.

BLANCO, Fernando (1997), "Reducciones, colonias y misiones: formas de regimentación de los indígenas en el Gran Chaco Gualamba (1884-1911)", ponencia presentada en la V Jornadas Inter Escuelas-Departamentos de Historia, Santa Rosa de La Pampa, de septiembre de 1997.

BLENGINO, Vanni (1996), "La Zanja de la Pampa y la Gran Muralla China", en VANGELISTA, Chiara. *Fronteras, etnias, culturas. América Latina siglos XVI-XX*. Quito, Ediciones Abya-Yala.

——————— (2003) *La zanja de la Patagonia. Los nuevos conquistadores: militares, científicos, sacerdotes y escritores*. Buenos Aires, FCE, pp. 124-125.

BONAUDO, M. y E. SONZOGNI (1997) *Cuando disciplinar fue ocupar (Santa Fe, 1850-1890)*, Rosario, (policopiado).

BOTANA, Natalio (1977), *El Orden Conservador. La política argentina entre 1880 y 1916*, Buenos Aires, Hyspamérica.

BOTANA, N. y E. GALLO (1997), *De la república posible a la república verdadera (1880-1910)*, Buenos Aires, Ariel, Biblioteca del Pensamiento Argentino. Tomo III.

BRAUN MENÉNDEZ, Armando (1965), "Las dos presidencias de Julio A. Roca (1880-1886 y 1898-1904)", separata de la obra de la Academia Nacional de la Historia, *Historia Argentina Contemporánea*, Buenos Aires, Bartolomé Chiesino.

BRIONES, C. y W. DELRÍO (2002), "Patria sí, colonias también. Estrategias diferenciadas de radicación de indígenas en Pampa y Patagonia (1885-1900)", en TERUEL, A., M. LACARRIEU y O. JEREZ (comp.), *Fronteras, ciudades y Estados*, Córdoba, Alción Editora. Tomo I.

BRUNO, Cayetano (SDB) (1975 [1966]). *Historia de la Iglesia en la Argentina*. Buenos Aires, Don Bosco.

——————— (1979), "El Presidente Julio A. Roca y Monseñor Juan Cagliero, Vicario Apostólico de la Patagonia", en AA.VV. *La Expedición al Desierto y los Salesianos, 1879*. Buenos Aires, Don Bosco.

——————— (1981), *Los Salesianos y las Hijas de María Auxiliadora en la Argentina*. Buenos Aires, Instituto Salesiano de Artes Gráficas.

CABRAL, Luis (1904), *Anales de la Marina de Guerra de la República Argentina*. Buenos Aires, Juan A. Alsina.

CAGLIERO, Juan (SD) (1895), "El Camarujo en la Patagonia o el Culto Público del Espíritu Bueno y el Culto Privado del Espíritu Malo y su Terminación", en *Boletín Salesiano* Año X N° 9, Buenos Aires, Don Bosco.

CAMPI, Daniel (comp.) (1991), *Estudios sobre la Historia de la industria azucarera argentina*. Tucumán, Facultad de Ciencias Económicas, Universidad Nacional de Tucumán, N° 1.

——————— (1993), "Captación forzada de mano de obra y trabajo asalariado en Tucumán, 1856-1896", en *Anuario IEHS* N° 8, Tandil, Universidad Nacional del Centro.

CARBIA, Rómulo D. (1905), *Monseñor León Federico Aneiros*. Buenos Aires, s.d.e.

CLIFTON GOLDNEY, Adalberto (1956), *El cacique Namuncurá. El último soberano de la Pampa*. Buenos Aires, Huemul.

COPELLO, Santiago L. (1945), *Gestiones del Arzobispo Aneiros a favor de los Indios*, Buenos Aires, Coni.

CORIZZO, Graciela (1982), "Miguel Malarín: un militar entrerriano amigo del general Roca", en *Boletín Informativo de la Dirección de Estudios Históricos*, Buenos Aires, Ministerio de Defensa.

CORTEZ CONDE, R. (1979), *El progreso argentino 1880-1914*. Buenos Aires, Sudamericana.

CURRUHUINCA, C. y L. ROUX (1985), *Las matanzas del Neuquén*. Buenos Aires, Plus Ultra.

——————— (1986) *Sayhueque: el último cacique, señor del Neuquén y la Patagonia*, Buenos Aires, Plus Ultra.

DAIREAUX, Emilio (1888), *Vida y costumbres en el Plata*. Buenos Aires - París, Félix Lajouane - Lib. Bouret.

DARWIN [Charles], MORGAN [Lewis] y TYLOR [Edward] (1977), *Los orígenes de la antropología, introducción, notas y selección de textos: Fernando Mateo*, Buenos Aires, CEAL.

DAZA, José S. (1914), *Episodios militares*, Buenos Aires, La Facultad.

DE ÍPOLA, Emilio (1982), *Ideología y discurso populista*, México, Folios.

DELRÍO, Walter (2005), *Memoria de una expropiación. Sometimiento e incorporación indígena en la Patagonia 1872-1943*, Bernal, UNQuilmes.

——————— (2006), "Argentinos colonos o chilenos intrusos; territorializaciones y clasificación de los pobladores indígenas en la Patagonia", en *Anuario IEHS* N° 21, Tandil, Instituto de Estudios Históricos y Sociales "Prof. Juan Carlos Grosso". Facultad de Ciencias Humanas. Universidad Nacional del Centro.

DE SANTILLÁN, Diego Abad (1965), *Historia Argentina*, Buenos Aires, TEA.

DE SANTIS, Luis (1981), "Cien años del Museo de La Plata", en *Revista Temario*, La Plata.

DUMRAUF, Clemente (1975-1976), "La Conquista Espiritual de la Patagonia", en revista *Todo es Historia* números 103 y 104, Buenos Aires, Tor´s, diciembre de 1975 y enero de 1976.

EBELOT, Alfredo (1965), *La Pampa*, Buenos Aires, Pampa y Cielo.

——————— (1968), *Relatos de la frontera*, Buenos Aires, Solar - Hachette.

ENTRAIGAS, Raúl (1945), *El padre Fagnano: el hombre, el misionero, el pionero*, San Isidro, Escuela Tipográfica Salesiana.

——————— (1956), *Perfiles patagónicos*, Buenos Aires, Don Bosco.

——————— (1956), *El Apóstol de la Patagonia. Biografía del Cardenal Cagliero*, Buenos Aires, Apis.

——————— (1972), *Los Salesianos en la Argentina*, Buenos Aires, Plus Ultra.

——————— (1979), "Los capellanes de la Expedición al Desierto", en AA.VV. *La Expedición del Desierto y los Salesianos - 1879*, Buenos Aires, Don Bosco.

ESTRADA, José M. (1899), *El génesis de nuestra raza*, Buenos Aires, Librería del Colegio.

——————— (1904), *Obras completas*, Buenos Aires, Librería del Colegio.

FINKELSTEIN, Debora (2005), "La colonia pastoril de Cushamen y la 'reubicación' de indígenas con posterioridad a la llamada 'conquista al desierto'", en FINKELSTEIN, D. y M. NOVELLA (comp..), *Poblamiento del noroeste del Chubut. Aportes para su historia.* Esquel, Fundación Ameghino.

——————— (2007), "Los habitantes de la Colonia Pastoril Aborigen de Cushamen y sus espacios de vida", en NOVELLA, M. y otros, *Historias de la Cordillera Chubutense* N° 2, Esquel.

FRANCO, Luis (1967), *Los grandes caciques de la pampa*, Buenos Aires, Ediciones del Candil.

GALLO, E. y R. CORTEZ CONDE (1986), *La república conservadora*, Buenos Aires, Hyspamérica.

GARAVAGLIA, Juan C. y José L. MORENO (comp.) (1993), *Población, sociedad, familia y migraciones en el espacio rioplatense. Siglos XVIII y XIX*. Buenos Aires, Cántaro.

GARCÍA SORIANO, Manuel (1966), "Tucumán en el último tercio del siglo pasado", en *Revista de la Junta de Estudios Históricos de Tucumán*, marzo de 1966, año 1 N° 1, San Miguel de Tucumán.

——————— (1969), "El trabajo de los indios en los ingenios azucareros de Tucumán", en *Revista de la Junta de Estudios Históricos de Tucumán*, julio de 1969, año 2 N° 2, San Miguel de Tucumán.

GILI, María Laura, Alicia LODESERTO y Marcela TAMAGNINI (2002), *Cartas de frontera. Los documentos del conflicto interétnico*. Río Cuarto, Facultad de Ciencias Humanas, Universidad Nacional de Río Cuarto.

GIRBAL DE BLACHA, Noemí (1991), "Estado, modernización azucarera y comportamiento empresario en la Argentina (1876-1914)", en CAMPI, Daniel (comp.), *Estudios sobre la historia de la industria azucarera argentina*. Tucumán, Universidad Nacional de Tucumán.

GONZÁLEZ LONZIEME, Enrique (1977), *La Armada en la Conquista del Desierto*, Buenos Aires, Eudeba.

GUTIÉRREZ, Eduardo (1956), *Croquis y siluetas militares*, Buenos Aires, Hachette.

——————— (1956), *La muerte de Buenos Aires*, Buenos Aires, Hachette.

GUY, Donna J. (1977), "La política azucarera y la generación del ochenta", en *Desarrollo Económico. Revista de Ciencias Sociales*, enero - marzo, Vol. 16 N° 64, Buenos Aires, IDES.

HALE, Charles (1991), "Ideas políticas y sociales en América Latina, 1870-1930", en BETHELL, Leslie (ed.), *Historia de América Latina* Vol. 8, Barcelona, Crítica.

HALPERIN DHONGHI, Tulio (1987), "¿Para qué la inmigración? Ideología y política inmigratoria en la Argentina (1810-1914)", en HALPERIN DHONGHI, Tulio, *El espejo de la Historia. Problemas argentinos y perspectivas latinoamericanas*, Buenos Aires, Sudamericana.

————— (1987), "1880: un nuevo clima de ideas", en HALPERIN DHONGHI, Tulio, *El espejo de la Historia. Problemas argentinos y perspectivas latinoamericanas*, Buenos Aires, Sudamericana.

————— (1995), *Proyecto y construcción de una nación (1846-1880)*, Buenos Aires, Ariel, Biblioteca del Pensamiento Argentino.

HERAS, Carlos (1969), "Historia Argentina Contemporánea 1862-1930", en Academia Nacional de la Historia, *Historia de la Nación Argentina*, Buenos Aires, El Ateneo.

HERNÁNDEZ, Isabel (1992), *Los indios de Argentina*, Madrid, MAPFRE.

HERNÁNDEZ, José (1881), *Instrucción del estanciero*, Buenos Aires, Carlos Casavalle editor.

————— (1953), *El gaucho Martín Fierro y La vuelta de Martín Fierro*, Buenos Aires, Sopena.

HOLMBERG, Eduardo A. (hijo) (1906), "Viaje al interior de Tierra del Fuego", en *Anales del Ministerio de Agricultura* Vol.1 N° 1, Buenos Aires, Ed. Oficial.

HUX, Meinrado (1991), *Caciques huiliches y salineros*, Buenos Aires, Marymar.

————— (1991), *Caciques boronas y araucanos*, Buenos Aires, Marymar.

————— (1991), *Caciques pehuenches*, Buenos Aires, Marymar.

————— (1991), *Caciques pampas y ranqueles*, Buenos Aires, Marymar.

JITRIK, Noé (1968), *El 80 y su mundo*, Buenos Aires, Julio Álvarez.

JUSTO, Liborio (seudónimo: Lobodón GARRA) (1977) *A sangre y lanza o el último combate del capitanejo Nehuen*, Buenos Aires, Anaconda.

KATE, Herman Ten (1904), "Materiaux pour servir à L'anthropologie des indiens de la République Argentine", en *Revista del Museo de La Plata*, Tomo XII, La Plata (Arg.).

LAGOS, Marcelo (2002), "Estado y cuestión indígena. Gran Chaco 1870-1920", en TERUEL, A., M. LACARRIEU y O. JEREZ (comp.), *Fronteras, ciudades y Estados*, Córdoba, Alción Editora.

LAPALMA, Oscar (1934), *La leyenda del Limay*, Buenos Aires, Talleres Porter Hnos.

Larrain, Nicanor (1884), *Viajes en el "Villarino" a la Costa Sud de la República Argentina*, Buenos Aires, s.e.

Lehmann-Nitsche, Roberto (1915), "El problema indígena. Necesidad de destinar territorios reservados para los indígenas de Patagonia, Tierra del Fuego y Chaco según el proceder de los Estados Unidos de Norteamérica", ponencia presentada en el Congreso Científico Internacional de Buenos Aires, en *Anales de la Sociedad Científica Argentina*, Tomo LXXX, pp. 385-389, Buenos Aires.

Lenton, Diana (1992), "Relaciones interétnicas, derechos humanos y autocrítica en la generación del 80", en Radovich, J. C. y A. Balazote (comp.), *La problemática indígena*, Buenos Aires, CEAL.

——————— (1994), "La imagen en el discurso oficial sobre el indígena de Pampa y Patagonia y sus variaciones a lo largo del proceso histórico de reracionamiento", tesis de Licenciatura, Universidad de Buenos Aires.

Lischetti, Mirta (comp.) (1995), *Antropología*, Buenos Aires, Eudeba.

Mandrini, Raúl (1977), "Las fronteras y la sociedad indígena en el ámbito pampeano", en *Anuario IEHS*, N° 12 pp. 23-35, Tandil, UNCPBA.

——————— (1984), *Los araucanos de las pampas en el siglo XIX*. Buenos Aires, CEAL.

——————— (1991), "Frontera y relaciones fronterizas en la historiografía argentino-chilena. A propósito de un reciente libro de Sergio Villalobos", en *Boletín del Instituto de Historia Argentina y Americana Dr. Emilio Ravignani*, N° 3. 3° Serie, Buenos Aires, Facultad de Filosofía y Letras (UBA) - FCE.

——————— (1992), "Indios y fronteras en el área pampeana (siglos XVI-XIX). Balance y perspectiva", en *Anuario IEHS*, N° 7 pp. 59-75, Tandil, UNCPBA.

Mandrini, Raúl y Sara Ortelli (1992), *Volver al país de los araucanos*, Buenos Aires, Sudamericana.

Marcó del Pont, Augusto (1931), *Roca y su Tiempo. Cincuenta años de Historia Argentina*. Buenos Aires, L. J. Romero.

Martínez, Pedro S. (1972), "La asimilación de los indios sometidos (1880-1890)", en *Revista de la Junta de Estudios Históricos de Mendoza*, Tomo I. Segunda Época N° 7, Mendoza.

———— (1973), "La incorporación de los indios sometidos (1880-1911)", en *Actas del Segundo Congreso de Historia Argentina y Regional*, Comodoro Rivadavia, Academia Nacional de la Historia.

Martínez Sarasola, Carlos (1992), *Nuestros paisanos los indios*, Buenos Aires, Emecé.

Mases, Enrique (1998), "La cuestión social en Chile y Argentina: La incorporación de los indios sometidos, 1878-1885", en *Revista de Estudios Trasandinos*, diciembre, año II. N° 3, Asociación Chileno-Argentina de Estudios Históricos e Integración Cultural, Santiago de Chile.

Mases, Enrique y otros (1994), *El mundo del trabajo: Neuquén 1884-1930*. Neuquén, GEHiSo.

Mases, Enrique y Lisandro Gallucci (2007), "La travesía de los sometidos. Los indígenas en el territorio de Río Negro, 1884-1955", en Ruffini, M. y R. Massera, *Horizontes en perspectiva. Contribuciones para la historia de Río Negro, 1884-1955*, Vol. 1, Viedma, Fundación Ameghino - Legislatura de Río Negro.

Massa, Lorenzo (1967), *Historia de las Misiones Salesianas de la Pampa*, Buenos Aires, Don Bosco.

Moldes, Beatriz y otros (2001), "Fiscaleros pudientes, empobrecidos y marginados: la población asentada en el departamento El Cuy, 1885-1920", en Massera, Ricardo (coordinador), *La meseta patagónica de El Cuy. Una vasta soledad*. Viedma, Gobierno de Río Negro, Ministerio de Salud y Desarrollo Social.

Moreno, Eduardo V. (1942), *Reminiscencia de Francisco P. Moreno*, Buenos Aires, Plantie.

Moreno, Francisco P. (1969), *Viaje a la Patagonia Austral, 1876-1877*, Buenos Aires, Solar.

Morrison, Samuel y Henry Commager (1951), *Historia de los Estados Unidos de Norteamérica*. México, FCE.

Mosse, George (1981), *Il razzismo in Europa, dalle origini all'olocausto*, Milán, Arnaldo Mondadori Editore.

Muñiz, Rómulo (1931), *Los indios Pampas*. Buenos Aires, Bragado.

Musters, George (1964), *Vida entre los Patagones*, Buenos Aires, Solar - Hachette.

NICOLETTI, María A. (2008), *Indígenas y misioneros en la Patagonia. Huellas de los salesianos en la cultura y religiosidad de los pueblos originarios*, Buenos Aires, Ediciones Continente.

OCANTOS, Juan Manuel (1962), *Quilito*, Buenos Aires, Eudeba.

OLASCOAGA, Manuel (1880), *Estudio topográfico de la Pampa y Río Negro*, Buenos Aires, Imprenta de Ostwald y Martínez.

ONELLI, Clemente (1931) *Conferencias*. Buenos Aires, Círculo Militar. Biblioteca del Suboficial. Tomo LVII.

OROÑO, Nicasio (1920), *Escritos y Discursos*. Buenos Aires, La Facultad.

OZLAK, Oscar (1982), "Reflexiones sobre la formación del Estado y la construcción de la sociedad argentina", en *Desarrollo Económico. Revista de Ciencias Sociales*, enero-marzo, Vol. 21 N° 84, Buenos Aires, IDES.

——————— (1982), *La formación del Estado argentino*, Buenos Aires, Ed. Belgrano.

PAESA, Pascual (1964), *Patiru Domingo. La Cruz en el ocaso mapuche*, Rosario, Colegio San José.

——————— (1971), "Planes y métodos en la evangelización de la Patagonia después de 1879", en *Revista Kart Kinka*, N°s 9 y 10, Buenos Aires, Junta de Estudios Históricos de Tierra del Fuego.

——————— (1979), "Los indígenas patagónicos hacia 1879 y la Acción Misionera Salesiana", en AA.VV., *La expedición al desierto y los salesianos - 1879*, Buenos Aires, Don Bosco.

PANETTIERI, José (1982), *Los trabajadores*, Buenos Aires, CEAL.

PEREYRA, Ezequiel (1937), *Tercera epopeya nacional*, Buenos Aires, Metrópolis.

PINTO RODRÍGUEZ, Jorge (1990), "Frontera, Misiones y Misioneros en Chile. La Araucanía (1600-1900)", en PINTO RODRÍGUEZ, J. y otros, *Misioneros en la Araucanía 1600 - 1900. Un capítulo de historia fronteriza en Chile*, Bogotá, CELAM.

PORTAS, Julio A. (1967), *Malón contra malón*, Buenos Aires, Ediciones de la Flor.

PRADO, Manuel (1960), *Guerra al malón*, Buenos Aires, Eudeba.

——————— (1960), *La conquista de la Pampa*, Buenos Aires, Hachette.

PUCCI, Roberto (1986), "Tucumán, 1880 - 1917: su estructura económico social. Pautas para una interpretación del 'despegue' azucarero", en *Cuadernos de Historia Regional*, N° 5, Buenos Aires, Eudeba - UNLu.

Quijada, Mónica y otros (2001), *Homogeneidad y Nación. Con un estudio de caso: Argentina, siglos XIX y XX*. Madrid, CSIC.

Ramírez Juárez, Evaristo (1946), *La estupenda conquista*. Buenos Aires, Julio Suárez.

Raone, Juan M. (1981), *Fortines del Desierto. Mojones de civilización*. Buenos Aires, Biblioteca del Suboficial, N° 150.

Ratto, Silvia (1996), "Conflictos y armonías en la frontera bonaerense", en revista *Entrepasados*, Año VI N° 11, Buenos Aires.

———————— (2007), *Indios y cristianos. Entre la guerra y la paz en las fronteras*, Buenos Aires, Sudamericana.

Romero, José Luis (1969), *Las ideas políticas en Argentina*, Buenos Aires, FCE.

Sabato, Hilda (1989), *Capitalismo y ganadería en Buenos Aires. La fiebre del lanar 1850-1890*, Buenos Aires, Sudamericana.

Sabato, Hilda y Luis A. Romero (1992), *Los trabajadores de Buenos Aires. La experiencia del mercado: 1850-1880*, Buenos Aires, Sudamericana.

Santamaría, Daniel (1984), "Los costos agroindustriales de la industria azucarera argentina. El caso de Tucumán. 1880-1940", en *Cuadernos de Historia Regional*, N° 1, Buenos Aires, Eudeba - UNLu.

Sarmiento, Domingo F. (1951), *Obras completas*, Buenos Aires, Luz del Día.

———————— (1961), *Facundo*, Buenos Aires, Eudeba.

Scarzanella, Eugenia (1996), "Fotografías de indios, misioneros salesianos y documentación etnográfica de Tierra del Fuego", en Vangelista, Chiara, *Fronteras, etnias, culturas. América Latina siglos XVI-XX*, Quito, Ediciones Abya - Yala.

Schoo Lastra, Dionisio (1957), *El indio del Desierto, 1535-1879*, Buenos Aires, Meridian.

Soler, Ricaurte (1968), *El positivismo argentino. Pensamiento filosófico y sociológico*, Buenos Aires, Paidós.

Spegazzini, Carlos (1882), "Costumbres de los habitantes de Tierra del Fuego", en *Anales de la Sociedad Científica*, Tomo II, Buenos Aires, Coni.

Spencer, Heriberto (1884), *El universo social*, Barcelona, Barris y Compañía.

Stieben, Enrique (1941), *De Garay a Roca. La Guerra con el Indio de las Pampas*, Buenos Aires, Rodolfo Marinelli.

TAINE, Hipólito (1941), *Historia de la literatura inglesa*, Buenos Aires, Amerítale.

TAVELLA, Roberto (1924), *Las misiones salesianas de la Pampa. Etnografía, entradas militares, acción misionera*, Buenos Aires, Talleres Gráficos de L. J. Rosso y Cia.

————— (1925), *S. S. Ilustrisimo mon. Santiago Costamagna. Memorias Biográficas*, Buenos Aires, Escuela Tipográfica del Colegio León XII.

TEJEDOR, Carlos (1881), *La defensa de Buenos Aires (1878-1880)*, Buenos Aires, M. Biedma.

TEOBALDO, Mirta (dir.) (2000), *Sobre maestros y escuelas. Una mirada a la Educación desde la historia, Neuquén 1884-1957*, Rosario, Arca Sur.

TEOBALDO, Mirta y otros (2000), *Sobre maestros y escuelas. Una mirada a la educación desde la historia. Neuquén, 1884-1957*, Rosario, Arca Sur.

————— (2005), *Hoy nos visita el inspector. Historia e historias de la inspección y supervisión escolar en Río Negro y Neuquén 1884-1992*, General Roca, Publifadecs.

TERRERA, Guillermo A. (1974), *Caciques y capitanejos en la historia argentina*, Buenos Aires, Plus Ultra.

TERZAGA, Alfredo (1976), *Historia de Roca*, Buenos Aires, Peña Lillo.

TURNER, Frederick J. (1960), *La frontera en la historia americana*, Madrid, Ediciones Castilla.

UNDIANO Y CASTELÓ, Sebastián (1969), *Proyecto de traslación de la frontera de Buenos Aires al río Negro y Colorado (sic)*, Buenos Aires, Plus Ultra.

VIGNATI, Milcíades A. (1942), "Iconografía aborigen I. Los caciques Sayeweke, Inacayal y Foyel y sus allegados", en *Revista del Museo de La Plata*, La Plata, Nueva Serie, Sección Antropología, Tomo II.

————— (1946), "Iconografía aborigen III. La tribu del cacique Olkelkkenk", en *Revista del Museo de La Plata*, La Plata, Nueva Serie, Sección Antropología, Tomo II.

WALTER, Juan C. (1973), *La conquista del desierto*, Buenos Aires, Eudeba, 2° Ed.

WISSLER, Clark (1993), *Los indios de los Estados Unidos de América*, Barcelona, Paidós.

WRIGHT, Ronald (1996), "Inculpados de altruismo. Los cherokees en el siglo XIX", en *Anuario IEHS* N° 11, Tandil, UNCPBA.

YGOBONE, Aquiles (1945), *La epopeya patagónica*, Buenos Aires, El Ateneo.
———— (1946), *Misiones patagónicas*, Buenos Aires, El Ateneo.
———— (1950), *Paladines auténticos de la Patagonia*, Buenos Aires, El Ateneo.
———— (1968), *Ceferino Namuncurá: redentor de su raza de bronce*, Buenos Aires, Huemul.

YUNQUE, Álvaro (1969), *Hombres en la Guerras de las Pampas*, Buenos Aires, Cártago.
ZEBALLOS, Estanislao (1954), *Callvulcurá y la Dinastía de los Piedras*. Buenos Aires, Hachette.
ZEBALLOS, Estanislao (1958), *La Conquista de 15.000 Leguas. Estudio sobre la traslación de la frontera sur de la República al río Negro*. Buenos Aires, Hachette.
ZEBALLOS, Estanislao (1954), *Callvucurá y la dinastía de los Piedra*, Buenos Aires, Hachette.

Periódicos y revistas

Anales Sociedad Rural Argentina. Buenos Aires. Años 1878-1900.
Bollettino Salesiano. Congregación Salesiana. Turín. Soc. Edit. Inter. Años 1877-1916.
El Constitucional. Mendoza. Años 1879-1880.
El Demócrata Porteño. Buenos Aires. Año 1881.
El Diario. Buenos Aires. Años 1885-1886.
El Expedicionario. Buenos Aires. Año 1910.
El Libre Pensador. Buenos Aires. Años 1880-1881.
El Nacional. Buenos Aires. Años 1879-1881.
El Porteño. Buenos Aires. Año 1879.
El Pueblo Argentino. Buenos Aires. Año 1879-
El Río de la Plata. Buenos Aires. Año 1869.
La América del Sud. Buenos Aires. Años 1878-1880.
La Capital. Viedma. Año 1922.
La Nación. Buenos Aires. Años 1878-1911.
La Nueva Era. Carmen de Patagones. Años 1910-1930.
La Prensa. Buenos Aires. Años 1878-1911.

La Razón. San Miguel de Tucumán 1879-1888.

La Tribuna Nacional. Buenos Aires. Años 1880-1881.

Revista Argentina Austral. Buenos Aires. Sociedad Anónima Exportadora e Importadora de la Patagonia. Años 1929-1968.

Revista Caras y Caretas. Buenos Aires, 1899.

Obras de consulta

CUTOLO, Vicente O. (1971), *Nuevo Diccionario Biográfico Argentino (1750-1930)*, Buenos Aires, Elche.

DE SANTILLÁN, Diego Abad (1964), *Gran Enciclopedia Argentina*. Buenos Aires, Ediar.

PICCIRILLI, Ricardo y otros (1953-1954), *Diccionario Histórico Argentino*. Buenos Aires, Ediciones Históricas Argentinas.

UDAONDO, Enrique (1938), *Diccionario Biográfico Argentino*, Buenos Aires, Coni.

YABEN, Jacinto R. (1938-1939) *Biografías Argentinas y Sudamericanas*. Buenos Aires, Metrópolis.

Testimonios Orales

Amalia de GENTILE

María LEONI DE PLA

www.ingramcontent.com/pod-product-compliance
Lightning Source LLC
Chambersburg PA
CBHW081511250726
48659CB00009B/2773